ゴーストタウンから死者は出ない

東北復興の経路依存

小熊英二
赤坂憲雄
編著

人文書院

ゴーストタウンから死者は出ない——東北復興の経路依存

目次

II

ゴーストタウンから死者は出ない——東北復興の経路依存

まえがき

小熊英二

本書は、東日本大震災と福島第一原発事故の被災地・被災者の状況を、震災から四年を経た現在において概観しようとした論文集である。

本書の母体となったのは、震災直後から、赤坂憲雄氏と私が主催してきた「三・一一研究会」である。この研究会の発端は、震災一ヶ月後の、喫茶店での小さな集まりだった。そこから研究会を重ね、共著の出版に至った経緯は、二〇一二年五月に出版した赤坂・小熊共編著『「辺境」からはじまる――東京・東北論』（明石書店）にくわしい。

共編著の出版後、この研究会は、いちど仕切り直しとなった。そして二〇一二年末から、三浦友幸氏や市村高志氏といった被災当事者をまじえて、あらためて再開された。そこで報告と議論を重ねたうえ、執筆者を募って編纂されたのが本書である。

私自身の研究の進展について述べておくと、震災後には、三陸の被災地と東京の脱原発運動の調査に力点を置いていた。福島の現状については、赤坂氏がかねてから縁のあった福島の現場にかかわっていたので、一種の役割分担のように考えていた。三陸のなかでは、石巻に従来、私と縁があったピースボート災害ボランティアセンター（ＰＶＣ）が救援拠点を築いていたので、足がかりがあったという要因もある。

私が震災後の三陸に初めて行ったのは、二〇一一年四月二六日のことである。まだ新幹線が再開しておらず、市内には汚泥とがれきが山積みだった。ＰＶＣは、石巻郊外の大学に拠点を置き、救援物資の配布とがれきの片付けに忙殺されていた。

ＰＶＣの案内で、市内の惨状をみたあと、石巻市の中腹にある公園に案内された。石巻の地形は、この地方のいわば典型である。海沿いの低地に港と工場群があり、山裾の中腹に旧市街地があって、内陸には郊外住宅地が広がっている。案内された公園からは、そうした風景が一望できた。

公園から風景を一望したとき、私はこう思った。この町は低地が産業地帯で、この一帯の根にあたる。中腹の市街地は、その根の上に咲いた花だ。そして低地の産業地帯は、津波で壊滅している。ということは、中腹のがれきを片付けても、産業地帯が復興しなければ「根のない花」として枯れるだけだと。

ＰＶＣの現地責任者は、物資配給の苦労を語り、がれきを片付ける困難を説明した。その彼に、私はこう言った。「それで、がれきを片付けたあと、どうするつもりなんですか」。がれきを片付けたところで、産業がなければ、人口が流出してゴーストタウンになるだけだと思ったからである。

しかし、質問を受けた相手は絶句してしまった。そして話は、当面の課題に移っていった。無理もないことだと思ったので、私もそれ以上は、その話を追求しなかった。

その後の二〇一二年夏、私のもとに、災害研究の国際ワークショップで報告してくれという依頼がきた。東北の歴史と、上記のような観察の一部を記したエッセイの英訳が、インターネット雑誌に掲載されて、シンガポールの研究者の目に留まったためだった。

その依頼は、専門外だといって一度は断った。しかし是非にということだったので、災害関係の研究を勉強し、さらに三陸一帯を再訪して調査した。その研究成果として二〇一三年秋に発表したのが、本書に収録した「ゴーストタウンから死者は出ない」の英語版である Nobody Dies in Ghost Town である。

その過程で痛感したのは、日本では災害の社会科学的研究が手薄であることだ。日本の災害研究は、その大部分が、地震予知や堤防建設といった理科系の研究である。また災害を防ぐための防災研究にくらべて、災害が起きてからの復興研究は、いっそう手薄であるように感じた。この二つの特徴は、原発についての研究においても、同様だったかもしれない。

災害研究は、学際的なアプローチを必要とする。法制、政策、経済、財政、社会保障などから、社会、心理、歴史、地域特性、コミュニティなどまで、総合的に理解しないと災害研究は一面的となる。そして阪神・淡路大震災以後、復興公営住宅の社会調査などは行われてきたが、地域全体の復興を対象とした災害経済学や、適切な復興政策を検証する災害政策学などは少ない。まして学際的な総合研究は、いっそう少ないと言わざるを得ない。

前述のように、国際ワークショップで報告してくれという依頼がきたときは、なぜ自分に声がかかったのか面食らった。しかし東アジアを中心とした社会科学系の災害研究者と話してみると、彼らが日本からの報告者を探すのに苦労していたことが感じられた。そして二〇一四年夏には、タイやラオスの学会で報告を行ったが、そのときに受けた印象は、日本が災害研究の分野でとりのこされているというものだった。

こうした背景のもと、三陸の調査は、二〇一三年から再開した。気仙沼在住の三浦友幸氏や、石巻市雄勝町在住の阿部晃成氏など、三陸出身の被災者が、前述のように二〇一二年末から研究会に加わってくれたことも、それを後押しした。

調査を再開してみると、自分が二〇一一年四月にたてた予想が、あるていど当たってしまっていることを感じた。せっかく汚泥のかきだしが終わった石巻市中心街は、さびれた雰囲気となっていた。そしてまだ残留していた支援団体は、災害救援から「町興し」に活動を転換していた。

とはいえ、予想外のこともいくつかあった。その一つは、復興政策が、予想以上に非合理的だったことである。

二〇一一年四月の予想では、私はこう考えていた。低地の産業地帯を早急に復興しないと、人口流出と高齢化が激化する。それは、誰にでも予想できることだ。そうである以上、いわば時間との競争として、早急な産業復興が行われるだろうと考えていた。

ところが実施された復興政策は、津波をかぶった地域の建築を規制し、巨大な防潮堤建設を進めて、高台に人口を集約しようというものだった。それは机上の計画としては一理あっても、そんな大規模な計画が完成するのは何年も先になる。そのあいだに、産業基盤の衰退は進み、仕事がない人々は流出してしまう。

その間には、防災建築や都市計画に偏重した復興政策の弊害を、さまざまな場面で痛感した。本書収録の拙稿に書かなかったエピソードを、一つ述べておく。

震災の直後には、被災自治体や復興会議委員のもとには、都市計画関係の会社から、「こんな都市をつくりましょう」という計画図が数多く送られてきたそうである。それらには、要塞のような高層ビルが並ぶコンパクトシティや、津波に強い地下都市などが、美しいグラフィックで描かれていたという。

しかし、これらの地に美しいビル街を作ったところで、その街にどこから人がきて、どうやって財政的に維持するのだろうか。そういったことは、計画図面を作る人々にとっては、守備範囲外のようだった。「そういう図面は捨てないで、二〇一一年当時の日本社会の想像力の限界を示す記録として、後世に遺したらいい」と、冗談まじりでアドバイスした記憶がある。しかし反面、二〇一一年四月時点での予想を裏切った点が、もう一つあった。それは、復興政策の問題が、すぐには露呈しなかったことである。

震災後の三陸一帯における在来産業の衰退は、漁業でも製造業でも、誰の目にも明らかだった。ところが失業率はあがらず、むしろ人手不足が問題となった。そして華やかなショッピングモールが新設され、一部では地価の急騰というバブルじみた事態も起きた。

しかしこれは、大規模な復興公共事業が計画されたという、単純な理由で引き起こされたものだった。復興公共事業のために、失業率はあがらず、地域にはお金がまわり、購買力もそれなりに維持される。移転計画の公表で高台の土地が不足し、おりからの金融緩和とあいまって、地価の上昇も起きたのである。

だが一方で、公共事業に労働力が吸引されたことは、在来産業の復興を妨げた。工場を再開しても労働者が集まらず、漁業者も土木業に転業してしまう。労働力不足と地価上昇は復興計画の進展を遅らせ、それがいっそう産業の衰退を加速する。お金がまわって購買力があっても、買い物客は郊外に建てられたショッピングモールに吸い込まれ、在来の商店にはやってこない。高台の郊外住宅地は、大型道路沿いのモールを中心として繁栄しているようにみえるが、公共事業が止まってしまえば自立する産業基盤がない状態である。

とはいえこうした一連の状況は、拙稿でも述べたように、日本のあらゆる地方で、一九九〇年代以降に進展していたことだ。公共事業で大型道路ができ、道路沿いのモールが栄え、在来の産業と商店が衰退し、それを食い止めるためと称して公共事業が誘致される。いわゆる「郊外化」と呼ばれる、悪循環現象である。

つまり三陸の被災地で起きていることは、もはや災害復興の停滞というものではない。日本社会のどこにでもみられる弊害が、二〇年か三〇年先取りした形で、顕在化しているにすぎない。そして震災から五年目を迎え、復興予算の見直しと現地自治体負担が進められるなかで、問題は次のステージに入りつつあるといえよう。

本書収録の拙稿は、二〇一三年秋に英語版を、二〇一四年春に日本語版を発表したものである。データの更新は行ったが、基本的な枠組みは、二年前から変わっていない。そしてこの論文で提起した問題点を意識しながら、研究会を継続させ、その報告者から寄稿を募って作られたのが本書である。

こうしてできた本書には、財政学、経済学、地域研究、環境学、宗教学などの研究者からの寄稿と、被災者自身による体験記が収録されている。本書に収録された諸論考には、これまでの復興論議でカバーされていない、そして今後の復興で踏まえるべき、多くの知見が含まれている。

そして本書の最後では、赤坂氏との対談で、問題の全体像を俯瞰するように努めた。そこにおいても、東日本大震災の被災地で起きている問題が、たんに「被災地の問題」ではなく、日本全体の問題の縮図であることを提起している。そしてそうであるからこそ、たんに「震災を忘れない」という次元だけではなく、日本社会の未来を考えるために、被災地研究が重要であること示されている。

本書の意義は、震災の記憶に固執することにあるのではない。ここでの試行は、日本社会の現在と、未来をみすえるために、必要なことなのである。

二〇一五年五月

I

第一章
ゴーストタウンから死者は出ない
——日本の災害復興における経路依存

小熊英二

はじめに

東日本大震災の津波から、四年が経った。

しかし三陸の被災地の平野部には、ほとんど家屋が立っていない。二〇一五年二月の時点で、自宅を離れ避難している人は三件を中心に約二二万九千人[1]。同年一月末の時点で、仮設住宅で暮らしているのは、三県内のプレハブの応急仮設だけでも三万八五七二戸の八万七三〇万人。民間賃貸を借り上げた「みなし仮設」を含めると、三県内だけで七万五七五戸の一六万五四三人にのぼる。[2]こうした現地の状況に希望を失い、故郷を離れる若者も多い。

それはなぜだろうか。

復興予算の不足が原因とはいえない。政府は津波の被害総額を一六・九兆円と見積もった。自民党政権は二〇一三年一月、二〇一一年からの五年間の合計で二五兆円の復興予算を充て、民主党政権時代より六兆円増額すると決定した。[3]二〇一五年三月の時点では、用意された予算は二六兆円を超えている。[4]復興予算の一部が流用されていることは強い批判をあびたが、それを差し引いても、多額の予算が現地に投じられているのだ。

政府機関の腐敗のせいだろうか。復興関係の汚職は報道されていない。日本の官僚たちは一般に職務熱心だ。被災地の市や町の職員は、彼ら自身が被災したにもかかわらず、さらに熱心に働いている。たとえば岩手県大槌町では、町長が死亡したほか、一三六名の町職員のうち三二名が死亡し、残りの職員も家族や家を流されたりした。彼らは他県からの応援職員とともに、懸命に働いている。

だが二〇一三年一月、その大槌町で、兵庫県宝塚市から派遣されていた四五歳の応援職員が自殺した。その職員は自殺の前に宝塚市長との電話で、こう語っていたという。[5]「被災地は大変です。一生懸命やっているが、自分のやっていることがどれだけみんなの役に立っているかわからない」。

この職員の言葉に、復興が進まない理由が示されている。資金は投じられ、職員は熱心だ。

しかし、復興計画やその実行方法が適切でないのである。この論文では、なぜこうした事態が生じたのか、現状と歴史の両面から分析する。

被災地の地形と社会

まず前提として、三陸の被災地がどのような場所なのか、地形と社会構造の二つの面から説明しておく。なお、津波被害からの復興を論ずるため、本稿では宮城県と岩手県に対象を限定し、福島県と原発事故の影響については論じない。

三陸地方の沿岸は、小さな岬と入り江の集合体である。個々の入り江には、数十戸の漁村がある。典型的な漁村は、数百メートル四方の入り江の中にあり、数十メートル程度の堤防をそなえた漁港をもつ。入り江には山から川が注ぎこみ、一〇〇メートル四方程度の小さな平地があり、小さな畑と家屋が立つ。小さな平地は急峻な山に囲まれ、岬のむこうには同じような入り江と漁村がある。漁村と漁村の間は、岬の尾根を伝うカーブの多い自動車道路を通じてしか、行き来できない。

かつて個々の漁村は、「よりあい」を定期的に開き、家長が集まり、年長のリーダーのもとで方針を決めていた。近代化のなかで、住民組織は「自治会」、リーダーは「自治会長」として公認化され、行政と住民をつなぐ役割を果たした。

東京などの都市にも、類似の組織が、「自治会」や「町内会」として存在したが、高度成長後はしだいに形骸化した。しかし三陸の被災地では、二一世紀に入っても住民の自治会加入率は高く、集会の出席者も多かった。

こうした多くの「小さな入り江」にまじって、比較的「大きな入り江」がある。そこには比較的大きな川と、数キロ四方の平地がある。町役場や学校、魚市場、水産加工場、商店街、農地、鉄道駅などがある。人口は数千から数万だ。近接した山間部の盆地に、農村が隣接していることもある。川の右岸や左岸、盆地、商業地帯などに、数十戸から数百戸の集落がある。各集落に自治会があり、自立意識や対抗意識が強い。

この地域の基本的構造は、以下のようになる。たくさんの「小さな入り江」に、数十戸の漁村がある。数十の漁村の中心に「大きな入り江」があり、町役場や小学校、中学校がある。「もっと大きな入り江」に行くと、市役所や高校があり、東京の企業が工場を開設しているところもある。この地方で「もっとも大きな入り江」は、人口一〇四万の東北地方最大都市である仙台市で、そこには宮城県庁と東北大学がある。宮城県から岩手県の、総延長距離約六〇〇キロにわたるカーブの多い三陸沿岸に、集落を束ねる町庁や市庁があり、その町庁や市庁を県庁が束ねるという、ツリー状構造が存在する。

ここで説明しておかなければならないのが、近代日本の県や市の政治的位置である。

一八六八年の明治維新の後、東京の中央政府は、地方に行政機関を置いた。しかし近代行政機構の任務を負わせるには、最低でも三〇〇戸から五〇〇戸の財政基盤を必要とした。一八八九年には大規模な合併が行われ、それまで七万一三一四あった町と村は一万五八二〇に減り、三九の市が創設された。[6]

こうして作られた町や村は、名称は村でも、複数の集落を集めた行政区分だった。村役場や町役場は、徴税や住民登録など、中央政府からの業務を執行する行政機関であり、個別の集落の自治会の上部に位置した。戦前の日本では、憲法に地方自治の規定は存在せず、県知事は中央政府から高級官僚が赴任する役職で、選挙で選ばれてはいなかった。

戦後改革によって、地方自治が導入され、法律上の規定も作られた。とはいえ現在でも、法律的には、県や市町村は「自治体」ではなく「地方公共団体」と規定されている。

また多くの地方公共団体は自主財源では運営できず、中央政府の補助金の多くは使途が規定されているため、日本の地方自治は「三割自治」にすぎないと通称されてきた。二〇〇〇年代の地方分権改革では、法制度上はかなりの変更が行われた。しかし地方財源の制約や政治的慣習などのため、実質的には大きく変化していないという指摘は多い。

また戦後にも、大幅な市町村合併が進んだ。とくに二〇〇五年の大合併で、市町村の数は一七一九まで減少した。明治初期の四〇分の一にも満たない。人口が日本の約二・四倍であるアメリカの自治体数は、同時期に約五〇倍の約八万七千である。[7] この数は、「よりあい」で運営されていた自然村が大規模合併される前の、明治初期の市町村数と同等である。

合併が行われたのは、主に財政難のためである。一九九〇年代以降、日本では経済停滞で税収が減った。同時に経済刺激策として公共事業の大幅増加と、所得減税と法人減税が行われた。そのため中央も地方も、財政がひどく悪化した。中央政府は、合併によって市町村の合理化をはかった。そして二〇〇五年三月までに合併すれば、一〇年は補助金（地方交付税）を減らさないこと、地方公共団体が新規に地方債を発行しても中央政府が認めることなどを約束し、多くの市町村がこの誘導に従った。[8] その一〇年はまもなく終わる。

このため現在の市町村は、以前にもまして多数の集落を含んだ行政組織になり、一般住民から遠いものになった。合併に際し職員が削られたことは、その傾向を加速した。

また日本の製造業の就業者数は一九九二年がピークで、二〇一二年には最盛期の六二%に減少した。冷戦終結と中国の世界市場参入などで国際環境が変わり、東アジアの工業化が進んだこと、日本の製造業の国外移転などが一因である。

三陸地方でも、こうした影響はおよんでいる。かつては「鉄の街」として知られた岩手県の釜石市では、一九八九年以降、製鉄は行われていない。新日鉄は現在、ブラジル、メキシコ、インドなどに製鉄工場を持っている。地元の強い要望で、新日鉄は釜石に工場を維持し、高品位の線材加工が行われている。しかし二〇〇八年での雇用は、最盛期だった一九六〇年代前半にくらべ、約四%にすぎなかった。[9]

一九九〇年代に公共事業が数多く行われたのは、こうした経済状態を救済するためだった。たとえば一九八七年から九九年に、全国の美術館は二・六倍に、博物館は二・二倍に増加した。[10]こうして作られた施設の経営は多くが赤字であり、その維持費は地方公共団体の財政を圧迫し続けている。

しかし地方経済の衰退は止まらなかった。製造業の衰退とともに、一九九一年から〇七年に全国の小売店数は三分の二に減少した。農業や製造業、商業に頼れなくなった若年層や中堅層は、仕事を求めて都市に出るか、公共事業に集まった。一九九八年には、日本の就業者数の約一一％が建設業に従事していた。[11]「シャッター街」という流行語が生まれる一方、大型ショッピングモールが、公共事業で作られた大型道路に沿って立つ風景が二〇〇〇年代に目立っていった。

事態を加速したのは、八〇年代から九〇年代に行われた日米構造協議だった。八〇年代に日本の輸出に苦しんだアメリカ政府は、日本政府に市場開放と規制緩和を要求し、輸出の自主規制と内需拡大を要望した。そして日本政府は、小商店を保護していた大規模店舗出店規制法を改正・廃止する一方、公共事業で内需を拡大することを約束したのである。

こうした社会構造と歴史的経緯が、津波からの復興にどう影響したか。それを検証する前に、日本の災害史と、そこで成立した災害対策スキームを概説せねばならない。

戦後日本の災害復興史

戦後日本の災害復興史は、三つに時期区分できる。第一期は一九四五年から一九六〇年まで。第二期は一九六一年から一九九四年まで。第三期は一九九五年以降である。

このうち第二期が、日本の経済成長期であり、災害対策スキームが形成された時期である。そしてこの時期のスキームが形骸化し、弊害が大きくなったのが第三期といえる。

第一期は、災害の多発期である。日本は自然災害が多いが、この時期には対策が未整備だった。耐震建築や防波堤の普及度は低く、河川はすぐ氾濫した。死亡者は一九四五年の三河地震で二三〇六人、枕崎台風で三七五六人、一九四六年の南海地震で一一四三人、一九四七年のキャサリン台風で一九三〇人、一九四八年の福井地震で三七六九人である。

この時期は、復興の法体系も未整備だった。災害には基本的に地方公共団体が対応し、必要な場合に中央政府が財政支援などをした。そのため広域災害の場合、各地方公共団体の財政事情で仮設住宅の質などが異なり、不満が出た。

その背景には、日本全体の経済と政治の状況があった。戦前の日本政府は国民の生活状態には関心が薄く、災害対応で重視されたのは治安維持で、生活再建は自助努力とされていた。大戦下では軍需産業に予算と人員を配置したため、治山治水がおろそかになり、戦後の災害多発を招いた。敗戦後は経済や財政の状態が悪く、政権も不安定だった。

それに対し第二期は、政治と経済の安定期だった。一九五〇年代後半には高度成長期に入り、一九五五年には保守政党が合同して自由民主党ができ、政権も安定した。

一九五九年、この時期最後の大災害である伊勢湾台風で五〇九八人が死んだ。六一年には災害対策基本法が制定され、六二年の激甚災害法など、各種の法制が整備された。ここで成立した災害対策スキームの趣旨は、以下の四つといえる。

第一に、復興の主体は、地方公共団体の行政機関である。まず地方公共団体が支援と復興にあたり、不足の場合には中央政府が補助金などで支援する。また地方行政機関に協力する民間団体として、日本赤十字社や、地域の町内会および自治会、消防団といった政府公認組織が重視された。町内会や自治会、消防団の長は、地域の有力者だったり、自民党の支持者だったりすることも少なくなかった。

消防団員は一般市民で、公式には非常勤地方公務員であり、消防団長は市町村長から任命される。原型の民間団体は江戸時代からあったが、一八九四年に日本政府の公認組織となり、戦争中は警防団として警察に協力する組織となっていた。これは敗戦後に戦争協力機関として廃止されたが、一九四七年に警備協力の性格をのぞいた消防団として復活した。

第二に、復興支援の対象は、被災者個人ではなく地方公共団体である。中央政府は市や町などの地方公共団体を財政支援し、地方公共団体が被災者の救助や支援にあたる。そして復興は、地方公共団体が中央政府の補助を受けつつ、堤防や道路など公共資産を建設する形で行われる。

一方で、被災者個人の住宅再建などは、基本的に個々の自助努力とされる。その理由とされたのは、住宅再建などへの支援は税を使って特定個人の資産を形成することになり、法の下の平等に反するという論理だった。この論理は、ときに「焼け太りは許さない」と表現されたといわれる。

第三に、住民参加による地域社会の総合的な回復力（レジリエンス）の強化よりも、建築物による物理的な防災が重視された。その方法は、二つに分かれる。一つは新規建設住宅の建築基準を強化し、建主負担による耐震建築普及をうながしたことである。もう一つは、被災地域の地方公共団体に補助金を出し、堤防やダムを建設したことである。後者には港湾整備や道路建設なども含まれ、産業開発の促進ともなった。防潮堤などの既存施設が破損した場合は、原形復旧が原則だが、より大きなものに改良することも許容された。

第四に、均質性を重視したことである。仮設住宅などに基準が設けられ、どの地域でも一定の均質性が要求された。

均質性を財政面で保障するため、地方公共団体への財政支援が制度化され、補助比率にルールも設けられた。比率を決めている法律や担当官庁は、建設対象が公共土木施設なのか、文教施設なのか、農地整理なのかなどによって異なる。

具体的には、「公共土木施設災害復旧事業費国庫負担法」「農林水産業施設災害復旧事業費国

庫補助の暫定措置に関する法律」「公立学校施設災害復旧費国庫負担法」など、ほぼ担当官庁ごとの形で災害復旧に特化した法制がある。さらに公営住宅法・児童福祉法・老人福祉法・身体障害者福祉法などに規定された施設に対する復旧事業の国庫負担を、激甚災害法（「激甚災害に対処するための特別の財政援助等に関する法律」）が定めている。また法律以外に、空港法や鉄道軌道整備法に基づく政令が災害復旧の国庫負担率を定め、各省庁の通達や要綱で負担率を定めているケースもある。

その一つである「公共土木施設災害復旧事業費国庫負担法」の規定では、地方公共団体の標準税収入が小さく、復興公共事業の規模が大きいほど、中央政府の補助比率が上がる。地方公共団体の標準税収入の二分の一に相当する事業の補助率は三分の二を、二分の一を超えて二倍に達するまでは四分の三を、二倍を超える部分は全額を、中央政府が負担する。

こうした復興法制は、日本の多くの法体系がそうであるように、「縦割り」「複雑」「使いにくい」「融通がきかない」と形容されやすい。復興政策は、こうした法制で規定された事業を束ねる形で行われる。逆にいえば、法制の垣根を越えた総合的政策や、柔軟な運用は実現がむずかしい。

こうして一九六〇年代初頭までに、日本の災害対策スキームは完成した。公共事業の経済的負担は少なくなく、六〇年代前半には、中央政府の一般会計の八％が防災関係支出だった。[12] しかし高度成長で税収が増え、政府の負担は軽減された。

また経済成長で住宅の新規建設が盛んとなり、耐震基準を満たす建物が普及した。一九八一年改定の基準を満たした住宅は、阪神・淡路大震災でも七五％は被害がなかった。[13]

この結果、災害による死者は劇的に減少した。また偶然にも、六〇年から九五年まで、大きな自然災害がなかった。八四年以降は、各地の防災公共事業が一巡したためもあって、防災関連支出は政府一般会計の五％以下にまで低下した。

こうした復興スキームは、高度成長期に適合していた。一般に経済成長下にある途上国では、災害後にはＧＤＰが増大する。災害は老朽インフラの更新と需要の増大を生む。日本でも、一九五九年の伊勢湾台風で被害をうけた愛知県の製造業は一ヶ月後には元の生産高に復帰し、名古屋市ＧＤＰ成長率は同年に一八・八％、翌年は三〇・一％に達した。[14] これは当時の日本の経済成長率にくらべ、顕著に高い。

またこうしたスキームの背景には、一九二三年の関東大震災後の都市再開発で、東京が近代都市に躍進したという歴史観があった。関東大震災では、震災で焼けた東京東部から、西部郊外への人口移動があり、その機会に再開発が行われた。[15] これが可能だった一因は、日本が経済発展期の途上国だったことと、労働者の多くが持ち家ではなく賃貸居住で、移転に問題が少なかったことである。だがそうした社会背景への留意が不足したまま、災害は公共事業と都市再開発による経済発展の好機であるという認識が広まっていった。

しかし災害が経済発展をもたらすという経験則は、需要喚起が国内で消化されることを前提としている。グローバル化時代の、産業がサービス化した先進国には必ずしも適合しない。二〇〇五年のハリケーンの被災地であるニューオーリンズでは、二〇〇八年までに人口が約三割減少した。

また地域に密着した産業を基盤とし、相互扶助やサブシステンスで成り立っている地域社会の場合は、災害と再開発で地域社会が変質すると、むしろ衰退が進む。道路などのインフラを整備しても、一時的な建設業雇用を生むだけで、作られた道路を通じて人口流出が進む「ストロー効果」が起きやすいことは、九〇年代以降の日本でもよくみられた。災害を機会にした公共事業の場合も、それは変わらない。

また他の問題として、このスキームが制度化されるさい、多元化と硬直化がおきた。中央政府の災害対応と復興支援は、個別の法制と手続きに従い、国土庁、運輸省、建設省、農水省、通産省などが各個に担当した。現在でも、防潮堤建設は国交省が担当するが、それによる漁業への影響を考えるのは農水省の管轄となりやすい。個別政策を束ねるのは内閣のはずだが、復興のグランドプランを審議し、復興事業の全体結果を査定する恒常的組織は、事実上なかったといえる。このため、総合的視点を欠いた硬直化が生じていった。

またこのスキームでは、財政力の小さい地方公共団体が、大きな復興事業計画を立てれば、多くの補助金を獲得できる。このため、災害を機に従来計画されていた公共事業を行おうという「災害待ちの気分」が地方公共団体に生じていたことは、すでに一九七一年に建設省の官僚も認めていた[16]。

それでも問題が露呈しなかったのは、経済成長期だったからである。明確なグランドプランがなくとも、経済成長と人口増加が続いている間は、港湾や道路の整備に異論はなく、地域も発展した。与党議員と土木業者の癒着や、地域内少数者の抑圧といった問題も起きたが、経済成長が続いているかぎり全体を揺るがす問題にまでは至らなかった。

そして九〇年代以降の第三期は、日本経済の低迷と、政治の不安定期に当たっている。九二年に日本経済はゼロ成長となり、製造業の就業者数も減少に転じ、インフラ整備の効果も低下した。人口も二〇〇六年から減少に転じ、日本の平均年齢は七〇年に三一・五歳、八〇年に三二・六歳だったが、二〇一一年には四四・九歳となった。地方の過疎化と高齢化が進み、敗戦直後には約二〇〇万人だった全国の消防団員は二〇一三年には八七万人となり、団員の高齢化も進んだ[17]。

そして一九九五年一月に起きた阪神・淡路大震災で、六四三四人が死亡した。その後はふたたび災害が増加し、二〇〇四年と〇七年の中越地震、二〇一一年の東日本大震災と福島第一原発事故などが、その後にあいついだ。これらの災害と復興の過程で露呈した構造的問題を、以下に記述する。

阪神・淡路大震災の教訓

阪神・淡路大震災については、多くの研究が行われ、様々な問題が指摘された。その多くは、従来のスキームが硬直化し、実情にあわなくなっていることを示していた。こうしたことが突然露呈したのは、一九六〇年から三五年間に大規模震災がなかった偶然もあるが、小規模災害が耐震建築の普及などで顕在化しなくなっていたため、大規模災害でスキームと実情の不適合が顕在化したことにも起因している。

阪神・淡路大震災について、避難と住宅の問題として指摘されていることをまとめると、以下の諸点となる。

① 被害が特定層に集中した。一〇万四九〇六の住宅が全壊し、一八万六一七五世帯が住んでいた。これらは一九八一年耐震基準以前に建てられた古い住宅に多く、結果として死亡者は貧困層と高齢者に多かった。

② 都市化と宅地開発が進んでおり、約三一万六千の被災者を一時収容する余剰地がなかった。避難民収容に使えた施設は、地域の学校の校舎が中心だった。

③ 建設用地と仮設用プレハブ住宅の不足で、仮設住宅建設が遅れた。仮設住宅の発注は、

地方公共団体が平時から災害協定を結んでいたプレハブ建設協会に出され、均質性を保証する基準を満たす国内メーカー製を用いるのが原則であり、輸入などは例外的にしか行われない。

④ 公的復興融資として、企業向けには債務保証や返済猶予、貸付限度額引き上げなどが行われたが、個人住宅の復興は自助努力が原則で、公的融資や利子補給が行われたにとどまった。[18] そのため損壊した自宅のローンが残ったまま、再建ローンを組んで、二重債務となった例が多かった。

⑤ 住宅再建支援がない代わりに、四万八三〇〇戸の仮設住宅と四万二一三七戸の公営住宅は、公共事業として建設された。仮設住宅は建築基準法の規定では二年、特別法による延長でも最長五年で解体されたが、費用が一戸平均約五〇〇万円かかった。避難所から応急仮設住宅、さらに復興公営住宅に移動した場合、投じられた公的負担は一世帯あたり約一二〇〇万円から一九〇〇万円にのぼる。[19] さらに家賃補助や、公営住宅の用地取得代を含めると、公的負担は一世帯当たり三千万円を超えたともいう。[20] これらの公的支援を、被災者の住宅再建支援に直接充てたほうが効率的だったとの指摘がある。

⑥ 公営住宅用地に取得できたのは、通勤などに不便な土地もあり、需給のミスマッチが生じた。入居応募倍率が一倍以下だったり、入居応募がゼロという例もあった。[21]

⑦公営住宅の入居に所得制限などがあるため、高齢者と貧困者の入居が多くなり、公営住宅団地が社会的弱者の集住地となりやすかった。二〇〇二年度に行われた公的調査では、復興公営住宅の六五歳以上の比率は五四・六％、世帯人数は一人が三七・四％、二人が三二・〇％で、高齢単身および高齢夫婦世帯が多い。職業は無職が四一・七％、退職・年金生活が一八・三％である。[22] アルコール依存や自殺、うつ病などが発生しやすく、職員やボランティアの巡回が行われたが、解決には至らなかった。

さらに、復興政策で指摘されている問題は以下である。

①政府と地方公共団体の復興政策は、空港や港湾の整備、公営住宅建設、被災地域の再開発など、公共事業が主体だった。しかし工事を請け負ったのは、域外の大規模建設会社が多かった。九八年までの兵庫県内の需要増大は七・七兆円にのぼったが、その八九・四％が域外に流出したと試算されている。[23]

②雇用のミスマッチが生じた。復興後の求人は建設業に多く、その需要は一時的であり、若年の一時雇用に偏りがちだった。しかし求職は中高年の事務職が多く、失業や人口流出が生じやすくなった。政府は被災失業者を公共事業で雇用させる就労促進特別措置法を制定したが、罰則がないうえ、上記のミスマッチのためほとんど効果がなかっ

た。[24]

③産業構造の転換が妨げられた。神戸の主産業だった港湾業や重工業は、グローバル化による競争にさらされていた。神戸港は八〇年にはコンテナ取引量で世界三位だったが、九三年には香港、シンガポール、高雄、釜山に抜かれて六位となっていた。神戸市全体が高度な産業への転換が必要な時期だった。しかし復興事業で建設業が人為的に成長し、結果的に転換が妨げられた。在来産業の衰退は加速し、神戸港のコンテナ取引量は〇三年には三二位となった。[25]

④産業衰退と人口流出が地域経済を押し下げ、小売業なども低迷した。九五年の被災地の域内総生産（GRP）と日本の国内総生産（GDP）をそれぞれ一〇〇とすると、二〇〇三年には被災地のGRPは八八、日本全体のGDPは一〇四となっている。[26]

⑤不適切な再開発が行われた。小規模なケミカルシューズ製造業者が集中していた神戸市長田《ながた》区は、関連企業の八〇％が全半壊ないし全半焼した。ここは「後家さんの街」とも呼ばれたインナーシティで、老夫婦や単身高齢女性が安価な住宅を借り、ミシン工となって低収入ながら相互連携で生活できていた街だった。[27] その跡地で、大規模な区画整理と再開発が行われたが、神戸全体の景気低迷のため、整備されたショッピングモールには店や客が入らなかった。約五万人のケミカルシューズ製造業従事者のうち、震災で仕事を失った者の「少なくとも三分の一」が地区を出ていった。[28] 再開発費

用にみあう効果がなく、地域社会のサブシステンスを破壊する結果になったと批判されている。

⑥ 再開発では行政が原案を決め、形式的に住民合意をとりつける傾向があった。これが地域の事情に合わない大規模再開発が発生する一因となった。

⑦ 復興事業として行われた公共事業には、災害前からの計画を、復興事業の名目で中央政府の補助金で実現したものがあった。「防災の拠点」という理由で建設された神戸空港は、利用数が見込みを下回り、赤字経営となった。それらを含め、復興経費名目での政府支出は約一六兆円、被災者一人当たり約四千万円に相当するという試算があり、それに見合う効果がなかったと批判されている。[29]

こうした全体状況が個人に表れた一事例を引用する。震災から七年後、三八歳のバーのマスターが肝硬変で死んだ。彼の死は、震災の死者数にカウントされていない。下記は、彼の友人の新聞記者が二〇一一年に書いた文章である。[30]

一九九五年二月、神戸に入り、彼とじっくり話しました。地下にあった店は浸水し、電気関係は壊滅状態だったのを修理したそうです。「ここは俺の城や。ぜったい続けたる」。涙目で彼は訴えていました。

二年も経つと町並みがそれなりに整備され出し、復興市営住宅や県営住宅がどんどん建ち、仮設住宅に住む人たちが減り始めました。だけど、復興が進んでいるはずなのに、店に客が戻らないのです。「なぜだろう」と彼とよく話し合いました。

彼は夜の営業だけでなく、昼はランチを出し、空いた時間は郵便配達のバイトをこなし、少しでも収入を得ようとしました。だが、借金でにっちもさっちもいかず、二〇〇〇年に彼は店を閉めました。奥さんと二人の子供とも別れました。閉店の前から、目の前の苦しさから目をそむけるように食事も取らず、酒をあびるようにあおっていたようです。店で倒れていたのを常連客が発見し、長期入院したことがありました。閉店後は飲酒が加速してしまいました。彼の父によると、最後の言葉は「何でこうなったんやろ」だったそうです。一〇年近く経った今も、彼の店の前を通ると泣きそうになります。

災害とは、自然現象と社会的要因の関数である。自然現象があっても、適切な社会的対応があれば、災害の規模は小さくなる。神戸の状況は、公共事業を中心としていた災害対策スキームが適合しなかったために、より悪化した。

本稿の副題である経路依存（path dependence）とは、過去の制度や政策決定が硬直し、状況の変化に不適合になっているにもかかわらず、柔軟な対応ができない状態を指す。手続きに遺漏はないが、本来の目的を忘れているという意味で、「手術は成功したが患者は死んだ」という状態といえようか。

これは悪意や陰謀の結果では必ずしもない。個々の担い手は善意でも、結果は悲劇的となる。日本の災害対策スキームは、他の多くの日本の法制や慣習がそうであるように、高度成長期に形成されたまま経路依存を起こしていたのである。

二〇〇〇年代の災害復興

日本政府は、緊急支援や公共資産建設は行うが、個人の住宅再建支援は自助努力だという原則をとってきた。しかし神戸の震災後、被災者への直接支援法の制定がめざされた。

これに尽力したのが、作家の小田実だった。神戸で被災した小田は、震災直後から「市民救援基金」を設立し、「先進国で公的援助のない国などない。法律がないなら市民の手で」と、九六年五月から「生活再建援助法案」の成立をめざし運動をはじめた[31]。九六年九月には、神戸と全国の生協が「地震災害等に対する国民的保障制度を求める署名推進運動」を開始し、約二四〇〇万の署名が集められた。

一九九八年五月、被災者生活再建支援法が国会で成立した。しかしこれは、住宅が全壊ないし半壊した世帯に、生活再建資金を最大で一〇〇万円支給するもので、使途が生活必要品や医療費などに限られていた。また年収八〇〇万円を超える世帯は対象外で、住宅再建支援の制度は見送られた。年収八〇〇万円でも、住宅再建に二重債務が必要な例は多かった。

二〇〇三年の改正では、仮住まいの家賃や、損壊住宅の解体撤去と整地費用などに、最高二〇〇万円が支給されることになった[32]。しかし住宅本体の再建支援は見送られ、所得制限も残された。〇七年、新潟県中越沖地震の発生と、自民党の参議院選挙での敗北といった状況変化があり、使途制限と年収制限が撤廃され、最大で三〇〇万円まで支給されることとなった。とはいえ住宅再建には不十分な額である。

また第二の変化は、九八年の特定非営利活動促進法（NPO法）の成立だった。それまで日本では、非営利団体が法人格を取得する場合には行政機関の許可が必要で、法人格取得後も主務官庁による指導など活動に制限が多く、市民の自発的活動に適した法人格が求める運動が起きていた。

一方で従来の政府公認民間団体だった町内会や自治会は、とくに都市部で加入人口が減り、幹部や会員が高齢化していた。メディアの発達で神戸の震災が広く報道され、被災地外からボランティアが多数訪れたが、それを受け入れて適切に配置する経験が、行政や地元自治会に十分あったとはいえなかった。市民団体がそれをサポートして有効性が注目され、震災後のNPO法制定につながった。この後に法人格を取得した非政府組織は、東日本大震災の支援でも活躍した。

しかし災害対策スキームの面では、阪神の震災後も、大きな変化はなかった。その一因は、神戸の教訓が広く共有されなかったことである。神戸の産業は衰退したが、大阪への通勤住宅地として町並みは再建された。そのため復興政策の弊害が目立たず、仮設住宅の状況などが、構造的理解を欠いた部分的悲劇として報道されるにとどまりがちだった。

前述したように二一世紀に入り、日本各地で災害が多発するようになった。その多くは地方村落で起こった。二〇〇六年の政府調査では、六五歳以上が過半を占める集落は一二・七％、機能維持が困難となっている集落は四・七％で、後者は自然消滅の可能性が高いとされた。[33]そうした地域は、公共事業以外の産業が不活発で、高齢化や住民活動の衰退で山河の手入れが不十分になったり、「平成の大合併」によって行政が手薄になったりしたところも少なくない。

九〇年代から二〇〇〇年代の災害でも、そのような地域に、高度成長期のスキームで災害復興が行われた。九三年の津波で漁港が被害をうけた北海道奥尻島では、約四七〇〇人の島に総額約九二七億円をかけ、高さ一一メートルの防波堤建設、人工地盤や高台宅地の造成、盛り土による市街地のかさ上げなどが行われた。しかし人口は二〇一一年までに約三分の二に減少し、漁業組合員は半分以下になった。[34]名目的には漁民でも、建設業で生計を立てている者もいる。

熊本県水俣市の山間部の宝川内集落は、二〇〇三年に土石流災害にみまわれた。復興では砂防ダム工事、治山事業、林地荒廃防止施設、農地区画整理など総額三二億五二〇〇万円が投じられた。しかし災害前に約八〇人だった人口は、二〇〇八年までに半減した。[35]住民一人に四千

〜八千万円を投じながら、集落維持には効果が薄かったといえる。

こうして災害復興公共事業が行われた一方、被災者個々人の生活再建は、基本的には自助努力にまかされた。地方公共団体は、既存の制度に沿って、公共事業と補助金を申請しがちだ。住民の参加回路が十分に機能せず、行政側の事業案がそのまま決定したとされるケースが多い。建設会社や地元政治家には、こうした公共事業を歓迎する傾向もある。

また前述したように、法律の規定で、財政力の弱い地方公共団体が巨額の公共事業を行うほうが、補助比率が大きくなる。新潟県中越地震で被災した山古志《やまこし》村が、二〇〇四年度に実施した災害復旧事業七四億円のうち、国庫負担率は九九・八%だった。[36]このため小規模で持続可能な復興事業を行うより、短期的な雇用のため巨額の公共事業のほうを、地元民が肯定してしまうこともあるといわれる。

しかし、作られた公共施設の維持費は地元負担の場合もあり、その後の財政状況を悪化させる。中央政府の財政にとって圧迫であるのは、いうまでもない。

また現在のスキームによる復興支援は、被災地の産業構造をゆがめる結果を招いている。二〇〇四年の新潟県中越地震に襲われた小千谷《おぢや》市のケースでは、地震から五ヶ月後の災害関連売り上げは、建設業で四二%、卸売業で〇%、飲食店で六%である。また全産業を通じて、従業員数の多い企業ほど売上高の回復率が有意に高かった。神戸市長田区のケミカルシューズ産業では、二〇〇七年の時点で産業全体の生産高は八〇%程度まで回復したが、関連事業所数は六〇％、従業員数は五〇％しか回復しておらず、零細事業所の廃業と企業集中が進んだことを示している。本社を長田に置きながらも、生産拠点を海外に移した事業所もある。[37]

すなわち現状の災害対策スキームのもとでは、災害は零細の卸売業や製造業にとって厳しい一方、建設業を一時的に肥大させ、大企業集中や産業空洞化につながりやすい。廃業した零細・自営の高齢者には、職と住居を失い、仮設住宅や公営住宅で、無職や生活保護の生活になった者もいるだろう。これらが地域社会をどう変えていくかは明らかである。

さらに二〇〇七年の新潟県中越沖地震では、新潟県の柏崎刈羽原子力発電所が深刻な被害を受けた。日本の地方に原発が散在していることを考えれば、地方での災害で原発が影響をうけることは必然である。しかし東京電力が実情を秘密にしたこともあり、これも教訓が意識化されなかった。

そして二〇一一年三月、東北地方を地震と津波が襲った。冒頭に述べたように、原発災害の影響は別の機会とし、本稿では津波災害からの復興について述べる。

進まない三陸復興

震災後の三陸地方で出た問題点は、前述した阪神のものと基本的に変わらない。仮設住宅建設の遅れ、災害対策スキームの経路依存、大規模公共事業への偏重などである。

冒頭に述べたように、震災から四年を経ても、約一六万人が仮設住宅で暮らしている。災害救助法の適用を受けた運用基準では、応急仮設住宅は二九・七平方メートルの2DK、費用は二三八万七〇〇〇円と定められている。

しかし現実には、冬に寒い三陸では、避難が長期化するにつれ、断熱材や水道管凍結防止など追加工事があいついだ。二〇一三年四月の報道によると、宮城県内で仮設住宅一戸に費やされた平均費用は、追加工事を含め約七四四万円にのぼる。にもかかわらず、耐用年数二年程度とされるプレハブ住宅は、床の腐敗やカビの発生などが頻発している[38]。二〇一四年に石巻市で実施された仮設住宅入居者の集団検診では、受診者の二割に喘息の疑いがあると診断され、湿気によるカビとダニが原因とみられている[39]。

前述のように、被災者生活再建支援法により、最大三〇〇万円が被災者に直接支給可能になった。岩手県大槌町の事例では、このほかに岩手県からの生活再建支援金が一〇〇万円、大槌町の独自支援金が二〇〇万円ある。これらを仮設住宅に費やされた七〇〇万円に加えると、一世帯あたり約一三〇〇万円になる。その費用で政府が被災者に恒久住宅を建てるか、住宅再建支援として直接支給すれば、「この上ない支援」になっただろうと大槌町長の碇川豊氏は述べている[40]。

しかし実際には、公的な直接支援は小出しに費やされ、被災者は住宅再建のめどが立たず、仮設住宅から出られないままだ。その原因は、従来の災害対策スキームの法的制約と経路依存のためである。

仮設住宅から被災者が出られないのは、復興事業の実施が遅れているからである。神戸の場合と異なるのは、被災者が従来住んでいた土地の大部分が、ふたたび津波をかぶる可能性があるという理由で災害危険区域に指定され、住宅再建が事実上禁じられていることだ。復興防災事業が完成し、土地が新規造成されるまで、仮設住宅から出られない。

復興計画は、どこの市や町も似ている。以前より二倍から四倍の高さの防潮堤を建設する。平地を流れる川を津波がさかのぼったため、護岸工事を行う。数メートルの土を盛り、土地をかさ上げする。高台や山腹に新規の住宅地を造成し、公営住宅を建設するか、民間住宅の建設を可能にし、住民の移転をうながす。こうした防潮堤・護岸工事・盛り土・高台移転の組み合わせが、随所で提案されている。

移転して人が住まなくなる低地は、公有地として買い上げ、地域人口に不似合いなほど大きな公園やスポーツ施設などに充てられる案が多い。住民が数千しかいない地域に、野球場を二つ作るという復興計画案もあったといわれる。

防潮堤は立方体の建造物である。単純計算でいえば、高さを従来の三倍にすれば、建造物としては二七倍となる。しかも今回の復興では、より津波に強くするべく、横断面を台形にして従来型より土台を二倍以上広げた防潮堤計画が多い。海岸を埋める底面積は、従来より格段に広くなる。漁業や環境への影響が懸念されているが、環境アセスメントは省略される。従来あった堤防を高くすることは、復旧工事であって新規工事ではないとされているからである。

災害復旧事業は、原則的には三年以内の予算執行（今回は特例で五年以内）で、原形を復旧する緊急事業である。日時のかかる環境アセスメントが省略可能なのはそのためだ。原形以上の復旧事業は、災害対策基本法第八八条の規定にある「再度災害の防止のため災害復旧事業と併せて施行することを必要とする施設の新設又は改良に関する事業」にあたる、いわば特例である。それが従来の数十倍の事業規模になっても、法律的には環境アセスメント省略は可能なのだ。

小さな入り江の小さな平地に、防潮堤建設と護岸工事を行うと、可住面積が狭くなる。宮城県気仙沼市の唐桑《からくわ》半島にある只越地区では、高さ一一・三メートルの堤防を海岸と河川に整備し、平地の海沿い部分は四・五メートルの盛り土をする計画がある。この計画を実施すると、只越地区の浸水区域（平地）のうち、約三九％が防潮堤と護岸でコンクリートに覆われると試算されている。[41] 住宅と産業の地域として残るのは、山と堤防に囲まれた、くぼみのような複数の狭小地だけだ。漁業は困難となり、四方を山とコンクリートの壁に覆われ、「刑務所に住むようなもの」という形容もある。

四メートルもの土を盛って高くした土地は、安定するまで時間がかかり、基礎としての安定性に懸念が残る。図面上での計画が先行したため、現実性に疑問の声も少なくない。

二〇一二年に宮城県名取市が作成した議会懇談会報告書には、被災住民の意見として、以下のようなものが挙げられている。「宅地をかさ上げして液状化の心配はないのか」「宅地のかさ上げに三六〇億円かかる。本当に必要か」「かさ上げする土はあるのか。一〇tダンプで一日五〇〇台×二〇日/月。四年八カ月かかると聞いた。この計画では家が建つまで七~八年かかる」。それに対する市の回答として記されているのは、「技術的な対策は当然なされるものと考えています」「早期に事業着手し被災者が生活再建に取り組めるよう努力してまいりますのでご理解願います」といったものである。[42]

盛り土、防潮堤、護岸、高台移転、新規造成は一連の事業である。事業完了まで住宅再建ができない。事業実施には、平地に住んでいた被災地権者の合意をとり、私有地を買収する必要がある。交渉完了後に着工するが、完成が何年後になるか、その後の住宅や商店の再建がどうなるか、見通しが立たない。被災者はその間、仮設住宅に住み続けるしかない。

現地再建をあきらめ、他の土地に出ていく選択はできる。だが出ていく者は、自力で移住先に土地と住宅を買うことになり、津波で流された家のローンと二重債務になる者もいる。これは個人資産形成であるとされるため、利子補給など一部の施策をのぞけば、公的支援は原則としてない。

二〇一一年四月に宮城県で実施された無料法律相談では、相談した被災者のうち六割以上が一千万円以上、二割以上が二千万円以上の住宅ローンを抱えていた。個人被災者が二重債務に陥るのを防ぐため、債務免除のための私的整理ガイドラインが設けられた。しかし金融機関の誘導などによって、多くの被災者は債務免除の仕組みを知らないまま、債務返済を継続する条件変更（リスケジュール）に応じている。二〇一四年九月の金融庁による被災三県金融機関のヒアリングによると、リスケジュール契約に応じた債務者は三万三二〇六件、住宅ローンの一人あたり債務残高は一四五八万円である[43]。

住民が高台に移転してしまえば、防潮堤で守られるのは主として道路と農地である。震災前から、人口減少と高齢化などで、耕作放棄されていた農地もあった。被災住民からは、「どうせ住めないのに、なぜ防潮堤にこだわるのかよく分からない。それよりも、早く仮設住宅から出られるようにまちづくりを進めてほしい」という声が多いといわれる[44]。

また行政は、住民に選択肢を十分に提示していない。宮城県石巻市の雄勝地区では、二〇一一年一〇月から一一月に、石巻市の行政が「住宅高台移転に伴う意向調査」を行った。その冒頭で「住みたい場所はどこでしょうか」という設問があり、選択肢は①雄勝地区、②雄勝地区以外、③まだ決めていない、の三つだった。その後には「②、③を選択された方はこれで調査終了になります」と記されていた[45]。地区に住み続けるか決めかねている者は、意向調査の対象にならないかのような文面である。

この雄勝地区では二〇一一年一一月から一二月に、石巻市主催の住民説明会が行われた。市から示された案は、高台移転、防潮堤、盛り土、護岸工事、平地の買い上げとスポーツ施設建設などを組み合わせたものだった。住民の大部分はこうした計画を初めて提示されたため、多くの疑問が出た。

現在の雄勝地区では、若干の修正が加えられた復興計画が、一応の住民合意を得たとされている。二〇一二年六月、雄勝地区に含まれる一集落の住民と、市の行政職員が行った話し合いの様子がテレビ報道されている。そこでの住民側発言によると、震災後に各地の仮設住宅に分散していた地区住民が、一堂に会したのはこれが初めてだった。そして行政側からは、市が提示した計画に合意しなければ、中央政府や県から雄勝地区は忘れられる（つまり政府からの支援がなくなる）という趣旨の発言があり、その場で合意するか否かの決議が行われた。いまこの場で決めていいのか、という住民側意見もあったが、賛成多数の決議で合意成立とされた。[46]

こうして手続き上は、住民合意はとりつけられた。しかし二〇一二年一〇月から一一月の行政による住民意向調査では、この計画で復興される雄勝地区に住む予定と答えた住民は三六％だった。集落によっては一割ほどしか予定していない。[47]

計画に賛同した住民には、自分の土地を公費で買い上げてもらい、その資金で地区外へ移転することを考えた者が含まれていたと思われる。計画実現が何年後か不明で、それまで住宅建設も商店営業もできない以上、そうした住民がいることは責められない。しかしそれでは、防潮堤や高台造成などの公共工事は、ほとんど人が住まないのに行われることになる。

復興後の雄勝地区に住むことを予定しているのは、高齢者が多いといわれる。雄勝地区の総人口は、震災前は四三〇〇名だった。前述した二〇一二年一一月の意向調査では、将来の居住予定者は一五六五名である。集落によっては、高齢者を中心とした二〇～三〇名しか住まない予定だ。この実情が明らかになった後は、さらに予定者が減ったともいわれる。

石巻市は高台などへの集団移転事業で、市街地に一七一〇区画の移転宅地整備を計画したが、二〇一三年一一月に締め切った時点で、事前登録は七三八区画だった。その後、計画を一四三八区画に減らしたが、それでも約半分が空いてしまう。[48] 造成完了までには、さらにキャンセルが出る可能性もあり、実際にそうなった地域も多い。

二〇一四年一月に、日本災害復興学会の室崎益輝名誉理事は、「工事が進んでいる地域ですら空きが出るということは、造成が後になる地域ほど空き地がさらに増えるおそれがある」と指摘している。[49] 公営住宅も、神戸でそうであったように、完成が遅れるほど実際の入居数が予定より減少して空き部屋が出る傾向にある。[50]

やはり空き宅地を抱えた宮城県亘理《わたり》町は、二〇一三年一二月に、事業対象地域外の住民に分譲することで、空きを埋めようとした。しかし国交省の担当者は、「明らかに税金の目的外使用。町には移転対象者が入らないと分かった段階で、相当の復興交付金を返還してもらう」と述べている。[51]

危惧されるのは、そうした集落や公営住宅、および町が持続可能かだ。被災地は人口流出や産業基盤の喪失などで、税収が大幅に減っている。二〇一二年五月の報道によると、宮城県南三陸町の税収は震災前の三九％。岩手県の大槌町や陸前高田市も四五％ほどである。今後はさらに減少していく可能性が高い。復興公共事業の費用は補助金で潤沢だが、通常の行政サービスの財源が不安だという声もある。大槌町長の碇川豊氏は、寄付集めに各地を奔走しながら、「施設ではなく一般財源を助けてくれませんか」と発言している。[52]

防潮堤を作り高台移転をしても、産業基盤もなく数十人の高齢者が住む新規造成地が各地に点在する、という未来も予測される。そうなれば、税収はさらに低下する。巨大な防潮堤などの施設を作れば、それだけ維持の負担も重くなる。数十人の高齢者だけが住む小集落や公営住宅が増えれば、行政が支出を増大させないかぎり、雪かきや道路の維持もままならない。そうした状態を、財政力が衰えた地方や国が支えられなくなれば、悲劇的な事態も発生しうる。

被災地の住民には、「従前の低い堤防を復旧してくれればよい」「国の財政状況が厳しいのだから、予算を工夫して生活再建のためにあててほしい」といった意見も多い。[53] 南三陸町伊里前地区からは、「人が住まなくなった伊里前地区に八・七mの防潮堤が必要でしょうか」「工事期間中、海産物にどのような影響を与えるのか心配でなりません」という文言を含む、防潮堤建設計画再考の陳情が町議会に提出され、二〇一二年一一月に採択されている。[54] 保守的な傾向がある三陸の町議会が、こうした陳情を採択することは珍しい。

原形復旧の費用は安い。宮城県気仙沼市大島にある小田の浜海水浴場では、浸水地域に民家はなかった。しかし海水浴客と県道を守るため、二五億円から三〇億円の事業費で、一一・八メートルの防潮堤と幅五〇メートルの防災林などが計画された。それに対し、防潮堤を原形（三・五メートル）の高さで復旧する費用は、約四千万円と見積もられている。ただし宮城県側は、当初計画から変更した場合の差額は、「制度上、砂浜整備など他の予算に回すことはできない」としていた。[55]

こうして復興が停滞するなか、被災地に社会構造の変化が起きている。ここでは宮城県石巻市の事例を報告する。

石巻市は人口約一五万、面積約五五五平方キロメートル。宮城県で仙台に次ぐ都市である。旧市街の中心は北上川のデルタ状平野にあり、江戸時代からコメ積出港として栄えた。

この市が、現在ほどの面積をもつ広域市になったのは、二〇〇五年の合併以後である。周辺の山村地帯と漁村地帯の六つの町が、石巻市にいわば吸収合併された。合併前の石巻市の面積は約一三九平方キロメートル、人口は約一二万だった。合併によって石巻市の面積は四倍以上、人口は一・五倍ほどとなった。[56] 合併された山村地帯と漁村地帯の町も、人口こそ少ないが、数多くの集落を含む広域町だった。

石巻市の中心市街地の地形は、低地・中腹・高台の三層に分かれている。北上川が作った平野が海沿いの低地にあり、そこを山が囲んでいる。低地は製紙工場、水産加工場、港湾施設、労働者の住宅などがある産業地帯だった。山の中腹は旧市街で、鉄道駅、市庁舎、魚市場、商店街などがあった。さらに山を登った高台は新興住宅地帯で、八九年に設立された石巻専修大学、九〇年代以降に拡張した郊外住宅地、大型自動車道路、ショッピングモールなどがある。津波でもっとも被害を受けたのは低地で、ほとんどすべての建物が失われた。中腹も津波をかぶり、汚泥や瓦礫が堆積した。それに対し高台は被害を受けなかった。各地からやってきた支援団体とボランティアは、高台にある石巻専修大学を拠点とし、そこに救援物資を集積した。

震災直後の二〇一一年四月、筆者は支援団体の案内で石巻市を視察した。中腹の市街地は、壊れた自動車や建物の残骸が散らばり、低地の水産加工場にあった大量の魚が混じった汚泥が堆積して腐敗臭を発していた。支援団体は避難民に救援物資を配布する一方、ボランティアを組織して、建物を壊さないように汚泥のかき出しを行っていた。

二〇一三年および二〇一四年に再訪したときには、泥のかき出しはすべて終わっていた。しかし復興は進んでいない。

産業地帯である海沿いの低地は、災害危険区域として建築規制がかかっており、現在でも廃屋と更地が大部分である。人が居住しない産業施設は建設可能なので、製紙工場が二〇一二年八月から操業を再開するなど、一部の産業は動き出している。しかし、防潮堤建設や盛り土といった一連の復興計画のための、住民合意や私有地買収は進んでいない。こうした復興計画が進まなければ、産業基盤の復興も遅れる。

中腹の旧市街にある商業地は、産業基盤が復興しなければ、いわば「根のない花」である。空き地やシャッターの下りた商店が目立つ。鉄道駅から伸びる旧市街の中心道路には、地方振興の一環として建てられた石巻出身の石ノ森章太郎のキャラクターの立像が並んでいるが、人通りは少ない。

一方で大型自動車道とショッピングモールがある高台は、石巻の新たな中心になりつつある。低地や中腹、あるいは前述の雄勝地区など周辺の集落から、高台の新興住宅地に移転した人が増えた。高台のショッピングモールには、周辺の漁村や農村からも、自動車に乗った買い物客が集まる。旧市街の中心にある鉄道が二〇一二年一〇月まで復旧できなかったことも、高台に人が流れた一因である。

高台の地価は値上がりしている。二〇一二年末から安倍晋三政権が金融緩和政策を行ったため、投機的な土地買収が起きているという噂も多い。石巻だけでなく、被災地の高台の地価が高騰しており、復興促進の障害となっている。建設資材や建設労務費の高騰も、復興を阻害している。

地元産業は復興が遅れているが、復興土木事業があるため、失業率は高くない。しかし漁業や水産加工業が再開しても、建設業の賃金が高いため、従業員が集まらないケースが多い。ベテランの漁民が土木作業員に転職してしまう例も少なくない。しかし、公共土木事業に頼った経済には持続性がない。将来に不安を感じ、仙台や東京に出ていく若者も多い。支援団体は、漁村にボランティアを送って漁業を支援しているが、その規模が大きいとはいえない。旧市街地では補助金をうけた再開発も予定されているが、高台に客が流れ、人が集まらなくなった旧市街地が再開発で振興できるか未知数である。

一言でいえば、製紙・漁業・水産加工業を中心としていた港町が、建設業中心の郊外住宅地に変貌しつつある。これは従来進行していた変化だが、それが加速している。

一方で、「求人はたくさんあるのに、食っていける仕事は全然ない」という「雇用の劣化」も指摘されている。二〇一三年の宮城県の有効求人倍率は一・二〇倍で、全国八位の水準である。しかし平均賃金は、二〇一〇年から一二年に約六％低下している。建設業の臨時職のほか、清掃・警備・配達・コールセンターなど、資格・経験・学歴などが比較的問われない、中途採用が容易な職業が増加している。[57] 被災地から仙台などに出ても、こうした職しか得られない可能性は高い。一次産業および製造業の衰退と、短期低賃金のサービス業の増大は、これも従来の潮流だが、それが加速しているのだ。

さらに従来の潮流で加速しているのが、人口減少と高齢化である。石巻市が公表している住民基本台帳の二〇一三年一一月現在の数字では、二〇一二年六月の旧石巻市内の人口は約一〇万三千人で、二〇一〇年一〇月とくらべ八％の減少である。ただし二〇〇五年に合併された旧雄勝町は二四六六人と、震災前にくらべ四三％減少している。石巻市周辺部から石巻市中心部への移動と、さらに石巻市全体から市外への移動が、二重に起きていることが推測される。

経済産業省の地域経済研究会が二〇〇五年に行った予測によれば、二〇〇〇年から二〇三〇年に、人口一〇万未満の地方都市は人口が二四・六％減少する。[58] 震災はこの流れを加速した。

岩手県大槌町では、震災から七ヶ月後の二〇一一年一〇月までに、人口が一五・六%減った。町長の碇川豊氏はこの時期、「人口流出を食い止めないといけない。町は存亡の岐路に立たされている」「少子高齢化時代を三〇年も先取りしてしまったようだ」と述べていた[59]。

社会構造的原因

このような復興計画は、どのような経緯で決定したのか。それは、おおむね以下のようなものだったらしい[60]。

まず二〇一一年五月から九月、内閣が設けた中央防災会議が開かれ、六月二六日の第四回会合後に、今後の津波対策についての「中間とりまとめ」が公表された。その内容は、今次規模の数千年に一度レベルの津波（L2）と比較的頻度の高い津波（L1）で対応を分け、後者は海岸堤防で防ぐが、後者は堤防と避難と組み合わせて対応するというものだった。

その翌日の六月二七日、工学系研究者、国交省・農水省、被災三県の土木部長や農林水産部長などが参加した「海岸における津波対策会議」の第二回会合が開かれ、数十年から数百年に一度程度の「比較的頻度の高い津波」（L1）に対応する指針を作るため、予測水位の設定方法などが議論された。そして七月八日には、国交省・農水省から各海岸を管理している部局に対し、「設計津波の水位の設定方法等について」という通知が出た。ここでは各地域での過去の事例を参照した設計津波の水位をもとに、再建される防潮堤の基準となる水位の算定方法が示された。ただし設計津波の水位をもとにはするが、生命・財産の保全だけでなく、環境・景観・経済性・公衆性などを総合的に考慮した決定が求められていた。

しかし、一〇月ごろまでに各自治体が計画した防潮堤の高さは、ほぼ画一的に、設計津波の水位に一メートルをプラスした高さとなっていた。宮城県の防潮堤の高さは、国土交通省東北地方整備局と宮城県庁の連絡調整会議の名称で、二〇一一年九月に公表された文書によって提示された。そこでは設計津波の水位をもとに、海岸各地域に従来あった堤防の二倍から四倍の高さが指針とされていた[61]。被災した市町村には、以前から復興計画を作成していたところもあったが、県の指針公表後は、それを基準として事業申請していった。

こうして防潮堤の高さが決まり、居住制限される災害危険区域も市や町によって指定された。しかし、その指定基準を公表していない自治体も多い。二〇一三年一二月の報道によると、基準未公表自治体の一つである名取市は、二〇一一年一〇月に宮城県から指針が伝えられたため「それに沿って決めた」と述べているが、宮城県側は「決めるのは県ではなく、市町村。県はアドバイスしただけ」と答えている[62]。

つまり公表経緯の限りでは、中央政府は防潮堤の高さの目安の算定方法を示しただけで、高さを決めたのは県や市町村である。しかし県も指針を示しただけで、計画を作り事業申請をしたのは、手続き上では各市町村だったりする。

防潮堤問題を再考するために被災地住民などが立ち上げたあるサイトでは、この経緯を以下のように形容している。[63] まず「国が国の予算で直してやる、と言っている」状況があり、「被災自治体におけるマンパワー不足」があった。そして「これまで経験したことのない大量の公共事業。ひとつひとつの工事について、複数の案を住民に提示し、合意を図っていくという手続きを踏むことができませんでした。「防潮堤の高さはこれです。要りますか？　要りませんか？」と問われれば、なかなか要らないということはできません」。

こうして、県や中央政府は市町村の計画決定だと主張し、市町村は県や中央政府には逆らえないと考える構図ができあがる。また三陸縦貫自動車道など、市町村を超えた整備事業が地区復興事業と組み合わされている例もある。このため同じ地区内でも、市町村事業と県直轄事業が混在していたり、さらにその管轄が国交省や農水省に分かれていたりする。

そのため計画に疑問を持つ住民が、市町村や県や中央省庁を訪問しても、省庁間で調整を済ませた計画だから変更はむずかしい」と返答されたり、あるいは「うちには計画変更の権限はない」と「たらいまわし」にされがちだ。特定の部署が悪いというよりも、各個が全体を見渡すことができないまま経路依存を起こし、「無責任の体系」を形作っているともいえる。

こうした経路依存が生じた理由はいくつか考えられる。

第一に、災害復興が、公共事業を推進しやすい「抜け穴」になっていることである。公共事業は一九九〇年代以降に批判にさらされ、九三年には環境アセスメントの推進が、九七年には新規事業の費用対効果検証の仕組み導入が決まった。しかし災害復興は、名目上は復旧であるため環境アセスメントは省略できるし、住民合意にも明確なルールがない。二〇一三年一二月の報道では、被災地で復興事業を手がけるゼネコン幹部も、「震災前のものとは全然違うものを造るのに、こんな簡単な手続きでいいのか」と述べているという[64]。

費用対効果においても、疑わしい事業は多い。準高速道路である宮古盛岡横断道路は、交通量が見込めないなどの理由で建設が先送りされてきたが、震災後に建設が決定された。ほかにも、青森県と宮城県を結ぶ三陸沿岸道路のほか、沿岸と内陸を東西につなぐ三本の道路が「復興道路・復興支援道路」と名付けられて、復興事業の目玉とされている。その事業費、一兆一千億円に及ぶ。二〇一五年三月の新聞報道は、「国交省幹部は、「公共事業批判の矢面に立たされてきたが、流れが変わった。今後は防災名目もあり道路が造りやすくなる」と語る」と伝えている[65]。

また地方の政治と経済には、公共事業への依存構造ができてしまっている。二〇〇〇年代には、財政危機のため中央政府は公共事業を削減したが、地方経済は疲弊して政府への不満がつのり、二〇〇九年には自民党政権が倒れた。こうしたなかで起きた津波と震災は、防災という名目で、旧来型の公共事業が復活する契機になりうるものであった。

第二に、市や町の行政は、県や中央政府の意向に逆らえば、補助金を削減されるという危惧がある。とくに震災後は、税収が減少し、頼れるのは中央政府からの復興補助だけだ。二〇一二年五月の報道によると、岩手県陸前高田市は震災後に税収が五五％減ったが、中央政府の復興交付金などで年度予算が六倍になった。[66] もともと自主財源が三割程度だった市や町が多かったことを考えれば、その状態から税収が半分になり予算規模が六倍になれば、単純計算では現在の自主財源は予算の三％に満たないことになる。計画を変更すれば、交付金の返還を求められる可能性が高い。この状態では、市や町が復興計画に異論を唱えるのは困難だろう。

さらに地方公共団体の行政には、財政に赤字が出ても、中央政府が補助してくれるはずだというモラルハザードが生じている側面もある。このことは、日本の地方公共団体が、住民自治の組織というより、中央政府の現地出張所の性格の強いものだった歴史を反映している。二〇〇〇年代の地方分権改革によって、制度的には市町村レベルでの決定権は強まったが、種々の要因から実態はなかなか変わっていない。まして財源の大部分が中央政府からの補助であれば、責任意識が薄いのも無理はない。こうした地方公共団体の性格を反映して、住民の参加意識が弱いことも、状況を悪くしている。

第三に、地方公共団体のマンパワーの不足と過労が、思考停止を招いている。二〇〇五年の市町村合併で職員が削減されていたうえ、津波で職員が被災した。残った職員が緊急対応に追われているさなかに、国交省や県庁などが、従来のスキームに沿って防潮堤などの指針を決めていった。市や町の職員に、その方針に疑問を抱く者がいたとしても、代替案を提示する余裕がなかったと思われる。
また従来、この地域の市や町の職員は、大規模な再開発を手がけたことがなく、その知識も欠けていた。そうしたなかで、被災した市や町は、震災前の何倍もの規模の予算と業務を、いきなりまかされることになった。こうした状況では、職員たちが上からの命令に従って機械的に仕事をこなすことになったとしても不思議ではない。復興計画が、どこの市や町でも似ているのは、職員のマンパワーが不足していたため、県や中央政府が示した目安や指針を〝コピー・アンド・ペースト〟したのが一因だという意見がある。[67]
二〇一三年六月、新藤義孝総務大臣が東北を視察し、記者会見を行った。そのとき彼は、被災した地方公共団体の職員の現状について「まだまだ足りない。全国の自治体に加え、経済団体にも人材の派遣をお願いしている」「被災自治体の予算規模は一〇倍程度に膨らんでいる。復興を進めるために、マンパワーの確保は極めて重要だ」と述べた。[68]
本稿冒頭で紹介したように、兵庫県宝塚市から岩手県大槌町に派遣された四五歳の職員が、二〇一三年一月に自殺した。彼は大槌町の都市整備課で、区画整理や住宅移転の住民意向調査にあたっていた。防潮堤建設や高台移転などのために、住民を従来の土地から立ち退かせる業務である。この職員が自殺直前に「被災地は大変です。一生懸命やっているが、自分のやっているいることがどれだけみんなの役に立っているかわからない」と語っていたことは前述したとおりである。

この職員は、自殺前の二ヶ月間、毎月八〇時間から九〇時間の残業をしていた。大槌町では、二〇〇五年の合併から五年で職員の約二割を削減し、さらに津波で職員の二割以上が死亡したため、外部からの派遣職員が約四割を占めている。自殺した職員の室内には「皆様ありがとうございました　大槌はすばらしい町です　大槌がんばれ!!」と書き残されていたという[69]。彼は業務に疑問を感じながらも、計画を問い直す余裕も権限もなく、過労で自殺したと考えられる。過労からくる思考停止と経路依存。その結果としての自殺。これはおそらく、三陸被災地の状況を象徴している。

従来の一〇倍規模の予算事業を、以前より減少したマンパワーでこなしている状況は、計画の非現実性を別の側面から示しているともいえる。しかし被災地の職員は、過労のために、計画を再検討したり、疑問や批判に耳を傾けたりする余裕はないようだ。主観的には懸命にやっているからこそ、建設的な批判も、単なる敵対としか映らない。住民の側にも、避難生活に疲れ、どんな計画でもよいから早く復興を進めてほしいという意見もある。被災地の事情に詳しい研究者は、「県知事や行政から「堤防を建設しないと背後の街作りが進められない」という言い方をされると、堤防に疑問を持つ住民も黙らざるを得ないのが現状である」と記している[70]。

第四に、住民の意思が行政に反映していない。この傾向は二〇〇五年の合併で著しくなった。たとえば石巻市では、漁業や農業を営む小集落を束ねた五つの町が、旧石巻市にいわば吸収合併された。これらの町には町長も町議会もなくなり、石巻市庁の支所が置かれた。復興計画は石巻市庁と石巻市議会で決定され、旧町に置かれた支所を通じて、各地の集落に下される。合併された町の職員は支所に採用されたが、石巻市は合併後に職員を約一五％削減し、とくに支所の職員が削減された。小漁村の集まりである牡鹿地区（旧牡鹿町）では、震災時にいた職員は合併前の約四割にすぎなかった[71]。

住民の意向が反映しにくいばかりでなく、反対の声もなかなか広がらない。他のアジア諸国の災害では、いくら規制をしても、危険な元の居住地に被災者が住宅を再建してしまうことが問題になる。ところが日本の被災者は、災害危険区域に指定された地域に何も建てないまま、規制を守り仮設住宅で耐えている。これには、いくつかの要因がある。

まず復興計画に不合理な点があっても、予算は潤沢に投入されている。仮設住宅に不満があれば、行政は追加設備をつけてくれる。土木事業の仕事は多く、失業率は高くない。計画に異議を申し立てることは困難だが、計画を推進する、ないしは逆らわない形ならば、予算は要求しやすい。これらのことは、経路依存をより強化する効果をもたらす。

またこの地域は、集落のまとまりが強かった。住民の意見は集落の会合を通じて自治会長がまとめ、各地の自治会長の意見を行政や議員がまとめ、政策に反映していた。逆に行政の意向は、自治会長を通じて住民に伝えられていた。個々の住民は、行政に直接に意思を反映させた経験が少ない。

今回の復興でも、自治会長や漁業組合長、地域産業関係者などを中心とした「まちづくり協議会」が各地で作られた。まずそこが行政と折衝し、住民への計画説明はその後だが、実質的な意見交換を欠いた「説明会」に終わりがちだ。個々に異論をもつ住民は多いが、大きな動きにはなりにくい。

それでも、住民側の動きで、防潮堤計画が撤回になった例もある。気仙沼市舞根地区は、小さな入り江に小さな集落がある、三陸地方の典型的漁村である。この地区は、住民主導で養殖漁業とグリーン・ツーリズムによる地域振興を行っており、巨大な防潮堤の建設は漁業と景観への影響が懸念された。そして震災一ヶ月後には、行政側の計画通知よりも前に、住民が自発的に高台移転計画を作り、二〇一二年三月には地域住民の合意がまとまった。そして二〇一二年四月には、住民側から呼びかけて、行政との話し合いが持たれた[72]。

この場では、宮城県と気仙沼市の行政担当者、市議会議員、住民などが集まって質疑が行われた。このとき行政側は、舞根地区に九・九メートルの防潮堤を建設する方針を表明した。住民側は、自発的に高台移転をするのになぜ防潮堤がいるのかを問うた。このとき行政側は、低地が無人になったとしても、道路などの公共資産を守るため防潮堤は必要であると主張したという。舞根地区住民は、防潮堤計画撤回の要望書を二〇一二年六月に気仙沼市に提出し、市長も撤回の考えを示した。また岩手県釜石市花露辺地区でも、住民の意向で防潮堤は建設しないことが決まっている。また二〇一四年二月には、前述した気仙沼市小田の浜でも、住民の意向を反映して、防潮堤は原形復旧にとどめることを県側が受け入れた。

しかし現在のところ、こうした例は少数である。住民は全体状況をよく知らされておらず、疑問があっても計画に異議を唱えるまでには至りにくい。住民にも多様な意見があるうえ、点在する仮設住宅その他の広域に散らばり、行政に対峙するほどの合意形成も容易でない。自治会を掌握しているのは年長者が多く、違和感をもつ若い層がいても、現状を変えるより都市へ出ていくほうを選んでしまいやすい。

住民の合意で陳情しても、拒絶された例もある。気仙沼市唐桑町鮪立《しびたち》漁港では、九・九メートルの防潮堤計画がある。二〇一三年一二月、鮪立自治会と鮪立まちづくり委員会の代表らが、五メートルでの整備希望を趣旨とする要望書を、住民の七割以上の署名とともに、宮城県知事宛に提出した。しかし県側は、変更の考えがないことを文書回答した[73]。

また被災地では、「人命の尊重」がすべてを正当化している。堤防建設、護岸工事、高台移転、問い直しの余裕のない計画推進などは、「人命の尊重」の名のもとに行われている。防潮堤建設などに疑問を呈すれば、「人命尊重に反する」「復興を遅らせる」という非難をあびやすい。そのため住民もマスメディアも、批判を表明しにくかったようだ。

実際に「人命の尊重」のためならば、一世帯に七四四万円を費やしてでも、廃棄される予定の仮設住宅に冬季装備が増設される。一人でも仮設住宅の不備で死亡する被災者が出れば、すべての正統性が崩れてしまう。その費用を、被災者自身の直接支援に使ったほうが合理的かもしれない。しかし、個人資産形成に公金は支出しないのが政府の方針だ。

それでも神戸では、町並みの復興だけは進んだ。だが一九年前より日本経済は疲弊しており、三陸沿岸は神戸より過疎化と高齢化が著しい。このままでは、公共事業によるコンクリートで覆われたゴーストタウンが出現しかねない。しかしそれでも法制的手続きに遺漏はないし、「人命の尊重」は達成される。ゴーストタウンから死者は出ないのだから。

おわりに

災害を社会学的に定義するなら、地域社会を形作っているフレームの崩壊と再構築の過程である。経済的にいえば、外部からの復興支援は、大規模な贈与である。それが被災社会にもたらす必然的な影響は、外部との関係の増大である。それが地域社会の経済活性化と民主化をもたらす形での再構築をもたらせば、復興は一応の成功といえよう。

しかし不適切な援助は依存を生み、地域の自律性を損なう。外部との関係増大が、域内産業の衰退や従属、人口流出を招くこともある。援助を現地の支配層を介して行うと、不平等と権威強化をもたらし、民主化を阻害する場合もある。これらは、海外での災害援助で教訓となってきたことだ。

それでも途上国の災害では、人命の犠牲は大きいが、外部の援助と再開発によって、経済成長する可能性が高い。日本でも一九二三年の関東大震災は、途上国型の災害だった。死者は約一〇万五千人にのぼったが、大規模な都市計画を実行する好機にもなった。六〇年代初頭に確立された災害対策スキームは、いわばこの成功を制度化したものだ。

しかし九〇年代以降は、このスキームは適合しなくなった。インフラ整備は費用対効果が薄く、かえって地域社会の自律性を破壊し、衰退と公共事業依存を生み、人口流出を招くことが多くなった。現在でも日本は、このスキームに経路依存したまま、膨大な財政赤字を発生させている。

また前述のように、災害とは、自然現象と社会的要因の関数である。自然現象があっても適切な社会的対応があれば災害は減少し、その逆ならわずかな自然現象でも災害は大きくなる。それは病気が病原菌だけでおきるのではなく、体力低下や衛生状態などの関数であることと同様だ。

現代日本の地域社会の変質は、いわば地域の体力を低下させた。それによって、わずかな病原菌にも抵抗力がなく、病気にかかりやすい状態を生んでいる。今後の日本では、「千年に一度の津波」ではなく「五年に一度の集中豪雨」であっても崩壊する地域が増加し、「災害」の多発を招いていくことが予測される。これは、気候変動や地殻活動といった、自然現象とは別のことだ。

この問題に対しては、人口学・経済学・政治学・社会学などの知見をベースとした、地域社会のレジリエンス（しなやかさ、復元力）の育成を必要とする。しかし日本の現状では、レジリエンスは「国土強靱化」と訳され、自然現象を建造物で食い止めることに偏重しがちである。

このことが、費用対効果やコミュニティの維持といった社会的要素が軽視されている一因だろう。旧来のスキームは、もはや持続可能でもなければ被災者のためにもならない。このまま災害対策を理由に増税が行われても、納税者の理解は得られないだろう。

すでに見てきたように、日本の災害復興のスキームは、個々の被災者を支援するものではない。現在のスキームは、国が被災自治体などの行政機関を財政支援し、公共事業を行うためのものである。仮設住宅や公営住宅、道路、防潮堤などの建設に偏重しているのは、こうした基本原則のためである。

この基本原則を支えている論理は、以下のようなものだ。政府は、公金を個人資産の形成に支出することはできない。だから、自治体その他の公共資産の形成のために支出することで、結果的に個々の被災者を支援する。これが一貫した論理であることは、すでに見てきた通りである。

しかしこのスキームでは、被災自治体がたとえ無人になっても、その自治体に公共資産が形成されるなら遺漏はない、という結果を招きかねない。また、支援対象になる自治体を離れた被災者は、支援の制度から外れるケースがあってもやむをえない、という結果もありうるだろう。

こうした論理は、復興関係予算の不均衡にもつながっている。復興予算が二六兆円に及ぶにもかかわらず、被災者への直接支援は多いとはいえない。被災者の生活再建に直接効果があり、被災者生活再建支援金の支給総額は、二〇一四年一一月末の時点で、三〇〇六億円である。同じく被災者に直接支給される災害弔慰金は、二〇一四年六月末の時点で総額五九〇億円だ[74]。両者をあわせても、二六兆円の一・三パーセントにすぎない。

もちろん復興予算は、医療支援や事業支援も含んでいる。しかしこれも、国が自治体や保険組合や事業組合を支援することで、結果的に被災者の支援になるというものだ。やはり被災者を直接支援するという論理ではないし、支援した事業組合が人口流出で無人になっても、遺漏はないことになる。

これは、災害復興についてのみいえることではない。日本の社会体制は、以下のような前提で組み立てられていた。すなわち、中央政府から地方公共団体に補助金が流れれば、それが自治会や会社や農協を通じ、最終的に個々人に届く、という前提である。災害復興のスキームは、日本社会全体が依存していた、こうした認識を反映しているだけだともいえる。

この前提は、災害対策のみならず、あらゆる領域で日本の政治構造を形作ってきた。そしてこれが、旧来型の「自民党政治」の権力基盤になってきた。直接に個々人に援助が提供されるよりも、業界団体や住民集団の統御力が強まる。そして団体のリーダーが自民党政権とつながり、補助金を引き出すことで、全体の上下関係と統御力を固めることができるのである。

しかし現代社会の変容は、これを完全に機能不全にしている。住民のほとんどが自治会や町内会や会社に所属し、そこに入っていない者は無視できる少数者だという社会であれば、問題はあっても一応は機能しただろう。日本の災害対策スキームが完成した一九六〇年代前半までの日本社会は、そうした前提をあるていど満たしていたかもしれない。しかし今や、個々の制度のみならず、それが前提としていた原理を再検討すべきだ。

また現状のスキームは、省庁別の法制にのっとり、省庁別の公共事業を行う形で運営されている。防潮堤が漁業や観光にどんな影響をもたらすかは、国交省は関知しない。省庁ごとの個別事業を束ね、総合的な視野から事業を決定するのは、内閣や復興庁、地方公共団体の役割であるはずだが、その機能を十分に果たしていない。

では、現代において、とって変わるべき原理は何か。それは、被災者の直接支援であるべきだ。この原理をベースに、制度全体を再検討するべきである。生活支援のみならず、復興事業もこの原理を加味して、再検討していくべきだ。

たとえば、巨大な防潮堤や護岸設備である。そうした施設を、住民が資金を出しあってでも作りたいという声は、筆者は聞いたことがない。住民の要望が高いというなら、いったん政府が被災住民に直接支援し、住民が支援金から費用を拠出して、防潮堤などの整備計画を作ればよいではないか。

もちろんこれは、原則論的な考え方ではある。しかしそうした原理を加味したほうが、地域への参加意識が強まり、セクショナリズムも緩和され、区画整理も着工も早くなるだろう。また被災者が復興政策に参与できる余地が増し、行政のセクショナリズムを緩和する可能性もあるだろう。

行政主導で強行しないと復興が遅れ、人口流出がひどくなるという意見もある。しかし、まさにそのやり方が、復興遅延と人口流出を激化させている現実を直視すべきだ。行政が豊富な財政力をもとにすべてを決定できた時代、あるいは行政が自治会長などとだけ合意すれば全住民が従っていた時代とは、もはや違うのだ。

現状では、行政側の原案に賛成する比較的少数の住民との合意をもとに、事業を促進しているケースも散見する。これもまた、合意形成遅延と人口流出を誘発するものであることを認識すべきである。旧来のやり方に固執すればするほど、復興は遅れ、無用な財政支出が増加し、地域社会の力が弱まっていくことを認識すべきである。

人命尊重のために、一日も早く巨大な防潮堤が必要だといった意見もある。しかし人命を守る手段は、防潮堤や高台移転だけではない。避難訓練の徹底、コミュニティの強化、波をよけられる菱形の津波避難ビルを老人でも歩いて行ける距離内に多数配置するなど、多様な手段がある。それを支えるのは、行政主導にのみ依存しない、住民合意に基づく地域社会の総合力である。政府や県の方針には逆らえないという自粛論もみられるが、市町村レベルの合意でも、計画を見直すこと、災害危険区域指定を解除することは、制度的には可能なはずだ。

また復興の目標は、現実的にするべきだ。「昔の賑わいを取り戻したい」といっても、一九六〇年代や八〇年代の状態に地域社会を戻すことは不可能だ。そもそも被災地のみならず、今の日本で「右肩上がり」を夢見るのは非現実的である。

あえて言えば、以前の人口や産業規模の回復を目標にするより、減少した人口や産業規模で持続できる地域社会をめざす方が現実的だ。そうした発想転換をしないと、昔日と比較して未来に絶望するか、時代錯誤の復興事業に頼ってしまう。

そして最後に、何よりも必要なのは、復興とは何かを考え直すことだ。復興とは、社会に暮らす人々の幸福の実現だ。かりに復興事業で域内ＧＤＰや人口が増えたとしても、それは復興の実感とイコールではない。

そこで参考になるのが、中越地震復興を調査した稲垣文彦の指摘だ。稲垣によると、復興活動への住民参加度が高い地域ほど「復興感」も高い。一方で「中央に近くなければ」「行政が指導してくれれば」と述べる集落の住民は、喪失感が高いという[75]。

もちろんここでいう住民参加は、利益誘導に依存する権威主義的な集落秩序を延命させるようなものであってはならない。その逆に、制度的な支援によって下支えされた個々人の参加によって、地域に民主主義をもたらすようなものであるのが望ましい。そのためにも、被災者への直接支援が導入されるべきである。いわば直接支援は、個々人が地域社会の再構築に参画するための、基盤になりうるものである。

復興とは何よりも、住民の生きる意欲の回復だ。復興事業は、それを助けることを目標にするべきだ。かつてはその手段がインフラ整備だったとしても、現代はそうではない。そしてその発想転換は、被災地のみならず、現代日本に何よりも必要なものなのだ。

しかしこれほど問題があっても、他のアジア諸国からみれば、日本の災害復興は「うらやましい」ものである。手厚い政府予算。勤勉な行政職員。安定した政治構造。住民の順法精神。「人命尊重」のセキュリティ文化。これらは、他のアジア諸国の災害対策で、必要が叫ばれているものばかりである。同時にこれらは、戦後日本の発展を支えた資源でもあった。そうした日本社会の資源は、いまだ健在なのだ。

だが三陸の被災地では、経路依存のために、これらの資源の使い方を誤っている。経路依存から抜け出せない原因は、立ち止まって考え、やり直す勇気がないことだ。その結果、次世代への負債が山積し、人々は故郷を去っていく。都市へ出ても、待っているのは非正規雇用がほとんどだ。この状況は、過去の成功体験から脱却する知恵と勇気を持てないまま、閉塞感にあえぎ、過密労働に疲れている現代日本の縮図である。しかし、いまだ健在な資源を有効活用する方法を探り直し、現状を改善する能力は、日本社会にはまだあるはずだ。

本稿は二〇一三年一一月に公表した下記論文の日本語版であり、『世界』二〇一四年四月号・五月号に連載したものである。若干の数字を最新のものに更新し、結論部をやや改稿した。

"Nobody Dies in a Ghost Town: Path Dependence in Japan's 3.11 Disaster and Reconstruction" The Asia-Pacific Journal, Vol. 11, Issue 44, No. 1, November 4, 2013. - http://www.japanfocus.org/-Oguma-Eiji/4024

［注］

1　復興庁「全国の避難者等の数」（二〇一五年二月二七日付）　http://www.reconstruction.go.jp/topics/main-cat2/sub-cat2-1/20150227_hinansha.pdf（二〇一五年三月六日取得）。

2　この数字は、下記の資料から積算した。
福島連携復興センター「県内への避難状況」　http://f-renpuku.org/wp-content/uploads/2013/11/27.02.-f_kennai_hinan.pdf
岩手県復興局生活再建課「応急仮設住宅、みなし仮設住宅の被災者の状況」　http://www.pref.iwate.jp/dbps_data/_material_/_files/000/000/023/870/minashi270131_02.pdf
宮城県保健福祉部震災援護室「応急仮設住宅（プレハブ住宅）供与及び入居状況」　http://www.pref.miyagi.jp/uploaded/attachment/291598.pdf
宮城県保健福祉部震災援護室「応急仮設住宅（民間賃貸借上住宅分）物件所在市町村別入居状況」　http://www.pref.miyagi.jp/uploaded/attachment/291327.pdf
いずれも二〇一五年三月六日取得。それぞれ二〇一五年一月三〇日（福島県）および三一日（岩手・宮城県）の数字とされている。なおこの数字には、公営住宅や公務員宿舎を利用した「みなし仮設」は含まれていない。宮城県が「みなし仮設」のうち民間賃貸の数字しか公表していないため、三県合計の状況を把握できないためである。なお、岩手県はこれらの数値を避難者の生活状況調査として公表しているのに対し、宮城県は県による住宅供給・利用状況調査として公表しており、県庁ごとの姿勢の違いが感じられる。

3　「復興予算二五兆円に拡大　五年間で六兆円上積み　生活保護費七四〇億円削減」（『ＭＳＮ産経ニュース』二〇一三年一月二八日付）　http://sankei.jp.msn.com/politics/news/130128/plc13012800230000-n1.htm（二〇一三年一二月七日取得）

4　「復興予算　インフラ加速」（『朝日新聞』二〇一五年三月一日朝刊）。

5　「被災地派遣の職員死亡　やりきれない　宝塚市長」（『朝日新聞』二〇一三年一月六日朝刊）。

6　総務省「市町村数の変遷と明治・昭和の大合併の特徴」二〇〇九年　http://www.soumu.go.jp/gapei/gapei2.html（二〇一三年一二月七日取得）。

7　白川一郎『増補改訂版　自治体破産』（日本放送出版協会、二〇〇七年）一四四頁。

8　同上書、一六頁。

9　青木宏之「釜石製鉄所の経営合理化をめぐる労使の対応」、東京大学社会科学研究所『社會科學研究』（第五九巻第二号、二〇〇八年）。

10　米田雅子『田中角栄と国土建設』（中央公論新社、二〇〇三年）一三七頁。

11　田中隆之『現代日本経済』（日本評論社、二〇〇二年）二六二頁。

12　永松伸吾『減災政策論入門』（弘文堂、二〇〇八年）二一頁。本稿前半部の記述にあたっては、永松氏の著作がもっとも参考になった。記して感謝したい。

13　同上書、四一頁。

14　同上書、一〇六頁。

15　田中傑『帝都復興と生活空間』（東京大学出版会、二〇〇六年）参照。

16　永松、前掲書、一七八頁。

17　「消防団一一〇年の火消すな」（『朝日新聞』二〇一三年五月二八日夕刊）。

18　山本栄治「震災復興と金融問題」（藤本建夫編『阪神大震災と経済再建』勁草書房、一九九九年）八一頁。

19　牧紀男『災害の住宅誌』（鹿島出版会、二〇一一年）一七頁。

20 永松、前掲書、五八頁。
21 越山健治「都市計画的観点から見た住宅復興の諸問題」(『減災』一号、二〇〇六年)八五頁。
22 兵庫県「災害復興公営住宅団地コミュニティ調査報告書」二〇〇三年 http://web.pref.hyogo.lg.jp/wd33/wd33_000000014.html(二〇一三年一二月七日取得)。
23 永松、前掲書、一二九頁。
24 同上書、一三五~一三七頁。
25 同上書、一三八頁および稲垣哲「神戸港競争力復活へのシナリオ」二〇〇七年 http://www.ymf.or.jp/wp-content/themes/yamagata/images/56_3.pdf(二〇一三年一二月七日取得)。
26 Toyoda, Toshihisa. "Long-term Recovery Process from Kobe Earthquake." Toyoda Toshihisa and Inoue, Tadashi, eds. Quantitative Analysis on Contemporary Economic Issues. (Kyūshū University Press, 2008), p169.
27 関満博・大塚幸雄編『阪神復興と地域産業』(新評論、二〇〇一年)序章参照。
28 原田泰『震災復興 欺瞞の構図』(新潮新書、二〇一二年)四一頁。
29 同上書、三七~四四頁。
30 田畑知之「なぜ経済復興政策が実を結ばなかったのか」(『atプラス』八号、二〇一一年)七一~七二頁。
31 「阪神大震災一〇年 希望新聞」(『毎日新聞』大阪本社版、二〇〇五年一月一七日)。
32 被災者生活再建支援法の改正経緯は、永松、前掲書、五九~六三頁。
33 「限界集落」の実情と歴史的背景については、山下祐介『限界集落の真実』(ちくま新書、二〇一二年)参照。
34 原田、前掲書、三八頁。
35 永松、前掲書、一七〇~一七一頁。
36 同上書、一七七頁。
37 同上書、一一五~一二〇、一四〇頁。
38 「ゆがむ床、畳にカビ 宮城・石巻 仮設住宅もう〝老朽化〟」(『しんぶん赤旗』二〇一三年四月一〇日）。

39 岡田広行『被災弱者』（岩波新書、二〇一五年）二三頁。

40 碇川豊『希望の大槌』（明石書店、二〇一三年）一八三頁。

41 横山勝英「津波の海と共に生きる」（「ACADEMIA」第一四〇号、全国日本学士会、二〇一三年）一一～一二頁。

42 名取市「平成24年度議会懇談会　実施報告書」一、三頁　http://www.google.co.jp/url?sa=t&rct=j&q=&esrc=s&frm=1&source=web&cd=1&cad=rja&ved=0CCYQFjAA&url=http%3A%2F%2Fwww.city.natori.miyagi.jp%2Fcontent%2Fdownload%2F18618%2F111769%2Ffile%2F24kondankaihoukokusyo.hontai.pdf&ei=AXWlUqHoNoHlkAWzpoC4Cg&usg=AFQjCNHciFrAjcZjuwAf4X11hF3FKXlNQw（二〇一三年一二月七日取得）

43 岡田、前掲書、一五五～一五六頁。

44 横山、前掲論文、一四頁。

45 宮定章「被災地の生活再建と復興まちづくりの現状と葛藤」（『日本住宅会議会報』二〇一二年一〇月号）一三七頁。ただし、③を選択したのち雄勝地区に住みたいと決めた者は、一二月末までに支所に連絡するよう補足されている。

46 「集団移転　合意の形成の難しさ」（FNN『仙台放送スーパーニュース』二〇一二年五月三一日放送）。

47 石巻市「雄勝地区最終意向調査（平成二四年一〇月～一一月実施）」、二〇一三年一月。住民説明会配布資料。

48 「被災地自治体　空き宅地、財政リスクに　交付金の返還増懸念」（『KAHOKU ONLINE NETWORK』二〇一四年二月四日付）http://www.kahoku.co.jp/news/2014/02/20140204t73035.htm（二〇一四年二月六日取得）

49 「被災地　住宅移転の撤回あいつぐ」（『NHK NEWSWEB』二〇一三年一月一三日）http://www3.nhk.or.jp/news/html/20140111/t10014429851000.html（二〇一四年一月一三日取得）。

50 「計画戸数見直し次々　被災地のいま（3）苦悩する自治体」（『KAHOKU ONLINE NETWORK』二〇

一四年二月四日付） http://www.kahoku.co.jp/news/2014/02/20140204t71019.htm（二〇一四年二月六日取得）

51 前掲「被災地自治体　空き宅地、財政リスクに　交付金の返還増懸念」。

52 「沿岸被災地　税収二五％減」（『朝日新聞』二〇一三年五月一四日朝刊）。

53 横山、前掲論文、一五頁。

54 南三陸町議会「みなみさんりく　議会だより」（南三陸町議会広報、第二八号、二〇一三年二月）。

55 「高さ一一メートルに反対」（『三陸新報』二〇一三年一二月三日朝刊）。

56 日本都市センター「石巻市」（『合併関係市町村の基礎情報』）二〇〇五年　http://www.toshi.or.jp/gappei/ishinomaki050912.pdf（二〇一三年一二月七日取得）

57 青木耕太郎「ブラック企業に立ち向かう『自立支援』の必要性」（『POSSE』第二一号、二〇一三年一二月）。

58 地域経済研究会「人口減少下の地域経営について」二〇〇五年一二月　http://warp.ndl.go.jp/info:ndljp/pid/286890/www.meti.go.jp/press/20051202004/20051202004.html（二〇一三年一二月七日取得）。

59 「震災と平成大合併　石巻市の旧市町『垣根』浮き彫り」（『河北新報』二〇一一年一〇月一六日朝刊）。

60 以下、防潮堤の高さ指針決定の経緯は高橋博之「よくわかる防潮堤問題」（二〇一三年一二月一三日）を参照。http://giant-seawall.org/（二〇一三年一二月一八日取得）。

61 宮城県沿岸域現地連絡調整会議「宮城県沿岸における海岸堤防高さの設定について（案）」二〇一一年九月九日　http://www.thr.mlit.go.jp/Bumon/B00097/K00360/taiheiyouokijishinn/kaigann/kaigann2.pdf（二〇一三年一二月七日取得）。

62 「水路境に危険区域外『津波怖い』」（『朝日新聞』二〇一三年一二月二九日朝刊）。

63 高橋、前掲「よくわかる防潮堤問題」

64 「公共事業　住民置き去り」（『朝日新聞』二〇一三年一二月三一日朝刊）。

65 「『防災』工事ラッシュ」（『朝日新聞』二〇一五年三月一日朝刊）。

66 前掲「沿岸被災地　税収二五％減」。

67 とくに石巻市の復興計画について、県の「コピー・アンド・ペースト」ぶりを批判しているものとして、行政学者の広原盛明がいる。彼は県の土木官僚が、災害をチャンスとして、市や町の職員が多忙なあいだに再開発事業を進めようとしていることを「ショック・ドクトリン」であると批判している。広原盛明「震災一周年の東北地方を訪ねて」第39回、第40回。二〇一二年七月　http://d.hatena.ne.jp/hiroharablog/searchdiary?of=10&word=%2A%5B%BF%CC%BA%D21%BC%FE%C7%AF%A4%CE%C5%EC%CB%CC%C3%CF%CA%FD%A4%F2%CB%AC%A4%CD%A4%C6%5D（二〇一三年一一月七日取得）

68 「被災自治体職員不足『官民挙げて支援が必要』総務相」（『河北新報』二〇一三年六月一六日朝刊）。

69 「町職員の不足深刻、長時間労働も」（『大槌みらい新聞』二〇一三年二月二一日配信）　http://otsuchinews.net/article/20130221/372（二〇一三年一一月七日取得）

70 横山、前掲論文、一五頁。

71 前掲「震災と平成大合併　石巻市の旧市町『垣根』浮き彫り」。

72 以下の舞根地区の事例は、横山、前掲論文、一〇頁。

73 「堤防高は五メートルで」および「変更の考えない」（『三陸新報』二〇一三年一二月三日朝刊、一二月一〇日朝刊）。

74 岡田、前掲書、一九五頁。

75 稲垣文彦「中越から東北へのエール」（『世界』二〇一五年四月号）一〇九頁。

［追記］

本書校了時の二〇一五年六月三日、復興庁は二〇一六年度からの五年間で、被災自治体に事業費の一部として計三〇〇億円弱の負担を求める方針を公表した。これがどのような影響を復興事業にもたらすかはまだ不明だが、本稿で指摘した構造的問題は、上記発表時点では大きくは変わっていないようである。

第二章

変わりゆく景色のなかで
――宮城県気仙沼の住民活動を通して

三浦友幸

はじめに

東北の被災地では、震災がきっかけとなり、地域に深く関わり、復興に向け動き出した人々がたくさんいる。自分もそのなかの一人だ。現在、私は地元気仙沼でＮＰＯ団体の職員として働きながら、住民として地域のまちづくりや巨大防潮堤建設の問題に取り組んでいる。もうじき震災から四年。これまでの活動を振り返ると、私のしてきたことは、つねに「住民としてできること」への模索の繰り返しだった。震災前は地域との関わりをほとんどもっていなかった自分が、今は少なからず地域住民や市民としての意識をもち、地域コミュニティのなかで活動を行っている。震災は私に強い当事者意識を与えた。このとき蒔かれた種は、私自身をどこに向かわせているのか。震災からこれまでの活動を紹介していきたいと思う。

気仙沼市と震災前の自分

活動について触れる前に、私のまちと震災前の自分自身についても簡単に述べておく。

私の住んでいる気仙沼市は、宮城県の北端に位置し、震災前の人口は七万五千人、三陸沿岸の豊かな漁場と美しいリアス式の地形をもち、漁業や水産業そして観光業の盛んなまちである。現在の気仙沼市は、旧気仙沼市と旧唐桑町、旧本吉町が合併してできている。それぞれ唐桑が二〇〇六年三月、本吉が二〇〇九年九月に合併した。私は旧本吉町の大谷地区で生まれ、今もこの地区に住んでいる。大谷地区の人口は三七〇〇人ほど。この地区には大谷海岸という海水浴のできる広い砂浜が存在した。震災前は多くの海水浴客が訪れ、大谷地区の象徴となる場所だった。

震災前、私は市内で塾の講師をしていた。大学を卒業後、都会で働くよりも地元で何かをと思い戻ってきた。自分の生まれ育ったまちを好んではいたが、進んで地域に関わることはなく、地方で暮らす大部分の若者がそうであるように、私も地域コミュニティとは無縁なところにいた。まして自分のまちの将来など、まるで他人事のようであった。このまちをどうにかしたいと思うことなど、一度もなかった。この震災が来るまでは。

被災経験

二〇一一年三月一一日、震災のそのとき、私は市内の職場にいた。職場は海から離れていたため直接津波は見てはいない。すぐに車で高台へ車で避難し、そこでラジオを通して津波の襲来を知る。家族との連絡を何度も試みたが、自宅にいた母と弟とはつながらず、私は自宅をめざすこととした。

途中何度も血の気が引く光景に出くわす。生々しくえぐれた土と夥しいがれきが広がる光景。海側に残っている家はほとんどなかった。途中から山側の道に迂回し、自宅のそばまでたどり着くとあたりはすでに真っ暗だった。私は高台に車を停め、自宅に続く坂を駆け下りていった。そして、呆然と立ち尽くした。そこには期待した見慣れた光景は存在せず、人の気配など微塵も感じられない深い闇が広がっていた。母は、自宅とともに流されてしまっていた。近くのお寺に避難していた祖母が、涙ながらに私に教えてくれた。

その夜、自宅跡地に戻り、何度も母を捜した。父と地域の方々も合流し、皆で暗闇の中を捜した。しかし手がかりは何も見つからなかった。余震も続いていたため、翌朝、日の出とともに改めて捜索を行うこととし、その日はお寺の駐車場で夜を明かした。これが震災当日の私の記憶だ。

それから私たち家族は親戚の家に寝泊まりし、毎日海岸線の捜索を行った。はじめはもしかしたらどこかで生きているかもしれないという思いもあったが、やがてその期待は自然と消えていった。海岸のがれき、洋上に浮かぶがれき。流された土砂を掘り返し捜したときもあった。震災から二週間後、ようやく自衛隊の捜索がはじまった。その後海上保安庁や警察による捜索も徐々に行われはじめた。

まちには遺体安置所がいくつも形成され、そこにも家族交代で足を向けた。震災初期は遺体安置所の情報が各安置所で共有されていなかったため、私たち家族は安置所をいくつもまわらなければならなかった。その頃はガソリンが手に入らなかったため、移動は極力自転車だった。やがて自由に車で移動できるようになってからは、隣町の南三陸や仙台近辺にも情報を求め出かけた。ＤＮＡの登録も、私も含め母の血縁者全員が行った。

私たちは避難所に登録し、食料や水、物資をもらいながら、避難所の仕事の手伝いもしていた。捜索と遺体安置所の往復、そして避難所。そんな生活が三ヶ月続いた。

海岸線を歩きながら、様々な光景を目の当たりにした。津波によって破壊されたまち。夥しいがれきの塊、海岸で力なく海を見ている人。座り込んでいる人。職場を失った人もたくさんいた。地元を去る人々。実家を失いこのまちに戻ってくることができなくなった人もいる。まちの様子に幾度となく悔しさのようなものがにじみあがってきた。

震災から三ヶ月が過ぎた頃、私は自分の気持ちに折り合いをつけ、そして母の捜索をやめた。身の振り方を決め、地元に残ることを選択した。私の出発点は強い当事者意識だ。

避難所

避難所の頃の経験は私の今の活動の土台となるものだった。震災後、私の住んでいた地域は三分の一の家が流され、国道の寸断により地域は半孤立状態となっていた。地域内には大きめの家や残された施設を利用し、いくつもの避難所が形成されていた。また、それらを統括する形で自治会をベースとした対策本部が置かれた。被災直後、地域全体での避難人数は三〇〇人程だった。対策本部では朝夕毎日会議が行われ、物資の分配方法の検討や各避難所の状況の報告や課題の解決方法、今後の方向性などが話し合われていた。各避難所には代表者の他に連絡員をおき、朝夕の会議で各避難所の登録人数が報告され、対策本部に一括で届く物資を、登録人数の割合分だけ自分たちの避難所に持ち帰っていた。私は対策本部の事務局長となり、物資、ボランティアの受け入れなど、様々な支援の調整を行っていた。

意外かもしれないが、避難所の初期の頃は毎日がとても楽しかった。皆でトラックの荷台に乗り、流された地域の集会場跡地から、泥に埋まったテントや備品をとってきたり、薪割りや水汲みなどもした。電気も水もない、携帯も通じないが、なんとか皆で生き延びようと必死だった。皆が同じ方向を向き、全体のために動いていた。毎晩お互いが話をするしかなく、年代に関係なくそれだけで楽しかった。人と人との関係において、地域の一つの理想郷のような姿がそこにはあったと思う。濃厚な地域の人々との関わりは、震災前は個としてしか存在していなかった自分を、自然と地域住民にしてくれた。

避難所には様々な人が訪れる。私の避難所には支援団体二団体が拠点を置き、朝夕の会議にも出席していた。その他に個別に訪れるボランティアの方や外部からの支援団体、専門家、行政職員、メディアの方などもよく来ていた。毎日様々な人に会い話をしていた。事務局として避難所の窓口となっていたこともあり、本当に多くの人々とつながりをもつことができた。こんな地方のまちにこれだけの人々が来てくれることが信じられなかった。何度も足を運び来てくれた方もいた。ここに来てくれることがなによりも嬉しかった。

後になり気づいたことだが、私たちの地域は特殊であった。どのような支援が来てもそれを地域が受け取りしっかりとメリットにする受援力があった。また対策本部が簡易的なボランティアセンターとなり、地域のがれき撤去なども行っていた。地権者と交渉し、市に要望して地域内への仮設住宅の建設にも成功した。流された地域の集会場も、支援団体から寄付を集め、ついには住民参加で建ててしまった。なぜこの地域はこのようなことができたのか。それは地域コミュニティの力だった。私の地域では、お祭りや伝統芸能などの文化活動が極端に活発だ。自分たちで独自の祭りをつくり、長いときは五日間も一週間も祭りを続けた。椿の実を集め、油を絞ったり、そば打ちをはじめたり、興味があることについては外から専門家を呼び勉強会も行っていた。なんでも自分たちでしていた。私が震災前はまったく興味のなかった地域の祭りや伝統芸能が、非常時の協力体制や話し合いをする力、行動する力、そして支援を受け入れる力となっていた。これがコミュニティの力だった。それに気がついたときから、私の地域を見る目が変わった。

だが、避難所は刻一刻と状況を変えていく。避難所はいつまでも理想郷ではなかった。物資が十分に届くようになると、避難所のなかに亀裂が走り出した。皆で生き残ることから自分のことに目が移り、様々な不満が表に出はじめた。そのような状況下でも、避難所ではつねに新しく物事を決めていかなければならない。毎日が小さな合意形成の繰り返しである。周知の方法や配布の方法、優先順位など、ひとつ間違えるととんでもないことになってしまう。そして長びく避難所生活による大きなストレス負荷のなか、あわや避難所解散の危機にも何度もあった。おそらくどこの避難所も、揉め事のない避難所は存在しなかったと思う。その時期は毎日がとてもつらく苦しい日々だった。つねに怒りに満ちた言葉が飛び交う。しかし、それは環境がもたらした心理状態。人の本来の姿ではないのだ。私は自分に何度も言い聞かせた。

やがて避難所は時が経つにつれ、規模を縮小していき、地域の避難所もそれぞれの時期に解散していった。二〇一一年八月末、対策本部が市に要望した仮設住宅が完成し、地域内の最後の避難所が解散した。私は仮設住宅に入居と同時期に、避難所に拠点置く支援団体に入職し、そしてその後も地域に関わる活動を続けた。

防潮堤の問題

被災地の様相もつねに変化する。あれだけあったガレキも震災から一年が過ぎるとほとんど姿を消した。避難所がすべて閉鎖され、仮設住宅が立ち並ぶ。やがて様々な復興事業の足音が徐々に聞こえはじめ、そして問題が起こりはじめた。巨大防潮堤建設もそのひとつだ。防潮堤とは高潮や台風、津波などを防ぐ海岸の護岸施設である。現在、東日本大震災の津波被災地には、五〇年から一〇〇年に一度の津波を防ぐ防潮堤（L1防潮堤）の建設が進んでいる。最大高さ一四・七メートル、幅九〇メートル。巨大なコンクリート構造物が東北のほぼすべての浜辺を覆おうとしている。岩手、宮城、福島の総延長三七〇キロメートル、総工費八七〇〇億円。

私がこの計画を初めて知ったのは二〇一一年の夏。地元新聞への掲載がきっかけだ。およそ信じがたい計画に目を疑った。しかし、このときこの計画が現実に進むとは誰も思っていなかった。私たちはまだその頃、避難所の中にいたのだ。その後、しばらく防潮堤の話は紙面に載らず話題にもならなかった。しかし、計画は水面下で静かに進んでいた。そして二〇一二年の夏、各浜で地区説明会が開始され、その後大きな問題へと発展する。環境や景観、防災、土地の買い上げなどをめぐり、現在も行政と住民、または住民どうしで激しい対立が起こっている。

私が防潮堤や地域のまちづくりに本格的に動き出したのは、二〇一二年の六月からであった。気仙沼市の大谷海岸における防潮堤の説明会が初めて行われたのがこのときだ。大谷地区における災害危険区域に関する説明会でのことだった。

災害危険区域とは、災害に備え住居などの建築物に制限がかかる区域を指す。災害危険区域の設定方法は各市町村で異なるが、この震災以降被災地で設定されている災害危険区域はシミュレーション上でＬ１防潮堤を設置し、さらに東日本大震災レベルの津波（Ｌ２津波）のシミュレーションをかけたときの浸水エリアを基準に設定されている。災害危険区域を決めるにはＬ１防潮堤の高さを決めなければならない。災害危険区域が決めなければ、高台移転の補助制度が使えない。必然的に最初にＬ１防潮堤の高さを決める必要があったのだ。

説明会タイトルには防潮堤の名称は掲載されてはいなかった。大谷中学校の体育館に集められた住民、三〇〇名程が床に座り説明を聞く。突如、防潮堤の説明がはじまった。高さ九・八メートル、幅四〇メートル、コンクリートによる防潮堤が海側にせり出す形で、砂浜をすべて埋めて建設するという驚くべき計画であった。会場がザワつき、怒りに満ちた多数の反対意見が怒声となって行政に浴びせられた。私も説明会終了後、行政の方にかけあい抗議をした。しかし、かけあった行政の方も困惑している様子であった。この計画はどこからはじまったのか。なぜこのようなことが起きているのか。このとき生まれた強い怒りの感情がその後も私を動かし続けることとなる。

活動のはじまり

二〇一二年の六月、大谷海岸における防潮堤の説明会の後、私は署名活動を行うことを決意した。

はじめはどのようにすればいいのか正直まったくわからなかった。署名の内容、趣旨、対象者、集める期間、回収方法、主催、誰に相談すればよいのかなど、決めなければいけないことはいくつもあった。署名が集まらず、失敗した後に待ち受けるリスクもある。だから私は慎重に動いた。まずは地域への聞き取りからはじめた。

大谷地区には一三の振興会（自治組織）があり、そしてそれらの自治会の連合会にあたる大谷地区振興会連絡協議会が存在する。私は大谷に住んでいながら、そんなことすら知らなかった。

ヒアリングによってわかったことが色々ある。大谷地区内では防潮堤建設について反対の方が多かったが、なかには賛成の方もいた。どうしてよいかわからないという人も多かった。そして振興会ごとにおおよその傾向があることもわかった。署名の内容や実施について、私は二人の人物に相談することとした。旧本吉町には本吉全体の振興会の連合会、本吉町振興会連合が存在する。私が相談したのは、かつて本吉に振興会という自治組織ができた当時の本吉町振興会連合の会長と、署名当時の大谷地区振興会連絡協議会の会長だった。

連合会の元会長は、今は振興会活動から引退され静かに暮らしている。個人としては、防潮堤は建設したほうがよいという思いであったが、私に対しまったくいやな顔はせず優しく接してくれた。連絡協議会の元会長も私情を一切挟まずに私とは接してくれた。二人ともとても中立的な視点から助言をしてくれていたのが印象的であった。私は何度も二人の元を訪れ、署名の内容を少しずつ固めていった。

こうして完成した署名は、大谷地区振興会連絡協議会の会議の場にかけられ、全会一致で正式に連絡協議会が主催として扱うことが決まり、大谷地区の全世帯に配布された。署名の要請事項は二つ。①東日本大震災による復旧事業として、気仙沼市本吉町大谷海岸（大谷海水浴場）に新たにできる高さ九・八メートルの防潮堤の計画の進行の停止の要請。②防潮堤の高さや形、位置などについて、行政と住民が十分に協議し、住民の意見を反映させた新たな沿岸部の形として、計画に移し実施することの要請。私たちが行ったのは防潮堤建設に反対する署名ではなく、計画の一時停止と住民の意見の反映を求める署名であった。また、対象となる場所についても、大谷地区全体の財産でありもっとも住民の関心の高い大谷海岸に絞ったものとした。

私は終始、署名活動が終わるまで不安で仕方なかった。地域で何の権限ももたない若者が、会ったことがない地区の振興会長を集め、地域として署名活動を行うようお願いをする。受け入れられる確信など持てるはずもなかった。署名活動もフタを開けてみなければ結果はわからない。結果次第では地域の結論がはっきりと出てしまうこととなる。

しかし、配布がはじまり一ヶ月。手元には一三二四名分の署名が集まっていた。大谷地区の人口の三分の一以上にあたる方が署名したことになる。署名活動中、問い合わせ先を自分の携帯にしていたので、つねに電話が鳴り響いていた。そのほとんどは賛同してくれる方からの応援の電話だった。一方で、厳しい苦言もいくつかいただいた。

署名と同時期、旧本吉町では地域振興会ごとに震災復興計画の策定が行われていた。大谷地区では地域振興会ごとの話し合いの他に、自主的に大谷地区振興会連絡協議会を拡張した代表者会議を設け、地域振興会どうしの計画の整合性を図ったり、大谷地区全体の課題についても協議が進められた。私も支援団体のスタッフとして大谷地区の計画策定に加わっていた。計画のなかには防潮堤も含まれている。防潮堤の議論はいつも緊張感をともなう。得てして住民どうしが賛成反対に対立しやすい。議論の進め方ひとつで地域が分断される。二ヶ月間で六回開催された代表者会議では、結論がどのようになるか途中まったくわからなかった。私は代表者会議では意見をいう権限は何もない。ただ、結果を見守るしかなかった。

そのなかで大谷海岸の防潮堤については、高さの議論を後回しにし、設置場所として砂浜の上を選ぶことだけは避けるべきとの議論がなされ、防潮堤を山側へセットバックする（後退させる）案が盛り込まれた。そして署名と合わせ、これをもって住民の意向とした。砂浜をつぶさない。それは防潮堤建設に賛成する者にとっても、反対する者にとっても、大谷地区に住むものとしてお互いに共通する思いであったはずだ。

署名と復興計画は二〇一二年一一月、気仙沼市長に提出された。署名提出の際は私も同席した。市長からは意外な言葉が返ってきた。「私も砂浜の上に防潮堤を建設して人工の砂浜をつくっても、砂は定着しないと思っていた。よって防潮堤をセットバックする必要があり、他の行政機関と調整するときに、このような住民の意向がわかるものがあると、大変強い説得材料になる。とてもありがたい」。

じつは市の意向も住民と同じであったのだ。偶然にも住民どうし、そして行政との間でもお互いに共通項を切り取り、部分的に合意形成を行うことができた瞬間だった。共通項を切り取り、物事を前に進める。それは必然的に共同作業にもなり、お互いに多少なりとも信頼関係が生まれる。そして物事はさらに進めやすくなる。これがもし防潮堤の高さの議論から地域が入っていたら、住民どうしの間に対立構造をつくり、そして行政とも意見が割れていたと予想される。問題がすべて解決したわけではないが、結果的に地域は前に進むことができた。署名活動は成功だったと言える。この成功体験は私にとっても大きな学びの機会であり、その後の活動に大きな影響を与えた。

防潮堤を勉強する会

大谷地区で署名活動が行われている間、気仙沼市内の各地でも防潮堤に関する各浜々の説明会が行われていた。二〇一二年八月、防潮堤問題が激化するなか、気仙沼市では市民有志による「防潮堤を勉強する会」が立ち上がる。防潮堤を勉強する会の目的は、防潮堤に対し、まずは賛成反対を抜きにした中立的な視点から市民が様々な面でこの計画を勉強し理解することにある。防潮堤を管轄する各行政機関、様々な専門家、国県市の各議員、気仙沼市内の地域ごとの住民など、毎回講師を呼び、防潮堤についてありとあらゆる角度から勉強を行った。二ヶ月半で一三回の勉強会を開催し、延べ二千人以上の市民が参加した。

この活動の中心となっていたのは、気仙沼市の震災復興委員をされている株式会社男山本店代表取締役の菅原氏と、また震災復興市民委員会の座長をされている株式会社気仙沼商会代表取締役の高橋氏の二人だ。私も署名活動を行っていたことがきっかけで声をかけられ会の発起人となった。メンバーの多くは気仙沼市内の企業の代表の方であったが、それぞれが会社や肩書きを背負わずに個人として発起人に名を連ねていた。メンバーのうち、防潮堤の建設に関しては、賛成の方もいれば反対の方もいる。また中立の立場の方もいた。私は一番年齢の若い発起人であった。

防潮堤を勉強する会の優れていた点は、やはり賛成反対を抜きにして中立的な立場をとっていた点にある。これは一三回の勉強会が終わるまで徹底していた。講師の方に対する会場からの質疑は、質問のみを受け付け、意見や提案は受け付けないスタンスをとっていた。また、四、五日に一回のペースで勉強会を開催し、会のホームページに毎回の議事録や資料、要点などがつぶさにアップされた。短期に集中して知見を蓄積したことも優れていた点であった。

私はこのとき、市民活動の仕方も行政への対応もわからず、ほとんど会の活動には貢献できてはいなかったと思う。しかし、私にとって勉強する会の活動はとても楽しいものであった。気仙沼市の民間側のリーダーたちと活動をともにする。それは心強くそして貴重な経験であった。活動のフィールドが市内全域に広がった。私は初めて気仙沼市民になれたような気がした。

一三回の勉強会の後、そこから見えてきた課題をまとめ、宮城県知事や各関係機関に要望書の提出という形で、防潮堤計画の進め方の改善を求める活動を行った。反対運動でも、推進運動でもない中立的なスタンスの活動は広く注目を集め、防潮堤問題は全国に知れ渡ることとなった。

防潮堤を勉強する会の活動は、防潮堤問題の解決に向け一定の成果をあげた。活動は大きくメディアに取り上げられ、世間の注目を浴び、県や市との話し合いにおいて市民が行政とある程度対等な立場まで押し上げられたかたちで交渉できるようになったと感じる。要望書に込められた内容についても、計画の実施にあたりいくつかの改善がみられた。しかし、基本的なルールとしてL1防潮堤を建設する前提は、最後まで変更はされなかった。

私は防潮堤を勉強する会の知見をもとに、その後も独自に活動を続けた。岩手、宮城で防潮堤の問題と向き合い活動している方々のところをまわり、定期的に現状を伺った。二〇年前に津波災害を受け巨大防潮堤が建設された奥尻や東日本大震災の津波で防潮堤が壊された田老町、また今回唯一防潮堤で津波被害を免れた普代村や、はては財政破綻したまち夕張にもヒントを探し足を向けた。地域に対するアンケート調査や独自の勉強会もいくつか開催したこともあった。防潮堤建設に関わる国の会議の議事録もしらみつぶしに調べてみた。何が答えに結びつくかはわからない。私はつねに走りながら考えていた。気がつくと防潮堤の問題に取り組み、すでに三年が経とうとしていた。

活動の分離

今まで様々な人が防潮堤計画に異議を唱え、数多くのシンポジウムやフォーラムが行われた。

しかし、計画は多少の柔軟性を見せながらも、相変わらずL1という高さの基準を変わらずに進行を遂げていた。気仙沼の八割の浜辺で計画が地域合意と見なされ進んでいる。徐々に海岸の風景は変わりはじめていた。県域で地域合意が決まっていない浜辺は残り少ない。

防潮堤の問題は明らかに社会全体の問題であると言える。しかし、こと地域の意思決定の場においてはそうではない。それは地域の問題なのだ。地域は防潮堤計画全体の問題を解決したいわけではない。めざしているのは地域での最善の妥協点である。その範囲のなかで防潮堤の問題を解決したいだけなのである。よって私は地域に防潮堤問題に関する自分の意見を押しつけたりはしない。そのようなことをすれば、私はたちまち地域からの信頼をなくすだろう。

私は防潮堤計画において地域の問題の側面と社会問題としての側面、両方に対処しなければならなくなった。そこで私は二つの団体を立ち上げた。ひとつは大谷地区の若い世代によるまちづくり協議会である。大谷地区振興会連絡協議会の場において全会一致位で承認され、二〇一四年九月に設立した。構成メンバーのうち二〇代から四〇代までが八割を占める。私はその組織の事務局をしている。大谷海岸の防潮堤についてはこの組織がなんらかの結論を出すこととなる。もうひとつ設立した団体は「一般社団法人プロジェクトリアス」という。防潮堤も含め広域的に復興に関わる活動をする受け皿として、二〇一四年六月に友人と二人で設立した。私はそのときどきで、個人として、まちづくり協議会として、防潮堤を勉強する会として、それぞれの立場と活動を使い分け、防潮堤問題に対処した動きをとってきた。そしてこの新しい団体の活動は、私と地域を切り離す役割をもっている。活動の分離。それによって私はまた新たな踏み石をみつけることができた。こうして私は自分の進むべき道を少しずつ自分でつくってきた。地域とのバランスをとりながら、一歩ずつ足場を確かめて。

おわりに

私は活動に集中するあまり、ときに目的を忘れ、活動自体に埋没しそうになってしまう。あるいは感情にとりつかれ、誰かを傷つけてしまいそうになってしまうこともある。だから、私はいつも原点に立ち返ることにしている。意識的にあの日を思い返す。そして避難所のときから出会ってきた人々のことを思い返す。私の活動はあの日からはじまり、今まで出会ってきた人々の思いに支えられ成り立っている。

あの日、二万人の命が失われ、そして多くの悲しみと不安、行き場のない怒りが生まれた。だが、その悲しみに世界中の人々が意識を向け、数多くの人が東北の地をめざしてくれた。被災地ではこれから、防災集団移転の宅地造成の完成や災害公営住宅の入居など、仮設住宅からの大規模な移動がはじまる。変わりゆく故郷の景色のなかで、私はこれからも活動を続けていく。

第三章

豊かな海辺環境をつくるために
――防潮堤問題から見えてきたこと

谷下雅義

はじめに

二〇一五年度予算の概算要求を経て、復興事業費の総額が二五兆円を超えた。人の営みの多くが失われた被災地では、災害公営住宅や宅地の整備が進み、ようやく落ち着いて考えられるようになったとの声が聞かれる一方で、仮設住宅で半歩を踏み出せないでいる方もいる。筆者は、陸域と海域の境界をなす海辺環境、とくに国土保全施設である防潮堤の復旧と集落・まちの再生に注目して津波被災地に通ってきた。

写真１　根岬の風景

写真２　津波記念碑
伝承の大切さを雄弁に物語る

最初に驚いたのが、どの浜も痛ましい被害の様相を示しているなかで見た陸前高田市広田町根岬地区における穏やかな風景である（写真1、2）。根岬では津波記念碑の教えを守り高台移転を進め、港の周りは作業小屋と畑としてきた（低地は元屋敷と呼ばれている）。今回も防潮堤を超えて津波が到達したが、人的な被害はなかったとのことであった[1]。

震災から半年が経過し、各市町村で防潮堤また復興まちづくりの計画がつくられていたとき、複数の地域から聞こえてきたのは次のような声である。「住まいが決まらないのに防潮堤やまちのことなんて誰も考えられない」「防潮堤に反対すると住宅再建が遅れ

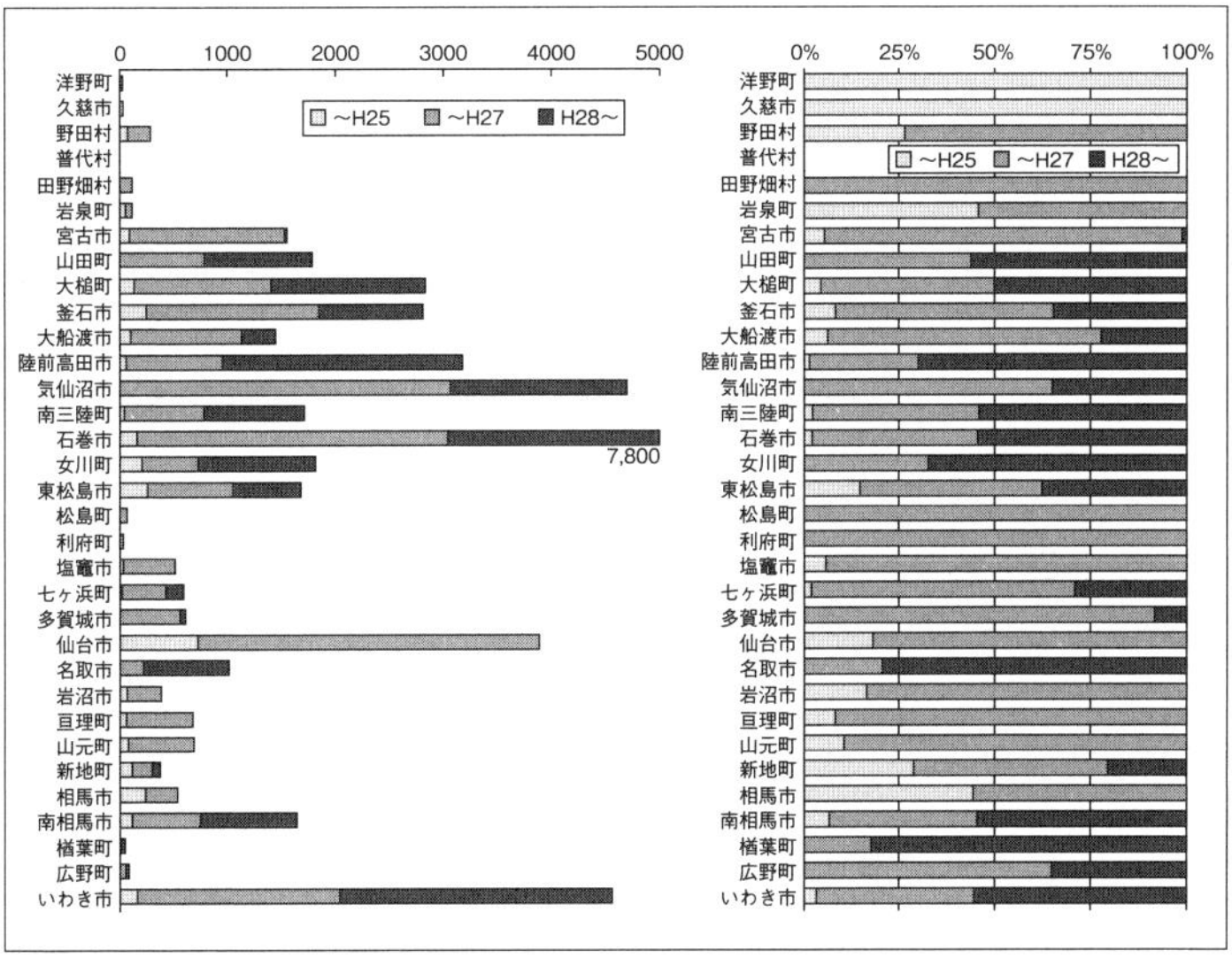

図1　面整備事業による民間住宅等宅地および災害公営住宅供給戸数（左）シェア（右）

出所：復興庁「すまいの復興工程表（2015年2月末現在）」をもとに著者作成

てしまう」

　では、その住宅再建はどこまで進んだか。復興庁の「住まいの工程表」をもとに市町村別年次別の宅地供給数およびそのシェアを図1に示す。二〇一六年以降にならないと提供されない宅地が過半数を占める市町村もあり、三年半が経過して避難生活者が二〇万人を超える状況は、政府が目標としてきた「迅速」とは決して言えないであろう。[2]

　また震災以前から進んでいた津波被災地の人口減少は、県レベルでみれば震災前のトレンドに戻ったと言われているが、旧町という単位でみると（事業がまだ完成して

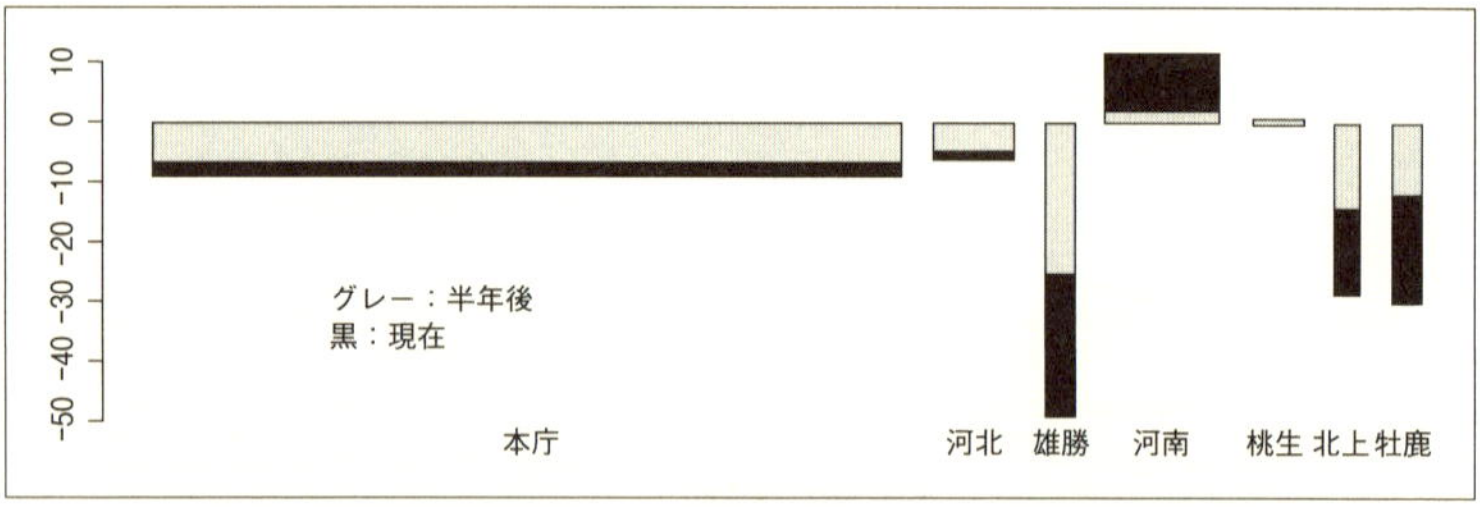

図２　宮城県石巻市における旧町別の震災前からの人口変化率（%）

注：横軸の幅は、震災前の住民基本台帳ベースの人口比率を表す。縦軸は薄い色の部分が2011年10月、黒い部分が2015年1月末時点での人口変化率を表す。実際には住民票を残したまま移転している方もいる。

いないということもあるが）大きなばらつきがみられ、減少が加速している地区もある（図2）。後述するように「災害危険区域」が大きな影響を与えている。

そして、三年四ヶ月経過した二〇一四年七月下旬、三陸の複数の集落・地区で防潮堤に関する説明会で次のような意見が聞かれた。

若者・女性

「低地に人はすまない。費用対効果を考えるべきではないか」

「防潮堤は負の遺産になるのではないか」

「なぜ若い人が議論のメンバーに加わっていないのか」

長老

「よそ者は発言するな」

「行政は一日も早く整備しろ」

「若い人から防潮堤がいらないなどという発言が出るとは夢にも思わなかった」

防潮堤が、海と陸だけでなく、若者・女性と長老、集落の中と外を「分断」していないか。なぜこうした発言がなされるのか。本稿は、こうした発言の背後にある復旧・復興のカタチについて、物的空間、仕事そして地域の力という東日本大震災復興基本法の基本理念に示された三つの施策に対応した観点から報告するものである。

物的空間——将来にわたって安心して暮らせる安全な地域づくり

国土保全施設である防潮堤は、いのちや財産を守るものであるが、「いのちや財産」そして「守る」という意味が変質し、防潮堤を整備する「土木」と住宅やまちをつくる「建築・都市計画」で十分調整が行われていないという問題を指摘したい。

土木

これまでの堤防の設計は、ハード対策で既往最大津波に対応するように計画されていた。今次の四〇〇年から一千年に一度と言われる津波を受け、今後の津波防災では、数十年から百数十年の頻度の津波（以下、L1津波）に対してはこれまでどおりハード対策（防潮堤、水門、河川堤防）で対応し、最大クラスのL2レベルの津波に対してはソフトとハードで対応するという

「減災」という考え方に転換された。

難しいのはL1津波そして堤防の天端高（構造物の頂部、一番高い部分）や位置の決定である。河川の流量などとは異なり、津波はデータが圧倒的に少ないために、L1津波の高さを一意に決めることはきわめて困難である。[3] 加えて、数十年と百数十年では当然、幅がある。[4] 実際、国は地域海岸ごとに「ひとつ」の高さL1を示しつつも、「堤防の天端高について海岸の機能の多様性への配慮、環境保全、周辺景観との調和、経済性、維持管理の容易性、施工性、経済性、維持管理の容易性、施工性、公衆の利用等を総合的に考慮して定める」としていた。

しかし、これらについての具体的な基準は示されず、各海岸管理者は、同じく精度の議論を要する「津波シミュレーション」にその基準を求めることしかできなかった。[5] こうして背後の土地利用や避難システムとのバランスの議論とは切り離された被災前より三メートル以上あるいは倍以上の高さとなる防潮堤計画がつくられた。[6]

L1防潮堤は、今次津波が来た場合、いのちを守ってくれるわけではない。多くの人が指摘しているが、「防潮堤があるから大丈夫」という心理が危険を招く。筆者は、地元の方々からのヒアリングをもとに、宮城県南三陸町や石巻市において浸水深がほぼ同じであっても犠牲者率が大きく異なる行政区について、その要因の分析を行った。

その結果、避難場所から海が見えるかどうか、また避難場所が浸水したところはさらに高台に逃げられたかが浸水深あたりの犠牲者率に影響を与えている。そして防潮堤を大きく上回る津波においては、防潮堤の高さは犠牲者率に影響を与えているとは言えない。年齢が高くなるにつれて犠牲者率が高くなる傾向がみられるが、高齢化率が高い行政区では年齢と犠牲者率は無関係といった知見を得た。[7] なによりも「逃げる」そして「逃げられる」ことが大事である。

今回の防潮堤計画では、「災害復旧事業」という枠組みが適用され、平常時の新規建設事業とは異なり、環境影響評価や費用便益分析は不要とされた。また東日本大震災の特例として、ほぼ全額を国が負担することとされた。これらは「迅速な」復旧・復興にとっては有益かもしれないが、地震により地盤が大きく変化していること、また強固な地盤の上に建設が行われないこと、そして湧水や地下水への影響が懸念され、建設および維持管理費が被災前より大きくなっていること、さらに人口減少が見込まれることを考えあわせれば、環境・経済・社会への影響評価を省略することは適切ではないと言わざるを得ない。

また地域自らが費用を負担しないことによって、どうしても「モラルハザード」の危険が生じる。すなわち「国がお金を出してくれるなら、できるだけ大きいものをつくってもらおう。後継ぎもいないし、使えない土地を買い取ってもらえれば住宅再建にもつながる」という意識が働く。一方の行政には堤防の高さを下げると災害危険区域の見直しも必要になる、また次回の大津波で被災者が生じた場合「なぜ津波が来るとわかっていて高い防潮堤をつくらなかったのか」という不作為を問われたくないという意識もあり、国が示したＬ１高さに固執する側面もある。

さらに地域が防潮堤の予算を削減し、避難路や避難場所の整備に充当したいと考えても、転用ができない。すなわち防災をシステムとして考え、性能評価を行って予算をつけることができないという弊害が生じた。[8]

建築・都市計画

一方、防潮堤背後の土地利用については、防災集団移転促進事業（以下、防集事業と記す）による高台移転とかさ上げ土地区画整理事業が採用された。[9] 防災事業では移転元の低地は災害危険区域（建築基準法三九条）に指定される。浸水した低地はかさ上げをしない限り居住できない。かさ上げは土地の価値を高めるが、国家は個人補償を認めていない。そこで、代わりに地権者に負担してもらう手段が土地面積の減少（減歩）をともなう土地区画整理事業である。この土地利用については三つの問題が指摘されてきた。[10]

第一は、災害危険区域の指定である。L1防潮堤により一〇〇年に一度の頻度の津波から守られた低地は、「著しい危険」があるとして居住禁止という強い権利制限ができるのかという問題である。ここでは河川など防災関連の計画とのバランスが問われることになる。その影響をもっとも大きく受けたのが、石巻市雄勝中心部地区である。災害危険区域指定をされてしまったら住む場所がなくなり、人がいなくなり、まちがなくなると考えた住民らは「雄勝地区を考える会」を立ち上げ、災害危険区域を指定しない代替案も作成し、市に再検討を働きかけてきたが、認められなかった。現在、震災前六〇〇弱あった世帯の一割程度しか戻らない状況になっている。事業が終了するのはさらに二、三年後と言われており、戻る人はさらに減少すると見込まれている。

また陸前高田では災害危険区域の指定自体が、筆（敷地）単位となっている。これは先に防災集団移転促進事業があり、その買収に応じた筆を災害危険区域にしているためである。過渡的な状況と考えられるが、同じ標高の隣接する敷地で、住宅立地が片方は認められ、片方は認められないということになる。その他、仙台市荒浜地区などでも災害危険区域指定をめぐり疑問が呈されている。

第二は、これらの事業に時間を要することである。防災事業には強制力はなく、地権者が土地を売られなければ事業は進まない。土地区画整理事業では、地権者を確定するという膨大な作業が生まれた。また単純にかさ上げをすればよく道路の見直しは不要との意見もあったが、新たな道路（街区）設計が行われ、区画の確定にさらに時間を要することとなった。かさ上げの規模も、一部の地区では一〇メートルを超える大規模なものであり、地下水流動の変化や不同沈下を心配する声もある。

第三は、低地のマネジメントである。買収された公有地と民地が混在することになるが、その土地をどう利用していくかの展望が見えない。分散化した土地を統合し、利用の増進を図る交換分合を行うためには、経済的インセンティブが必要であるが、災害危険区域を活用する土

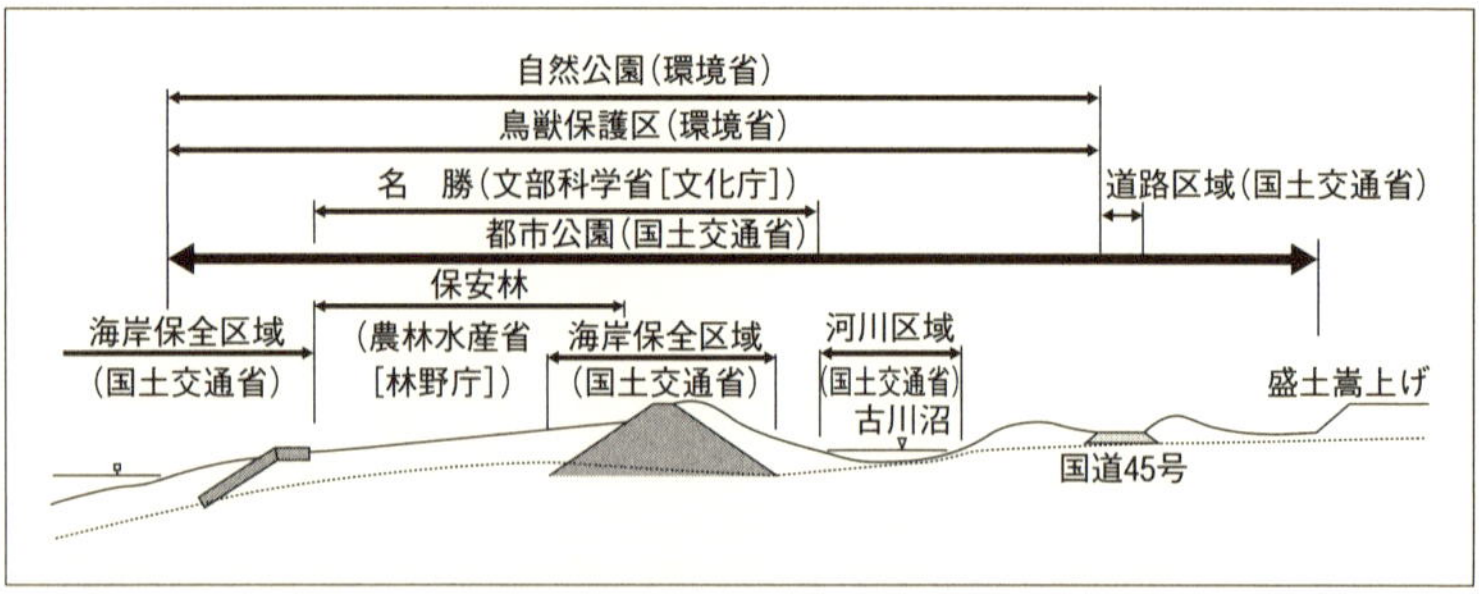

図３　高田松原地区の土地利用に関する法規制
http://www.pref.iwate.jp/dbps_data/_material_/_files/000/000/005/184/04_shiryou1_2.pdf

地利用主体はあるか。また公園や緑地として全面的に買収するとしても、住民が高台に移転するとき、適切に維持管理していくことはできるか。Ｌ１防潮堤を超える津波が来た場合あるいは河川が氾濫した場合、湛水することになるが、排水をしやすくしておくことも重要である。

タテワリとナワバリ

海岸管理者と都市・漁村集落の計画を立てる主体が別々という、いわゆるタテワリの問題がここにはある。また海岸管理者といっても漁港（水産庁）や港湾（国土交通省）といった人工的な施設は市町村と都道府県が管理している。その他の公共海岸は基本的に都道府県・海岸部局が管理するが、後背地が農地の場合は農地部局、海岸林の場合は林野部局が管理している。河口部は河川部局も関わる。岩手県では水門、宮城県では水門は設けず河川堤防とつなぐ構造となっているところが多い。さらに陸前高田では、図３に示すように環境省、文化庁、国土交通省の公園緑地も関係する。

各主体が、二五兆円の予算を使っていかに復旧・復興に貢献するかという競争を展開したが、地域のビジョンを描き、それにあわせて制度・事業を設計することはなされなかった[11]。たとえば、浸水区域の住宅立地を禁止するなら、冒頭に示した根岬のように、防潮堤は震災前と同程度でよいのではないか[12]？　これらの調整の役割を当初期待されたのが復興庁であった。しかし、実態は計画が正しいという前提での査定を行う組織であり、適切な地域ビジョンに資するための制度設計はなされておらず、事業間の予算配分の調整が十分なされているとはいいがたい。加えて、研究者もタテワリで動いたことを付言しなければならない。

仕事――雇用機会の創出と持続可能で活力ある社会経済の再生

第一次産業、とくに養殖業が支えてきた津波被災地において、水辺環境の保全と第一次産業の育成は復興の中心的課題である。しかしながら、市町村が作成する復興計画ではそのための具体的な手段はほとんど議論されていない。

漁業については日本全体で一九六一年から二〇〇九年の間に約四八万人の就業者数が減少、平均すると毎年一万人の人が漁をやめていた。高齢化と漁船の老朽化が進み、魚介類の半分以上が原料として使われる水産加工業も含め、「漁獲量が少ない→収入が上がらない→労働環境が劣化する→人が集まらない」という悪循環が指摘されていた。量から質に転換し、いかに漁獲物の単価を高め、六次産業化も含め漁業者の所得を高めることができるかが問われており、三陸でも震災直後から、ワカメやカキの直販ルート開拓、自然農法と融合した新しい漁業の模索などが行われてきた。

労働環境の改善も含め、漁業経営の再構築の中心的役割を果たすのが漁業協同組合（漁協）である。漁協の運営は、県によって、また同じ岩手県内でも広田湾（陸前高田市）と重茂・田老（宮古市）では異なる。[13] 一番の違いは自己資金力であり、東日本大震災では、自己資金力のある漁協はそれを取り崩して組合員である漁業者の支援を行った。しかし、それのない漁協は「国」の助成を待つしかなく、「助成」を受けるための事業＝漁協の再生が最優先された。[14] 漁業者を助けるために、漁協の再生を優先せざるを得なかった。

漁業者は、これまで捕獲あるいは養殖した魚介類を漁協に渡すところまでを仕事としてきた。レストランや消費者と直接取り引きすることにより所得を高めることができるが、そうした営業は得意でない、またそのための鮮度管理などの投資を行うゆとりがない漁業者が多い。[15] またこうした取り引きの進展は、漁協にとって受け取る手数料の減少につながるため当然消極的になる。[16]

防潮堤整備、高台移転やかさ上げ工事は、漁業にも影響を与える。工事期間中の土砂はとくに貝類への影響が大きい。また矢板などにより、地下水・湧水が遮断されると養殖にも影響を与えることが懸念されている。

二〇〇八年および二〇一三年一一月時点での岩手・宮城・福島県の漁業経営体数、また青森・岩手・宮城県における二〇一〇年を一〇〇としたときの経営体あたりの漁業所得の推移を図4、5に示す。岩手・宮城では経営体数が六～七割に減少し、かつ所得も徐々に回復しつつあるものの震災前の六～九割にとどまる。[17]

豊かな水辺環境があってこそ漁業は成立する。そして観光やレクリエーションの拠点ともなる。防潮堤ができたとき、防潮堤前面の海また背面の低地を使う人がいないという状況は避けなければならない。

農業についても、農地の復旧は進んでおり、地域交流拠点を兼ねた産直施設、沿岸中世城館の保全・活用を図る観光との連携などの小さな動きが進んでいる。[18] しかし、低地で大規模農業を展開するなど新しいしくみによる担い手育成、雇用の創出の動きはまだ見えてこない。

こうした状況が人口減少をもたらし、集落の自治の力を低下させる。

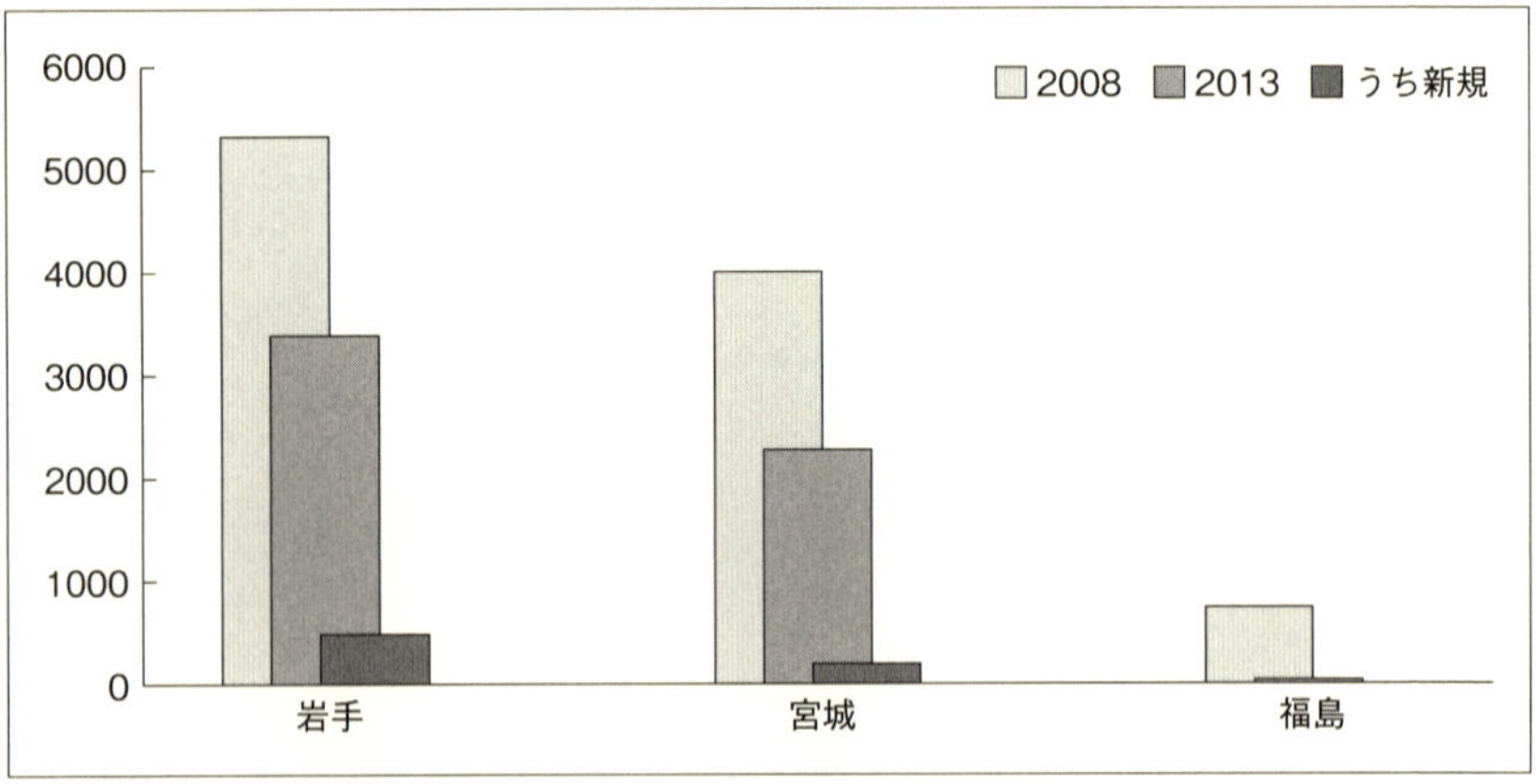

図 4　岩手・宮城・福島県における漁業経営体数の推移（2013 年 11 月 1 日現在）
出所：農林水産省統計部資料をもとに作成

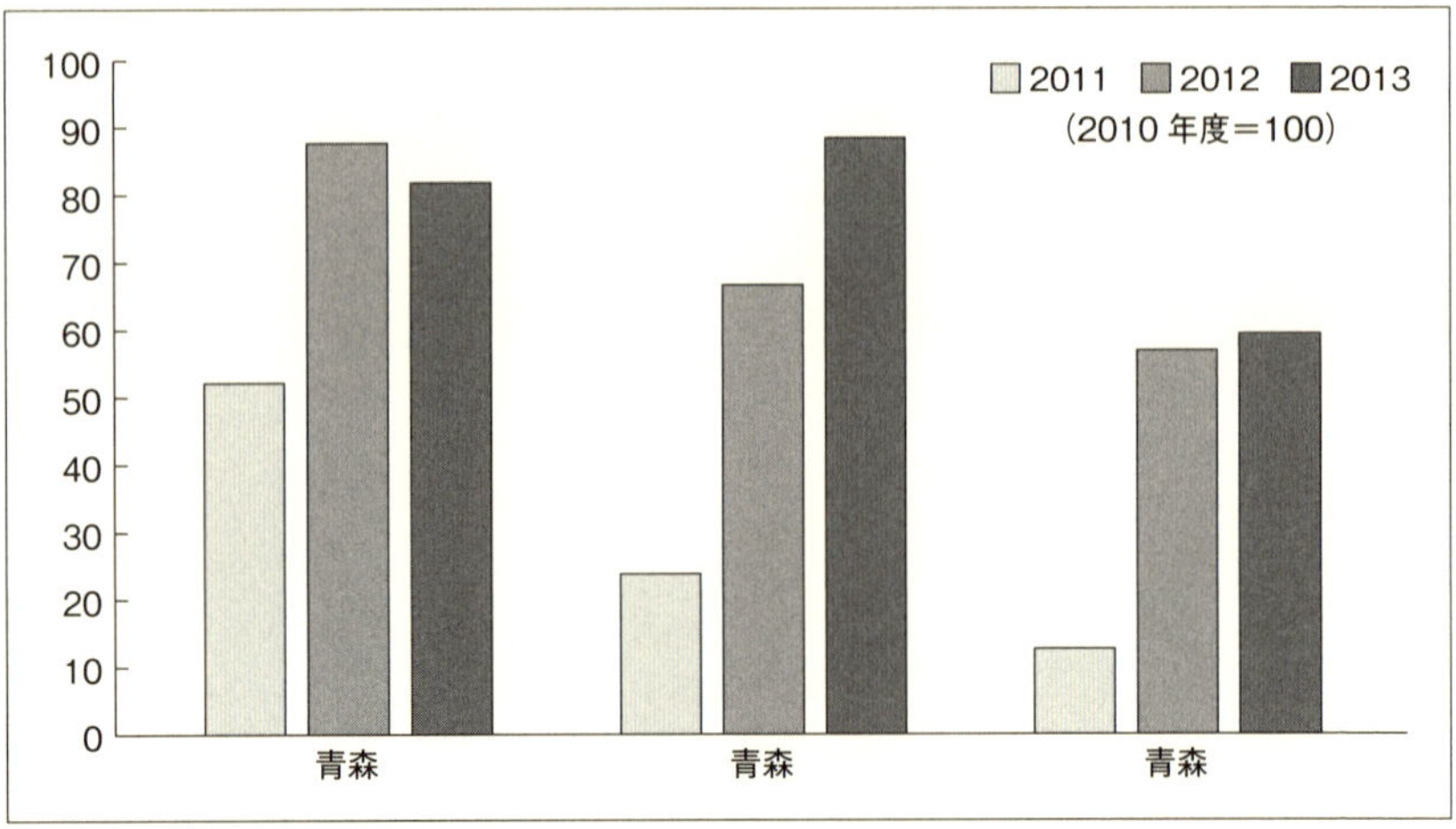

図 5　青森・岩手・宮城県における経営体あたりの漁業所得の推移
出所：農林水産省統計部資料をもとに作成

地域の力——特色ある文化の振興、地域社会の維持および強化

これまで、安全をめぐり防潮堤と土地利用、避難システムが統合されていないこと、そして雇用機会を創出し、持続可能な地域社会をつくる議論が十分でないことを述べてきた。では、誰がハードとソフトを統合した地域のビジョンを考えるべきなのか？ いうまでもなく、これらを統合する単位は、集落であり、そしてその集落間の調整を行う市町村である。これまでも繰り返し言われてきたことであるが、復興は、ハードをつくることではなく、そのプロセスを通じてこれからの集落・まちを担う人をつくることである。人口減少が進み、また「ゆい」や「もやい」という人やモノの貸し借りが行われてきた津波被災地において、きわめて大事な論点である。[19]

地域の消防団が地震直後、水門、樋門を閉じ、避難の呼びかけを行い、津波到達後は、道路の啓開（障害を取り除き使えるようにする）、捜索活動などを行った。被災しなかった集落の女性の人たちは、毛布や布団を提供するとともに、電気もないなか、炊き出しを行ってハマまで運んだ。津波からなんとか生き延びた方からそのおにぎりがいかにおいしかったかというお話を伺ったとき、筆者も胸がつまった。

集落コミュニティの再生は、水辺環境の再生と並ぶ復興のもうひとつの柱であると筆者は考

えてきた。実際、陸前高田市広田町長洞地区では、食料を分け合い被災を免れた民家に分宿避難し、「被災地近接、コミュニティまるごと、被災者主体」の仮設住宅地を実現した[20]。気仙沼市小泉地区では、自治組織である契約会が中心となり、二〇一一年六月には集団移転協議会を立ち上げ、同年一二月に一〇〇世帯以上が合意し、気仙沼市へ防災事業の申込書を提出した。また七夕祭りや鹿踊り・虎舞・神楽などの伝統芸能を絶やすまいと懸命に取り組む集落の人たちの姿もみられた。こうしたコミュニティが、国・県・市町村による個人・世帯単位の支援ではどうしても抜けてしまう部分を補うことができると考えてきた。

しかし、三年経過して、防潮堤や公営住宅など社会資本整備も含め、低地と高台をあわせた集落のマスタープランを自主的につくり、行政を巻き込んでそれを実行に移すことができているところはきわめて少ない[21]。この理由は大きく三つある。

まず、被害が大きく、分散して居住しているために、そもそも集まること自体ができない（自治会を解散した集落もある）。一年あるいは数年に一度のお祭りのためには集まることができても、集落のビジョンづくりまで取り組むエネルギーはなかった。

次に「行政に任せればよい」と考える長老が多い。この背景には「行政を批判することはよくない」あるいは「行政に何を言っても無駄」そして「早く復興という言葉から解放されたい」という思いが見え隠れする。後継ぎがいない、住宅再建のためにお金が必要、短期的な思考になりがちな状況において、次世代を担う若者や女性の意見をていねいにくみ上げ、外部の力も借りながらビジョンを描く。そのビジョンを達成すべく行政に働きかける。こうした利害調整自体、たいへんな労力を要する。先に示した小泉地区においては、防災集団移転と低地利用の議論が切り離され、防潮堤は用地を買収してもらう手段になった。「自然環境の保全と安全のバランスを図ってほしい」という若者や女性の意見は切り捨てられた。

そして、なんとか集落の意思をまとめても行政の意思へと転換できない集落もある。前述した長洞では、戸建の公営住宅を求めたが、受け入れられなかった。また広田町では防潮堤だけに頼らない「逃げ地図（http://www.nigechizuproject.com/）」や災害時の井戸マップ作成、さらに風力発電などにも積極的に取り組み復興の「マスタープラン」を作成したが、行政プラン、すなわち公共的意思には転化されていない。このような場合、行政に頼らない自治の実現に向けた新たな段階の運動が必要であろう。

豊かな公共空間をつくるための意見交換の場をつくる

海辺は、陸側の河川流域の環境や周辺の海岸線の動向とも複雑に関連した「自然のせめぎ合う動態的な生態系」を特徴としている。そのため、一時点での調査、シミュレーションだけでなく、その場所と長年つきあい続けてきた漁民や近傍の市民の知見が大切であることはいうま

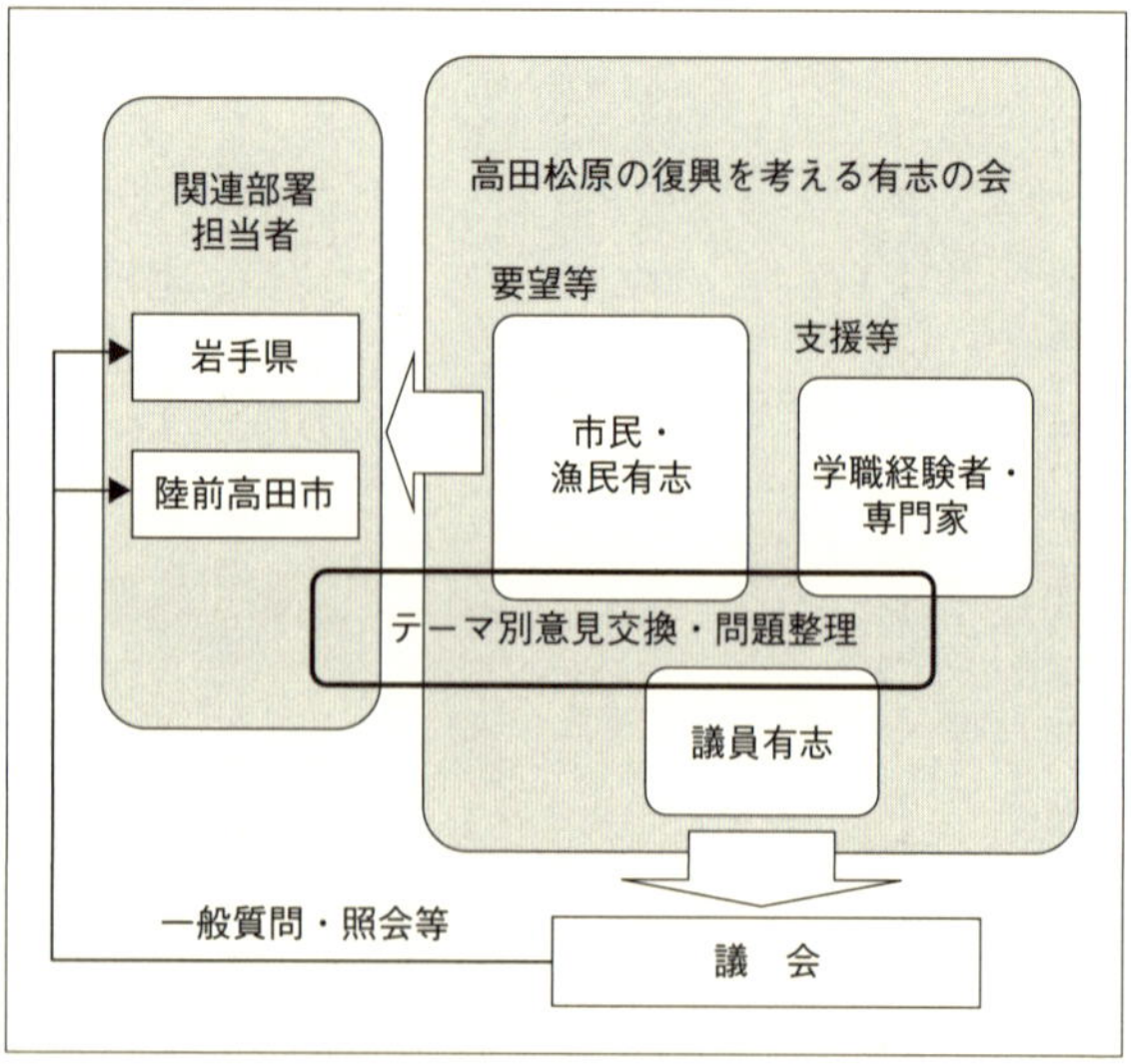

図6　有志の会構成模式図

でもない。

津波にもめげず、残された砂浜を生かした松原の保全と再生、津波の標識（標語）と集落の土地利用のコントロールなど、ハマごとに小さなグループによる地域再生の活動が生まれた。その一方で、前述したように問題が複雑なこともあり、専門家は専門外のことには口を出さない傾向にある。また行政にはコンサルタントが支援にまわるが、市民サイドの支援を行う技術者はきわめて少ない。こうした情報量の格差が行政と市民の対立を拡大する。土木技術のみならず、法律・経済・情報科学・医療福祉・社会・歴史民俗学などの知識を有する専門家らとよりよい公共空間づくりのための対話ができる技術者が求められている。

そして、先にも述べたようにいわゆる「縦割り」の構造が強く残っているのが市町村である。他の部署との情報共有ができていない、総合化ができないという話も各地で聞かれる。市町村内部でも困難なのであるから、利害関係のある住民と行政の間に立ち意思疎通を図り利害調整を行うしくみがない市町村も少なくない。

このような、様々な制度、事業そして多様な主体間の利害を総合的に調整するためには、市民の意見などを間接的に反映させる従来の委員会や縦割り型の事業説明会だけでは十分とは言えない。特定の場所ごとに行政・議会・関係市民・学識経験者が直接意見交換し、整備の方向を検討するという「新しい公共性を探る場の形成」が不可欠と考えられる。

二〇一三年、陸前高田市の議員有志は、高田松原という特定地域の公共的課題を調整するため「高田松原の復興を考える有志の会」を立ち上げた。この組織の役割は、市民・議会・行政・学識経験者という四つのセクター間の意見交換の場を提供すること、そして意見交換の内容を集約・整理し関係者に戻し、集約された意見について議論を深め一定の整備の方向を示すことである(図6)[22]。

低地・水際地域のビジョンづくりはきわめて難しい。公園は税収を生まない。防集事業により公有地と民地がまだらになる。一〇年後どのような空間が生まれ、誰がどのように公共空間を管理していくか、市民・議員・行政そして専門家が対等かつ互いに学びあいながら議論する場が求められている。[23]

おわりに

防潮堤問題とはすなわち、国家が国の境界を決めるという防護の論理のみを備え、堤防内外のコミュニティや環境に配慮する論理が顧みられなかったということではないか。河川の堤防では、左右岸、上下流の地域で鋭く利害が対立するため、築堤は地域ごとの調整が不可欠である。すなわち最初に地域概念があり、それが堤防を議論する場をつくる。新しい沿岸地域のありかたは、ハマやオカで生まれた市民の活動の連携を図り、海辺・背後の土地利用を構想し、コミュニティの形成を構想することからはじまる。

自治体消滅を煽るショッキングな増田レポート[24]が出される一方、若者を中心に田園回帰という現象が起こっていることを小田切徳美[25]は指摘している。金銭的な所得が東京の半分程度、遊ぶところも多くない三陸で、若者が暮らしていくためには希望が必要である。希望は誇りから生まれる。そしてその誇りは、よそ者による評価により再生産される。開かれた地域が次の時代をつくる。

今を生きる津波被災地の方々には、外部の力も借りながら、自分たちが暮らす集落やまちについて学び、未来の姿を描いていただきたい。水、住む家、収入を得る手段、仲良く暮らすための智慧、伝統的な祭りや民俗文化、集落維持のための活動など、自分たちの両親や祖父が何を大切にし、何が変わったか、二〇歳若かったらどんなことをしたいかなど意識や考えをわかりやすく整理していただきたい[26]。

三陸の現状をみてきた東京の若者――311世代が「東北ふるさとづくりパートナーズ」や「311発日本のみらい塾」といった組織を立ち上げ、学習会や現地での支援活動を行っている。彼らの中から、地元の活動を後押し、集落やまちを半歩前に導く「人財」が多数生まれることを願っている。

［注］

1　グリーンインフラ研究会「陸前高田市広田町の津波記念碑」二〇一一年　https://onedrive.live.com/view.aspx?cid=FB1C56C3D63DFEBB&resid=FB1C56C3D63DFEBB%21144&app=WordPdf（以下二〇一四年八月一〇日取得）

2　阪神淡路大震災（一九九五年）では、三年で仮設住宅居住世帯は半減。その反省を踏まえた新潟県中越地震（二〇〇四年）では二年で仮設住宅居住世帯はゼロとなった。

3　横山勝英「地域の実情に即した防潮堤計画を」（『47行政ジャーナル』二〇一四年）　http://www.47news.jp/47gj/furusato/2014/03/post-1058.html

4　「陸前高田など三陸沿岸は江戸時代以降、死者を伴う津波が平均で57年に1回、1m以上の津波は20年に1回というかなり高い頻度で被害を受けている」（『岩手日報』二〇一四年二月八日　http://www.iwate-np.co.jp/311shinsai/y2014/m02/sh1402081.html）という情報をもとに、追加の仮定をおいて、津波高さについてゼロ強調負の二項分布を当てはめると、四〇年に一度の津波は三～四メートル、一〇〇年に一度の津波は六～七メートル、二〇〇年に一度の津波は一〇～一二メートルと推定される。

5 堤防の天端高の決定過程については以下参照　http://webplanners.net/2013/02/16/465/
岩手県では、漁港単位で、国が示した地域海岸単位での高さ、県のシミュレーションによる高さ、被災前と同じ高さ、から選択する説明会が行われ、一〇の海岸で国が示した高さの見直しがなされた。しかし一般公共海岸である高田松原海岸では選択肢は提示されず、広田湾内の漁港は土地利用や避難システムとセットでの議論ではなく、高田松原海岸の一二・五メートルにそろえる形で高さが決まった。岩手県と異なり震災前に高い堤防がなかった宮城県では、当初選択肢は示されず、気仙沼市では「防潮堤を考える会（http://seawall.info/）」が立ち上がり、勉強会を重ねてきた。市内の気仙沼、大島、唐桑また大谷地区において、住民による精力的な活動と行政への働きかけにより、高さの引き下げがなされた海岸がある。

6 谷下雅義「防潮堤と三陸海岸地域の再生」二〇一三年　http://webplanners.net/2013/02/16/465/

7 谷下雅義・浅田拓海「東北地方太平洋沖地震津波による南三陸町行政区別犠牲者率の影響要因」（『土木学会論文集A1（構造・地震工学）』第七〇巻第四号、二〇一四年）六六～七〇頁。谷下雅義・三上卓「東北地方太平洋沖地震津波による石巻市行政区別犠牲者率の影響要因」（第一四回地震工学シンポジウム、CD-ROM、二〇一四年）。

8 竹村公太郎「震災復興で露わになった土木行政の限界——土木学会トークサロンを聴講して」（『土木学会誌』第九九巻第五号、二〇一四年）　Yoshiaki Kawata, Satoko Seino and Akihiko Sugawara (2014) “The Great Wall of Japan: Will it Save Lives?” http://www.youtube.com/watch?v=NHEOdVBeXd4

9 災害直後は復旧、災害査定には測量・土木系コンサルが大掛かりに動くしかなかった。このなかで、大規模な復興事業が目論まれ、景気浮揚、増税の思惑と一致し推進された。

10 姥浦道生「土地利用規制と東日本大震災」（『都市計画』第二九一号、二〇一四年）六二～六五頁　http://wwwnew.cpij.or.jp/com/edit/291/TOSHI062-065.pdf　佐々木晶二「東日本大震災以降に成立した復興関係法等からみた復興まちづくりの再検証」（『Urban Study』第五八号、二〇一四年）　http://www.

minto.or.jp/print/urbanstudy/urban_58.html、高鍋剛「規制とまちづくりの狭間で（1）（2）」二〇一二年 http://www.urdi.co.jp/staff/doc/urdistaff120820-1.pdf http://www.urdi.co.jp/staff/doc/urdistaff120820-2.pdf

11 ある課題に対応する適切な計画域を設定し、関連する人たちが共有できる構想が「地域ビジョン」である。個々の敷地、制度、事業を超えた地域の概念である。堤防であれば、堤内外の関連空間が計画域となる。

12 実際、根岬の防潮堤は被災前と同じ六・三メートルで復旧する。佐々木晶二「災害対策基本法等の一部を改正する法律と防災まちづくりについて」（『Urban Study』第五七号、二〇一三年 http://www.minto.or.jp/print/urbanstudy/pdf/u57_03.pdf）は、地区防災計画（改正災害対策基本法）と連携した防潮堤整備を提案している。また谷下雅義・浅田拓海「立地均衡モデルを用いた土地利用計画の分析」第四九回土木計画学研究発表会、CD-ROM、二〇一四年では、強制保険を前提とした災害危険区域への住宅立地について検討している。

13 岩手県には二四の漁協があり、震災前の財務状況また被災の程度が大きく異なる。宮城県漁協は、二つの地区漁協を例外的に残しつつも県全体でひとつに統合されていた。信用事業を行う金融機関という特徴も有し、被災前からのまた震災による大きな欠損により、震災後、施設の集約化・効率化を志向した。小松正之「海は誰のものか――東日本大震災と水産業の新生プラン」（『マガジンランド』二〇一一年）。

14 加瀬和俊「漁協事業の復旧策と漁協経営問題」および濱田武士「漁協の対応と諸問題」（『水産振興 別冊 東日本大震災特集Ⅱ 漁業・漁村の再建とその課題』東京水産振興会、二〇一一年）五二～八一頁。

15 公益財団法人 東北活性化研究センター「東日本大震災後の水産都市復興の状況調査調査報告書」二〇一四年 http://www.kasseiken.jp/pdf/library/guide/25fy-02.pdf

16 もちろん、鮮度管理技術の向上により魚の価値が高まれば、漁協自体の受け取る手数料も増える。

17 農林水産省「東日本大震災による津波被災地域における農業・漁業経営体の経営状況について（平成

25年結果）の概要」二〇一四年　http://www.maff.go.jp/j/tokei/keikou/pdf/fukkou_20140627.pdf

18 石巻市では、被災農地に温室種苗供給センターで育成された種苗を用いて主にトマトとパプリカの栽培を行っている（オランダ大使館ニュース二〇一四年五月八日）。また、冨山和彦『なぜローカル経済から日本は甦るのか』ＰＨＰ新書、二〇一四年が述べるように、物流、飲食・小売、宿泊、社会福祉、教育といったサービスセクターにおいては、とくに地方圏において人手不足が続いている。第一次産業を含め、労働生産性を高めていくことが重要な課題である。

19 富田宏「東日本大震災復興3年目の無力感の本質――沈黙と思考停止からの脱出（大震災復興特集第一二号　東日本大震災から3年――復興・生活再建の課題・成果・進化の展望）」（『農村計画学会誌』第三二巻第四号、二〇一四年）四六七〜四六九頁。

20 ＮＰＯ法人・復興まちづくり研究所「長洞でのその後の支援活動」二〇一四年　http://www.fukkouken.org/archives/2251

21 気仙沼市前浜地区では、建設の賛否をめぐってコミュニティが分断されるのは避けたいという思いから、地区内住民間の繰り返しの熟議を経て、防潮堤をつくらないという選択を行った（『河北新報』二〇一四年八月九日）。また大槌町吉里吉里地区では、一〇の団体が集まり、それぞれがコミュニティ事業を企画し、仕事づくりに取り組んでいる（内山征氏）。

22 長年津波防災に携わってきた首藤は、防潮堤を「地域が決める」ことの重要性を指摘している。「第七回岩手県津波防災技術専門委員会議事録」二〇一一年　http://www2.pref.iwate.jp/˜hp0212/fukkou_net/pdf_doc/tsunamibousai_07_01_gijiroku.pdf
高田松原の再生を考える円卓会議は、二〇一三年八月以降、三回の議論を行ってきた。またその統合の推進体として〝議会〟の役割に期待した。しかし残念ながら議論を行政計画に反映するには至っていない。

23 谷下雅義・辻野五郎丸・菅野広紀「豊かな海辺環境を創出するための意見交換の場をつくる」二〇一三年　http://webplanners.net/2013/02/16/465/

24　増田寛也＋日本創成会議・人口減少問題検討分科会「消滅する市町村523――壊死する地方都市」（『中央公論』二〇一四年六月号）。
25　小田切徳美「『農村たたみ』に抗する田園回帰――「増田レポート」批判」（『世界』二〇一四年九月号）。
26　竹田純一「協働公益活動の合意形成及び逆システム学による検証」（小島武司編著『日本法制の改革――立法と実務の最前線』中央大学出版部、二〇〇七年）、高峰博保「地域の未来を構想する」二〇一四年　http://bunanomori.com/tayori14-8.html

［謝　辞］
本稿の作成にあたり、辻野五郎丸氏（修景社）、阿部晃成氏（雄勝地区を考える会）、村上俊之氏（田谷地区集団移転協議会）、山本俊哉先生（明治大学）、中澤秀雄先生（中央大学）、内山征氏（アルメックVPI）、高峰博保氏（ぶなの森）、また311研究会、土木学会トークサロン、さらに陸前高田、気仙沼、南三陸、石巻で暮らす皆様からの情報提供および意見交換からたくさんの示唆を得ました。記して謝意を表します。

第四章

被災自治体財政の分析
――宮城県南三陸町を事例に

宮﨑雅人

はじめに

本稿においては、東日本大震災の被災地となった地方自治体の財政が震災によってどのように変化したのかについて、宮城県南三陸町を事例に分析を行う。分析にあたって、まずは歳出入の変化について検討する。そして、今後の南三陸町の財政に関する予測について議論する。そのなかで、じつは進みつつある復興事業のなかに、将来の町財政の悪化につながる要因が潜んでいることを明らかにする。さらに、基幹税である固定資産税の税収見通しを示す。これらのことから復興が進んでも被災自治体の財政は厳しい状況に置かれる可能性が高いことを指摘する。

本稿の分析対象である南三陸町は、人口一万四二五六人（二〇一四年一〇月末現在の住民基本台帳人口）の町であり、二〇〇五年一〇月に旧志津川町と旧歌津町が合併してできた町である。震災直前の二〇一一年二月末の人口は一万七六六六人であり、台帳上は約三千人の人口減少がみられる[1]。多くの被災地と同じように、震災によって町の様子が大きく変化した地方自治体である。

歳出入の変化

まずは歳出入総額の変化について見てみたい。**表1**は二〇一〇～二〇一四年度における歳出入総額の推移を見たものである。この表から読み取ることができるように、震災後に歳出入規模は大きくなっている。とくに二〇一三年度は六六四・七億円となっており、二〇一〇年度と比較して約九倍となっている。一方で、町税は減少している。**表2**は二〇一〇～二〇一二年度における町税の推移を示したものである。この表から読み取ることができるように、震災前には一三億円であった町税が二〇一一年度には五・八億円と四割程度にまで減少している。なか

表1　歳出入総額の推移

（単位：億円）

	2010年度	2012年度	2013年度	2014年度
歳出入	74.8	355	664.7	398.5
うち震災関連分	—	—	598.6	321.6
うち通常分	—	—	66.1	76.9

注：数値は当初予算。
出所：南三陸町ウェブサイトから作成。

表2　町税の推移

（単位：億円）

年度	地方税	うち市町村民税個人分	うち市町村民税法人分	うち固定資産税	うち市町村たばこ税
2010年度（A）	13.0	4.3	0.5	6.8	1.0
2011年度（B）	5.8	2.0	0.3	2.7	0.4
2012年度	8.2	2.2	1.0	3.8	0.9
B－A	−7.2	−2.3	−0.2	−4.0	−0.5

出所：『市町村別決算状況調（各年度版）』より作成。

でも固定資産税が減少しており、税収減のなかでもっとも大きなウエイトを占めている。

さらに、より詳しく歳出入について見ていきたい。**表3**は二〇一三年度における歳入の内訳を示したものである。この表から読み取ることができるように、歳入のなかでウエイトの高い項目は、繰入金、国庫支出金、地方交付税の順となっている。

歳入のなかでもっとも多いのが繰入金である。繰入金とは、一般会計、特別会計、基金等の会計間の現金の移動のことをいう。基金繰入金三一

表3　2013年度における歳入の内訳

（単位：百万円）

項目	金額
町税	712
地方譲与税	67
地方交付税	12,780
国庫支出金	15,766
県支出金	3,193
財産収入	87
繰入金	31,834
町債	1,290
その他	741
合計	66,470

注：数値は当初予算。
出所：南三陸町ウェブサイトから作成。

八・三億円のうち三一六・六億円が復興交付金繰入金である。[2]復興交付金は基金による執行も可能であり、事業の進捗に合わせて基金を取り崩している。

次いで多いのが国庫支出金である。国が地方自治体に対して交付する負担金、補助金、委託金等を総称して国庫支出金と呼んでいる。国庫支出金は使途が特定される特定補助金である。総額一五七・七億円のうち復興関連のものは国庫負担金が六五・五億円、国庫補助金が九二・八億円となっている。

前者のうち五〇・二億円が農林水産業施設災害復旧費負担金であり、漁港、道路橋りょうおよび河川災害復旧事業に充てられた。後者のうち九一・五億円が災害復旧費国庫補助金であり、東日本大震災にともなう災害廃棄物処理委託料（ガレキ処理費）に充てられた。[3]災害復旧事業については、国庫負担金と国庫補助金を充当した残額に震災復興特別交付税（以下、震災特交）が措置される。したがって、地方自治体の負担なく事業を行うことができる。震災特交とは、大震災の復旧・復興事業に係る被災自治体の財政負担を解消するとともに、被災自治体以外の地方自治体の負担に影響を及ぼすことがないよう、通常収支とは別枠で確保し、事業実施状況に合わせて決定・配分するものである。

三番目に多いのが地方交付税である。地方交付税とは、国税の一定割合の額で、地方自治体が等しく行うべき事務を遂行することができるよう、一定の基準により国から交付されるものである。地方交付税は国庫支出金とは異なり、使途が特定されない一般補助金である。総額一二七・八億円のうち三六・八億円が普通交付税、二・四億円が特別交付税、八八・六億円が震災特交となっている[4]。

表4　2013年度における歳出の内訳

（単位：百万円）

項目	金額
議会費	109
総務費	2,146
民生費	12,452
衛生費	898
農林水産業費	1,133
商工費	1,976
土木費	311
消防費	446
教育費	754
災害復旧費	6,608
公債費	1,255
復興費	38,341
予備費	40
合計	66,470

注：数値は当初予算。
出所：南三陸町ウェブサイトから作成。

では、歳出はどのような内容になっているのであろうか。**表4**は二〇一三年度における歳出の内訳を示したものである。この表から読み取ることができるように、歳出のなかでウエイトの高い項目は、復興費、民生費、災害復旧費の順となっている。

　歳出のなかでもっとも多いのが復興費である。この復興費は二〇一二年度予算から新たに設けられた款である。[5] 復興費のうち復興総務費の項以外はすべて復興交付金が財源として充てられる。復興費総額三八三・四億円のうち復興土木費が三三一・六億円となっている。このうち二一三・二億円が防災集団移転促進事業費であり、うち一〇六・四億円が公有財産購入費（事業用地）である。これに次いで多いのが災害公営住宅整備事業であり、事業費は四二・七億円である。三番目に多いのが津波復興拠点整備事業費であり、事業費は二八・八億円である。このうち一〇・一億円が公有財産購入費（事業用地）である。四番目に多いのが道路事業費であり、二四・九億円である。[6]

　次いで多いのが民生費である。民生費とは、社会福祉の向上を図るために、地方自治体が、児童、老人、心身障害者等のための各種福祉施設の整備および運営、生活保護の実施等の諸施策を推進するのに要する経費のことである。総額一二四・五億円のうち災害救助費が一〇五・五億円である。そのうちガレキ処理費が一〇一・七億円であり、二〇一三年度で事業は完了している。[7]

　三番目に多いのが災害復旧費である。災害復旧費とは、降雨、暴風、洪水、地震等の災害によって被害を受けた施設等を原形に復旧するために要する経費のことである。総額六六億円のうち漁港施設災害復旧費が五四・八億円である。この事業は原形復旧を基本に町管理施設一九港の復旧を行うものであり、二〇一五年度の事業完了を見込んでいる。また、このほかに公共土木施設災害復旧費が九・六億円となっており、道路橋りょうや河川の災害復旧に充てられている。[8]

今後の南三陸町財政に関する予測

ここまで二〇一三年度における歳出入の状況について見てきた。歳入においては復興交付金、復興特交、災害復旧費国庫補助金が、歳出においては復興費、災害救助費、災害復旧費が大きなウエイトを占めていることが明らかになった。復興に関連した歳出額は非常に大きいが、国からの交付金でまかなわれている。

このような巨額の予算に関しては、執行の遅れと繰り越しがメディアにおいて問題として取り上げられているが、問題はそれだけではない。じつは進みつつある復興事業のなかに、将来の南三陸町の財政に問題を生じさせかねない要因が潜んでいる。要因はいくつか考えられるが、本稿においては次の二つの要因を挙げたい。第一に、災害公営住宅整備事業による財政の硬直化である。第二に、数十年後のインフラの維持補修費の増加、更新時期の集中である。

災害公営住宅整備事業が財政に与える影響

誤解のないように述べておくが、筆者は災害公営住宅を整備すべきでないと主張しているわけではない。被災者の居住環境を改善することは急務である。しかし、この事業によって南三陸町の財政が悪化する可能性があることは指摘しておきたい。

地方自治体が管理運営する公営住宅の整備財源には、通常、国庫支出金とともに公営住宅建設事業債という地方債が充当される。被災地の場合は財源には復興交付金が充てられるのであるが、事業費全額ではなく、他の地方自治体と同様に財源の一部として公営住宅建設事業債を起債して事業を行うことになる。[9] これは公営住宅から家賃収入が生じるため、復興特交が充当されないためである。しかも、公営住宅建設事業債には元利償還金の交付税措置が存在しない。個別の地方自治体の普通交付税は基準財政需要額から基準財政収入額を差し引いて算定されるが、元利償還金の交付税措置とは、基準財政需要額に当該地方債の元利償還金の一部を算入するしくみである。このため、国からの交付金等を充当した残額に復興特交が措置される他の多くの復興事業とは異なり、将来の家賃収入が公営住宅建設事業債の元利償還金を下回る場合、地方自治体の負担が生じることになる。

では、公営住宅建設事業債の元利償還の原資となる家賃収入は確実に見込めるのであろうか。

実際にはその可能性は必ずしも高くない。そのように考えられる理由は次のとおりである。第一に、南三陸町からの人口流出が続けば、公営住宅の空室率は上昇する。第二に、災害公営住宅希望者の世帯構成と世帯主の年齢割合を見てみると、償還年限までに公営住宅の空室率が上昇する可能性がある。図1はそれらについてのデータを示したものである。災害公営住宅希望者の過半数が単身および二人世帯であり、また六五歳以上の高齢者が過半数を占めている。入居する高齢者が八〇〜九〇歳まで生きるとしても、二〇年後には過半数が空室になることも考えられる。第三に、家賃の徴収率は平時には九〇%であったが、

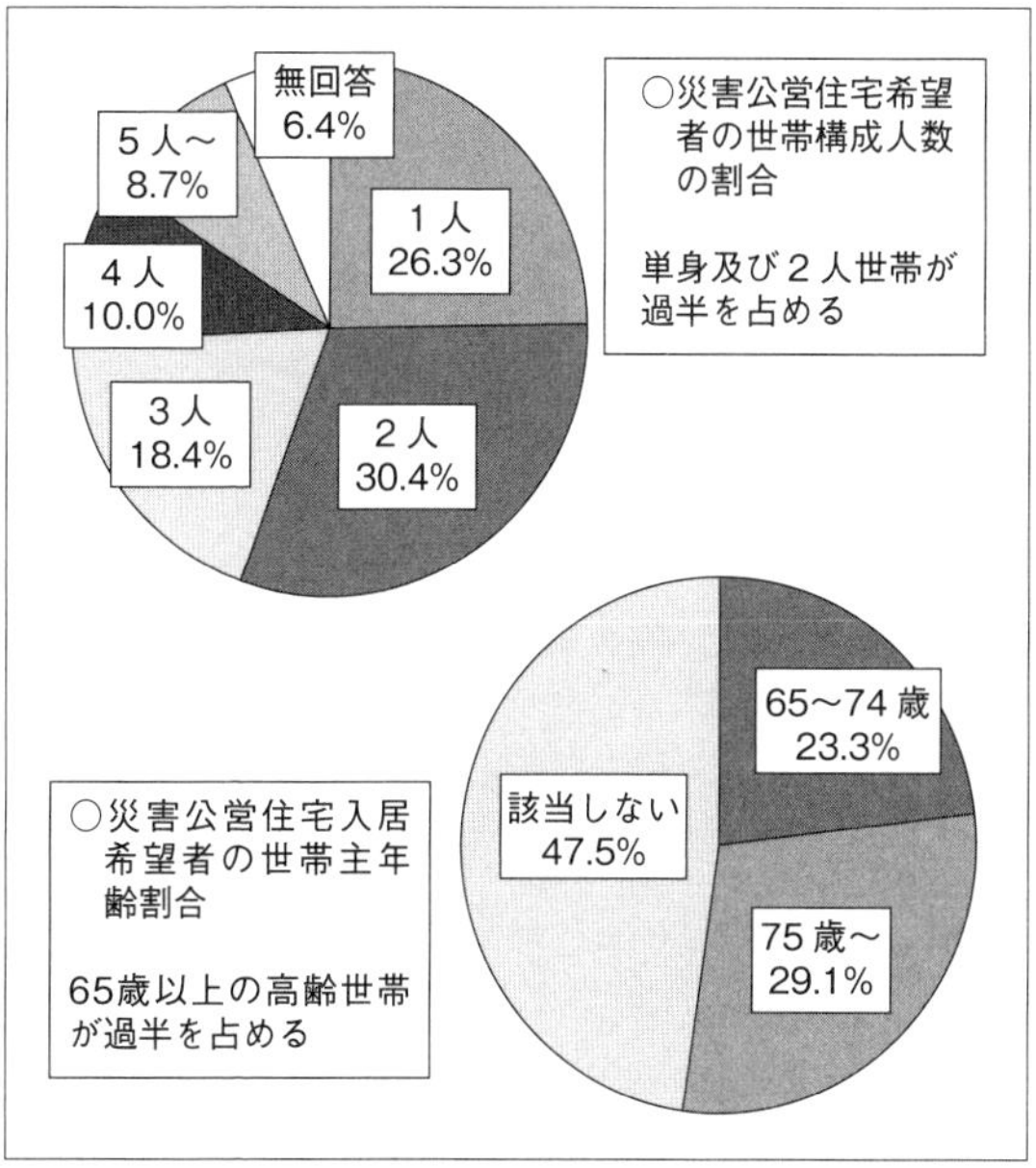

図1　災害公営住宅希望者の世帯構成と世帯主の年齢割合
出所：南三陸町ウェブサイトから引用。
http://www.town.minamisanriku.miyagi.jp/index.cfm/6,1244,c,html/1244/gaiyo.pdf

表5　災害公営住宅家賃の目安

収入分位		政令月収	集合住宅タイプの家賃			戸建住宅タイプの家賃		備考
			Sタイプ（例 2K）	Mタイプ（例 2DK）	Fタイプ（例 3DK）	Lタイプ（例 3DK）	Oタイプ（例 4DK）	
低減措置後の家賃	I-①	0円	4,500円	6,200円	7,900円	9,100円	10,500円	※1
	I-②	1円～40,000円	7,700円	10,600円	13,400円	15,500円	17,700円	
	I-③	40,001円～60,000円	10,800円	14,900円	18,900円	21,800円	24,900円	
	I-④	60,001円～80,000円	13,900円	19,200円	24,400円	28,100円	32,200円	
本来家賃	I	80,001円～104,000円	14,800円	20,300円	25,900円	29,800円	34,000円	
	II	104,001円～123,000円	17,000円	23,500円	29,900円	34,400円	39,300円	
	III	123,001円～139,000円	19,500円	26,800円	34,200円	39,300円	44,900円	
	IV	139,001円～158,000円	22,000円	30,300円	38,500円	44,300円	50,700円	
	V	158,001円～186,000円	25,100円	34,600円	44,100円	50,700円	57,900円	※2
	VI	186,001円～214,000円	29,000円	39,900円	50,800円	58,500円	66,800円	
	VII	214,001円～259,000円	34,000円	46,700円	59,500円	68,400円	78,200円	
	VIII	259,001円～	39,200円	53,900円	68,600円	78,900円	90,200円	

注1：I-④までの入居者の負担軽減措置として、建物の管理開始から10年間にわたり家賃が低減されます（6年目から10年目まで段階的に低減額が減少し11年目に本来の家賃になります）。

注2：引き続き3年以上入居し、政令月収が158,000円を超えた世帯は、住宅の明け渡し努力義務が生じ、通常の家賃に割増賃料が課されます。引き続き5年以上入居し、最近2年間連続して政令月収が313,000円を超えた世帯は、住宅の明け渡しの対象となり、民間の賃貸住宅並みの家賃が課されます。

家賃の目安（家賃は今後の検討等で前後します。あくまで目安としてご確認ください。）

出所：南三陸町ウェブサイトから引用。
http://www.town.minamisanriku.miyagi.jp/index.cfm/6,2381,c,html/2381/20130718-191500.pdf

平時よりも低くなる可能性がある。入居者のうち低所得者の割合が高くなれば徴収率は下がる可能性が高い。第四に、入居者の負担軽減措置は家賃収入を減少させることになる。[10] 表5は家賃の目安を示したものである。表中の「政令月収」は世帯の所得額合計から各種控除額を差し引いた額を一二で割った額である。たとえば、「政令月収」が〇円という行があるが、六五歳以上の高齢者であれば年間総収入金額一二〇万円までは年間総所得金額は〇円となる。先に示した入居希望者の年齢構成や世帯構成から考えると、全体的に家賃収入はそれほど高い額にはならないものと考えられる。[11]

そこで、新たな入居者を確保するために、一般の公営住宅のように一定の収入要件を満たす低所得者を入居させるとしても、整備のために起債した公営住宅建設事業債の元利償還に必要な家賃収入を確保できるかどうかは不透明である。

このように、元利償還の原資となる家賃収入の見通しは決して明るいものではない。

さらに、地方債の元利償還のための公債費は、南三陸町の歳出において大きな割合を占めており、すでに財政は硬直的であるといえる。南三陸町においては、財政の弾力性を測定する指標である経常収支比率が二〇一二年度時点で九五・二％であり、そのうち人件費が二八・五％、公債費が一八・一％となっている。経常収支比率とは、人件費や扶助費、公債費など縮減することが容易でない経費（義務的経費）に、地方税や地方交付税などの一般財源がどの程度費やされているものを示したものである。震災後に経常収支比率は約八％ポイント上昇しており、震災によって町の財政は硬直的になっている。

こうした硬直的な財政状況は災害公営住宅の整備によってさらに進む可能性がある。公営住宅建設事業債は、二〇一三年度予算で五・三億円、二〇一四年度予算で五・九億円計上されており、先述した災害公営住宅の家賃収入が少なければ、元利償還のために家賃収入以外の一般財源を充当せざるを得なくなり、財政はさらに硬直化する。

岩手県との比較

このような災害公営住宅の整備が財政硬直化をもたらすということが被災自治体全体に共通することであるかと言えば、必ずしもそうではない。じつは県の方針によって状況は大きく異なる。

南三陸町のある宮城県においては、災害公営住宅の整備および管理は市町が基本とされているが、岩手県においては、約六一〇〇戸のうち災害公営住宅のうち約二九〇〇戸を県が建設し、残りを市町村が建設・管理することになっている。**表6**は「宮城県復興住宅計画」と岩手県の「災害公営住宅の整備に関する方針」における市町村の災害公営住宅整備戸数を示したものである。この表から読み取ることができるように、岩手県においては釜石市を除いた多くの災害

表6　宮城県および岩手県における市町村の災害公営住宅整備戸数

宮城県

市町名	整備戸数	市町名	整備戸数	市町名	整備戸数
仙台市	3,180	登米市	84	七ヶ浜町	212
石巻市	4,000	栗原市	15	利府町	25
塩竈市	420	東松島市	1,010	大郷町	3
気仙沼市	2,168	大崎市	170	涌谷町	48
名取市	716	亘理町	477	美里町	40
多賀城市	532	山元町	484	女川町	945
岩沼市	210	松島町	52	南三陸町	770

出所：宮城県ウェブサイトより引用。

岩手県

市町村名	全体戸数	うち 市町村建設 市町村管理	うち 県建設		
				うち 県管理	うち 市町村管理
洋野町	4	4	0	0	0
久慈市	11	11	0	0	0
野田村	102	76	26	0	26
田野畑村	68	68	0	0	0
岩泉町	51	51	0	0	0
宮古市	793	422	371	187	184
山田町	831	284	547	273	274
大槌町	980	480	500	250	250
釜石市	1,418	1,220	198	126	72
大船渡市	828	265	563	280	283
陸前高田市	1,000	300	700	350	350
合計	6,086	3,181	2,905	1,466	1,439

出所：岩手県ウェブサイトより引用。

公営住宅を整備する市や町において、県が過半数あるいは半数近くを建設することになっている。その上、その半数近くが県運営である。他方、宮城県においては市町が建設の基本となっており、県の支援は受託事業という形になっている。あくまでも建設を行うのは市町である。

したがって、災害公営住宅の整備による将来的な財政硬直化という問題は、被災自治体全体に共通するものではない。その意味で県と市町村の役割分担は、復興事業においても非常に重要であるといえる。

インフラの維持補修の問題

将来の南三陸町の財政に問題を生じさせかねないもうひとつの要因は、インフラの維持補修費の増加、更新時期の集中である。

先述のように、復興交付金等を活用してインフラの復旧・復興が行われている。インフラを整備した直後には維持補修費はそれほどかからないが、時間が経てば経つほどインフラは劣化するため、劣化の度合いに応じて維持補修費が増加する。近年、高度経済成長期に整備されたインフラの劣化が問題となり、その維持補修が課題となっている。そうしたなかで、インフラを長寿命化させ、維持補修費を長期的に見て少なくするような対策がとられつつあるが、将来を見すえて被災地のインフラを長寿命化させようという動きは見られない[12]。したがって、今我々が直面している四〇～五〇年前に整備された老朽インフラの維持補修をどうするかという問題に南三陸町の住民は数十年後に直面することになる。

さらに、震災で多くのインフラが破壊されたため、数多くの公共施設が短期間で整備されることになっている[13]。このため、様々なインフラの更新時期が一定期間に集中するものと考えられる。公営住宅に関して言えば、入居希望者の過半数が六五歳以上であるので、数十年後には空室が増加するため、更新時期にすべてを更新する必要はないかもしれない。しかし、南三陸町が合併自治体であるということもあり、地域の事情から数か所に集約するということは困難である可能性が高い。空室の増加と公営住宅の集約の困難という難しい問題を将来の南三陸町の住民は解決しなければならないのである。

固定資産税に関する問題

ここまで復興事業のなかに潜む問題について述べてきたが、歳入に関しても問題を指摘しておきたい。それは基幹税である固定資産税に関する問題である。

先に示した**表2**において、震災後に固定資産税が大きく減少したことを指摘したが、震災の翌年度には若干回復していることを読み取ることができる。しかし、このまま固定資産税が時間の経過とともに震災前の水準に戻るかと言えば、必ずしもそうであるとは言えない。

震災前の固定資産税収の九〇％は、津波被災地域の土地・家屋・償却資産に課税されたものであった。しかし、町有地には固定資産税は課税されないため、町が買い上げたかつての町の中心地である津波被災地域からは今後、固定資産税収は見込めない。

その一方で、防災集団移転促進事業によって高台に多くの住民が移動することになるが、新たにできる町の中心地の固定資産税評価額は、かつての中心地の水準に追いつくようにすぐに上昇するわけではないので、固定資産税収が震災前の水準に戻るのにはかなりの時間がかかるものと予想される。さらに災害公営住宅に入居する住民の多くは、震災前には固定資産税の家屋分を納税していた人たちであり、その人たちの分の固定資産税収は震災前に戻ることはない[14]。

このように、基幹税である固定資産税収の見通しも、決して明るいものではない。

おわりに

本稿においては、東日本大震災の被災地となった地方自治体の財政が震災によってどのように変化したのかについて、宮城県南三陸町を事例に分析を行った。その上で、今後の南三陸町の財政に関する予測を示した。

復興交付金や復興特交といった財源によって復興事業が進められる一方で、進みつつある復興事業のなかに、将来の南三陸町の財政に問題を生じさせかねない要因が潜んでいることを指摘した。第一に、災害公営住宅整備事業による財政の硬直化であった。第二に、数十年後のインフラの維持補修費の増加、更新時期の集中であった。

現在の入居希望者数に合わせて災害公営住宅を整備すると、入居希望者の年齢構成と世帯構成から、虫食い状に空室が増加していくことが考えられる。しかし、被災者の居住環境の改善は喫緊の課題であり、将来を見越して住民の要望よりも少ない数の災害公営住宅を整備するというわけにもいかない。そこで、新たな入居者を確保するために、一般の公営住宅のように一定の収入要件を満たす低所得者を入居させるとしても、整備のために起債した公営住宅建設事業債の元利償還に必要な家賃収入を確保できるかどうかは不透明である。したがって、元利償還のために家賃収入以外の一般財源を充当せざるを得なくなり、財政は現在よりも硬直化する可能性がある。ただし、これは県によって状況は大きく異なっており、宮城県内市町においてそのようになる可能性が高い。

また、復興のために集中的に整備されるインフラの更新時期は数十年後に集中するものと考えられる。その際、当然にインフラの集約化について検討されるものと思われるが、容易に答えが見つかるようなものではない。

さらに、基幹税である固定資産税の税収見通しも決して明るいものではなく、震災前の水準に戻ることは困難である可能性が高い。このように、南三陸町の財政は、震災前よりも厳しいものになっていくものと考えられる。

その上、現在進められている巨大防潮堤の建設によって、漁業や観光などの産業の衰退が予想される。こうした事態は人口流出や所得水準の低下をもたらし、さらに町税を減少させる可能性がある。また、災害公営住宅の空室を増加させる要因にもなり得る。

このような地域の衰退への対策として過疎対策がある。南三陸町は二〇一四年度に過疎指定を受けたため、過疎対策の枠組みで地域振興を行うことが可能になった。過疎対策は元利償還金の交付税措置が講じられる過疎対策事業債という特別の地方債を中心として行われており、財源に乏しい過疎の自治体はこれを財源として、いわゆるハコモノを整備するハード事業だけでなく、産業振興のためのソフト事業を行っている。南三陸町も復興事業が完了した後には、過疎対策事業債を活用して事業を行うことが予想される。しかし、地域の漁業や観光業を巨大防潮堤によって衰退させる一方で、借金によって産業振興を図るための事業を行うというのは、地域の持続可能性の観点から問題である。すでに財政は硬直的であるなかで、そこに公営住宅建設事業債の元利償還が加わるため、財政はさらに硬直的になることが考えられる。そうした状況下で、町が過疎対策事業債を起債して事業を行うのにも限界がある。最悪の場合、町の財政破綻も可能性として否定できない。

以上、限られた情報に基づいて筆者なりの予測を述べてきた。人間の予測には限界があるので、数十年後、この悲観的な予測は外れるかもしれない。予測の誤りの要因には二つある。ひとつは筆者の読み違いである。そして、もうひとつは筆者の予測によって現実が変わることである。筆者としては、後者の要因によって予測が誤っていたという結果になることを期待している。

［注］

1 南三陸町ウェブサイトによる。
2 南三陸町に対する聞き取り調査（二〇一三年一一月）による。
3 南三陸町に対する聞き取り調査（同）による。
4 南三陸町二〇一三年度予算に基づく。
5 予算は歳入歳出とともに款・項・目・節に分類される。歳出の場合、その目的にしたがって款と項に区分するが、これらは議会の議決の対象となる科目である。
6 南三陸町二〇一三年度予算に基づく。
7 南三陸町に対する聞き取り調査（同）および南三陸町二〇一三年度予算に基づく。
8 南三陸町に対する聞き取り調査（同）および南三陸町二〇一三年度予算に基づく。
9 激甚災害法第二二条により復興交付金を活用して整備した場合の補助率は建設費用の八分の七である。
10 南三陸町に対する聞き取り調査による。
11 家賃の目安はあくまで「目安」であって、今後の検討によって変化するとされている。したがって、公営住宅建設事業債の元利償還に必要な額を確保するために、町が家賃を引き上げるということも考えられる。

12 南三陸町に対する聞き取り調査（同）による。

13 南三陸町に対する聞き取り調査（同）による。

14 南三陸町に対する聞き取り調査（同）による。

［参考文献・ウェブサイト］

• 総務省『市町村別決算状況調（各年度版）』

• 岩手県ウェブサイト「災害復興公営住宅の整備に関する方針について」
http://www.pref.iwate.jp/kenchiku/saigai/kouei/009717.html

• 南三陸町ウェブサイト　http://www.town.minamisanriku.miyagi.jp/

• 宮城県ウェブサイト「宮城県復興住宅計画について」
http://www.pref.miyagi.jp/site/ej-earthquake/hukujuuplan.html

［謝辞］

本稿の作成にあたり、南三陸町職員の方には、聞き取り調査、資料提供などにご協力いただいた。ここに記して謝意を表したい。なお、本稿に関するすべての責任は筆者のみに帰せられるべきことを付記しておく。

［追記］

本稿脱稿後、「集中復興期間」は二〇一五年度で終了し、二〇一六年度から復興事業の一部に被災自治体の負担が生じることが明らかとなった。被災自治体の負担が生じることによって、本稿において示した悲観的な予測が楽観的な方向に変化することは考えにくく、被災自治体の財政はますます厳しい状況に置かれるものと考えられる。

第五章
六年目の原発避難に向けて
――福島県富岡住民として、いま思うこと

市村高志

人生の分岐点となったあの日

二〇一一年三月一一日一四時四六分、いわゆる「東日本大震災」が発生した。この地で暮らして、子を育て、親を看取り、仕事をし、地域活動に関わるなど、私にとって〝当たり前〟に続くはずだった日常生活が一変してしまった。

あの日を振り返ると今も心がざわつき、言いようのない感覚に襲われるときもあるのだが、震災から五年目を迎えたタイミングで少しだけ振り返ってみたい。

私は幼少のころ神奈川県横浜市で育ち、二三歳のときに富岡町に移住した。だから私はいわゆる生粋の「富岡町出身」ではないよそ者であるが、父は双葉町、母が川内村の出身ということで、私のルーツはこの地域にあると考えていると同時に、それだけではない「思い」も抱えているのである。

私の人生の半分は、富岡町で過ごしたことで成り立っている。結婚生活を送り、子どもを育て、親を看取り、生業を形成し、富岡町で暮らすための努力はしてきたつもりだ。震災後に改めて富岡町の暮らしを思い返せば、人は地域での暮らしで人生を形成しており、切り分けたりすることができないと思える。原発事故で失われたものは何なのかということを自身で理解するには、壮絶な避難経験の後に訪れる呆然とした日々を過ごしながら、原発事故が何をもたらし、自分自身がどのような状況に置かれているのかを見いだし、暮らした地域を思い返すしか方法がなかったのかもしれない。

富岡町には本当にきれいな桜並木、海岸、山々があり、お祭りやPTAなど地域の人々との接点も多い。私の人生とは、自ら富岡町に暮らすことを選択し、地域活動などにも参加したからこそ、その素晴らしさを体感によって得られたものに他ならない。言われてみれば、たしかに原子力発電所はそこにあったのだが、その原子力発電所がもたらす地域への影響は経済、地域活性化、交流人口など多岐にわたっており、そのことにどうのこうのと苦言を呈する気すら起こらなかったのが実情だ。それほどに地域にとっては「当たり前」の存在であり、生活するうえで絶大な影響力があったのだ。

三・一一では震度六強の地震、約二一メートルの津波に襲われ、水や電気といったインフラが寸断された。地震や津波の被害に遭ったことは少ない情報源によって知ったが、それはまだ理解の範囲内だった。だが、まさか原子力発電所がそれによって危機的状態に至るとはまったく想像もしていなかったのだ。原子力発電所の存在は私たちにとってあまりにも必然的であり、まさしく安全神話として語られるように、「事故なんてありえない」という感覚でいた自分に、今でも言い表しようのない感情が湧いて仕方がない。

私たち富岡住民がなぜ広域な避難をしなくてはならなくなったかという点を今一度、整理してみると、住民の行動の大半は、震災の翌日三・一二の朝に発せられた「原子力発電所が爆発の危険性がある為、全町民は避難をして下さい」との情報に端を発しているようだ。

私たちは原子力発電所の爆発の危険性があるという認識をもって避難を開始したので、よく言われる「着の身着のままで……」という表現をわかりづらく思われるかもしれないが、私たちは原発が危機を脱したらすぐに戻れる、爆発などありえないと、「安全神話」をもとに信じていた結果のように思える。大半の住民は町が指定した隣村の川内村をはじめとした富岡町以外で、一号機の爆発をテレビで目撃することになる。そのときにようやく「もう家には帰れないかもしれない」という直感が脳裏をよぎったのである。

次々と危険を知らせる報道と、相次ぐ爆発の衝撃映像。信じられない思いと「これからどうすればいいのだろう」という不安感が交差する一方、目にも見えず、臭いもしない放射性物質への得体のしれない恐怖に襲われた。しかも、真っ当な情報が得られない状況であるにもかかわらず、遠くへ避難するための燃料もほとんど残っていない。

言い知れぬ不安のなか、私の場合は避難先であった川内村が一六日の朝に全村避難となり、そのことにより二回目の避難を奇跡的な出来事を経て開始することとなるのだが、これも極限状態での判断が求められ、家族の命、子どもたちをどうすれば守れるのかで頭がいっぱいになったことを鮮明に覚えている。このような避難経験は、原発事故の被災当事者ならば、誰しも少なからず経験したはずだ。緊急の状況が少しだけ解消されたのは私の場合、三・一一から六日が経過した一七日の早朝、東京の親せき宅に到着できてからだった。

その後は、原発から一定の距離が保たれた各地で、避難所の本格的な運営が開始されたのだが、あまりにも矢継ぎ早の決断と行動をせざるを得ず、だれも状況判断などまともにできるはずがないまま、それぞれの避難生活がはじまるのである。

震災当初、メディアなどで取り上げられた被災当事者の心境は「早く帰りたい」という言葉に象徴されているように思うのだが、実際、一時帰宅でさえもが震災から三ヶ月以上経過してから開始され、しかもそれは全身防護服に身を包み、胸には線量計をぶら下げて、しかも滞在は二時間以内、靴も脱ぐことが許されず、持ち出しできるのは渡されたビニール袋に入る分だけという条件つきといった状態は、いったいどう表現したらよいのか今もって皆目見当がつかない。

そんななかでも、避難先において支援の手厚さに感謝の気持ちでいっぱいになる一方、いわれなき差別とも向き合わなければならないといったことを繰り返しながら、避難活動における自分の判断はどうだったのかと自問自答を繰り返す月日が続いている。

その後の苦しさと厳しさ

避難先での日常も年月を重ねるにつれ、徐々に落ち着きを取り戻すのは自然の流れであったが、反面で、被災元である富岡町という存在が自分にとってどのような存在なのかといった問題が大きくなってきている。

「故郷を奪われた」という表現もそうだが、「ふるさと」が奪われたのではなく、被災元の富岡町が「ふるさと」となってしまったのではないか。室生犀星の詩に「ふるさとは　遠くにありて　思うもの」という一節があるが、避難生活を継続していくうちにその表現が実感となってしまった。そもそも、被災当事者にとっては富岡町での「暮らし」があったのだから、原発事故によって奪われたのは、一人ひとりの暮らしそのものなのだ。その暮らしがいとも簡単に崩壊するなど想像もつかなかったし、自分が当事者となるなどとは夢にも思っていなかった。

避難は突然訪れるというのは、本当のことだった。様々な避難行動を見てみると、一人ひとりがそれまでに培ってきた関係性、つまり「つながり」によってそれが行われていることがわかる。その避難のほとんどは、子ども、兄妹、親戚といった肉親のところ、あるいは知人友人を頼ったものだった。一部には避難所での継続を考え、そのなかで得られた受け入れ先の情報を手がかりに、見知らぬ地へと避難したケースもあったようである。

それでも先に述べたように、当初は「一時的な避難」として認識していたため最低限の手荷物しかもたず、二、三日、長くても一週間程度で帰れるものだと思っていた。だから避難の準備もままならず、避難先で衣食住のすべてを用意してくれた方々に頼るほかなかった。快く受け入れてくれた方々には、心より感謝している。

とはいえ、それが二週間、一ヶ月と長期化して、実際厳しい状態に追い込まれるケースもあったと思う。当たり前の話だが、受け入れ先の方にも生活があるのだから、一時的にはなんとかなるかもしれないが、急に大所帯になった対応がいつまで続くかわからない状況では、不安に思うのも当然である。他方で、被災者が避難所でしばらく過ごすことになった場合、それはまた違った意味で難しい問題が生じるのだ。

このようななかで、原発避難者に対する住宅支援が全国的に行われるようになり、それとともに避難所の閉鎖が進んでいった。私たちは次の避難先での生活を否応なく求められたのだが、被災元の状況を見れば容易に予想がついたはずの避難の長期化がいざ現実化するにあたって、不安や怒りといった感情的な負担が想像を超えて重くのしかかってきたのである。

現に幾度となく行われている復興庁、福島県、富岡町によるアンケート調査の結果を見ても、「帰還」を望む割合は回数を重ねるたびに減少し、「移住」の選択をする住民の割合が増えている。単に数字だけで見てしまえば、帰還者が大幅に減り、移住者が増えたと見てしまいがちだが、その狭間で揺れている住民も少なくない。

長期的な避難生活が続き、仕事や学校といった社会生活を三年以上も過ごせば、家族の構成や避難先との関わりにも大きな変化が当然のごとく訪れる。実際の復興政策には、長い歳月がかかっている割には劇的な好転も見られず、現実の避難生活との不一致が生じたまま続いているのだ。だから、どうしても「あきらめ」にも似た状態、すなわち「断ち切り」を自らせざるを得ない状況も起きてくる。暮らすことのできない被災元を思ううち、厳しい避難の現実と相対することが困難となり、「故郷が奪われた」といった感情表現に至るのも当然のことだと思うし、その表現に行きつかざるを得ないのだと思う。

タウンミーティングで見えたこと

私は震災から一一ヶ月後の二〇一二年二月一一日に、震災前からの知人を中心に市民団体

「とみおか子ども未来ネットワーク」を立ち上げた。しかし、設立の意図はもともと明確であったわけではなく、「このまま黙って富岡町を失ってよいのか」という恐怖感にも似た思いから活動をはじめたにすぎない。

やみくもに走りながら、福島県内外に広域避難している富岡町民どうしの「対話の場」をつくればなにか得られるものがないかと考え、二〇一二年七月から二〇一三年三月までに八回ほど「タウンミーティング」を開催した。述べ人数として約一〇〇名の町民に参加していただき、その総括として「とみおか未来会議」を行った。

方向性について、もともとなにか確信をもっていたわけではない。ただ、住民不在のままに進んでいる復興政策が、住民にとっては不可解以外のなにものでもなく、それにより住民は焦りと不安感を募らせていたことが原動力のひとつとなった。根拠も理論もあったわけではないが、それでも、突然暮らしを奪われ、避難生活を課せられた被災当事者にとって、現時点では「離ればなれになった住民どうしの対話」がなにより必要だと漠然と感じていたのである。

そのなかで話し合われた内容から見えてきた富岡町民の苦悩はどれも、同じ経験をした町民なら誰もが共感するものであったにちがいない。対話のテーマなどは設けず、我々の直面している大きな問題について自由に今の思いを話す形をとったのは、一見無謀にも見えたのだが、あえてそのようにしたのは、なんらかの枠を嵌めてしまうと、率直な避難生活や避難元の富岡町の思いがかえって語りにくいのではないかと考えたためである。

実際に語られていた内容は大きく分けて、「どうしてここに避難した」といった点と「富岡町の思い」、そして「避難生活の言いようのない葛藤」の三つが主なものだった。大半の住民はなぜこの地に避難して来たのかといった話には誰もが耳を傾け、自分の避難体験と照らし合わせる様子が感じ取れた。私も同じ思いでその話を聞きながら、「そのとき、私は何をしていたのだろう」と当時の自分に思いをめぐらせ、言い表しようのない感情に駆られつつも、今の現実を再認識することができたのだ。

タウンミーティングで語られる言葉は様々な現実を物語っている。避難開始時の混乱や地震・津波の恐怖、発電所の状況の悪化、情報の不明確さ、目に見えぬ放射能などといった避難時の話から、在りし日の富岡町の姿まで、時には笑い声も交えながら思い返したり、震災から離ればなれになっていた友人知人との再会に涙した。

また、今の避難生活と富岡町とのギャップや家族の関係性の変化など、原発事故によってもたらされた被災当事者の実態が語られた。とくに象徴的だったのが「朝起きて、天井を見ると「なんでここにいるんだろう」って思う。家に帰れないいんだから当たり前なんだけど」という言葉だ。状況からすれば当然のことではあるが、この言葉に象徴される訳のわからなさは、避難を経験した誰もが感じたものではないかと思う。

このような話は情緒的すぎると思われるかもしれないが、実際にこれほど過酷な経験と環境の変化を否応なく強制されれば、そうした表現になるものだ。私の経験からすれば、避難時や避難生活の思いを率直に話した内容、在りし日の富岡町の姿そのものが「奪われたもの」であり、それぞれが「背負わされたもの」の一端であると言えるのではないだろうか。

なお、被災当事者の言葉に耳を傾けて真摯に取り組んで下さっている専門家により、このような状況は「五層の生活環境の崩壊」として定義づけられた。日本学術会議の「東日本大震災の被害構造と日本社会の再建の道を探る分科会」で「東日本大震災からの復興政策の改善についての提言」のなかで取り上げられているので、是非に読んでいただきたいと思う。

私たちの根本的要求

さて、全貌の解明もままならない被害構造のなかで、原発事故の被災当事者が直面している大きな問題のひとつが「損害賠償の問題」である。この問題が不可解に感じられる要因のひとつに、とりわけ「表現の問題」があるように思えてならない。原発事故の報道の際に「賠償をもらう」と表現されることが多々あり、被災当事者の我々ですらそのように語ってしまっていることがある。この表現では、あたかも被災当事者が無謀にも賠償金を所望しているかのように見えるが、そもそも賠償とはいったいなんだろうか。私たちがすでに計り知れない損害を被ったことが紛れもない事実であるのは皆が承知していると思うが、賠償額の莫大さに目を奪われ、「被害への償い」の本質がよくわからない状態になってしまった人もいるのではないか。

原発事故がもたらした結果とはどのようなものだろうか。今もなお原発事故の対応に追われ、大量の放射性物質が地域全体に散布されてしまっている現実で、私たちが求める大原則は根本的には「原状回復」、すなわち「五層の生活環境」を元に戻してほしいことに他ならない。たとえそれが不可能であるとしても、その判断は被災者側に委ねられるべきである。だが現状では、加害者側が私たちの根本的要求を一方的に否定したうえ、「加害者スキーム」と表現されるように、損害に対する評価さえ一方的に設定してしまっている現実がある。

たしかに被害者救済の観点からすれば、最低限度の指針を示すことが国の社会的責任であって、賠償がスムーズかつスピーディーに行われることで、被害者が救われる側面もあることは理解している。だが、現実の賠償対応は、国が設定した中間指針では「最低限度」を厳守すると明言したにもかかわらず、だいぶ異なる様相を呈しているように感じる。

本来、賠償の概念としてみれば「被害者スキーム」も存在しなければならないはずだが、あまりにも多くの損害が生じ、なおかつ大きな環境変化がもたらされたなかで、被害者スキームを確立するための環境や知見を整えることは被災当事者には難しい。正確な状況が被災住民に知らされることもなく、加害者スキームのみによる賠償指針が出されたことにより、被災当事者はいっそうの要らぬ混乱に陥り、今も翻弄され続けているのが実態だ。

その上、二〇一一年一二月に「収束宣言」が国より発令されたものの、実際には本当に収束しているかもよく分からず、政権が代われば「厳しい避難生活を強いられている避難者の方々を思うと収束という言葉を使う状態にはない」と一変し訂正される。また「警戒区域の解除」の正当性にも、それと同時に行われた「三区分編成」の意味にも疑問を感じざるを得ない。発表されたことにはそれなりの大義はあるのだろうが、震災時の混乱期の対応や情報の不誠実さによって翻弄された私たちにとっては信じがたいものでしかない。現在でも疑念は根深く残っているのだ。

先に述べたように、私たちは原発事故の危険性を感じて避難を開始し、避難した先で爆発を見て、地域が汚染されていったのだから、今もつねに将来の危険のことを考え、本当に爆発の危険性は払拭されたのか、汚染された地域では低線量被曝の影響はもうなくなったのかという不安をもつのは当然ではないだろうか。

現在の福島第一原子力発電所の近隣四町では、「三区分編成」によって一部立ち入りが時間制限付きでできるようになったものの、そこで寝泊まりすること、つまり暮らすことはできない。そんななかで富岡町では現在、帰還をめざした除染事業などが国の直轄事業として開始され、現地では日々着々と「復興」と称した大規模な公共事業が展開している。

それぞれの進むべき道

富岡町では震災後の二〇一二年時に「今後、五年間は全町の帰還宣言を行わず、その間に帰還に向けた準備を行う」と発表した。すなわち震災発生時から六年間は町として帰還の判断はしないし、そのとき、帰還の準備が整ったかどうかの状況判断によっては、避難の継続もありうるということになるのだろう。

現行の復興政策では帰還を前提とした事業が進められているのだが、二〇一三年一一月には、時の経産大臣から「移住」という発言がなされた。「帰還」しか考えない復興政策が軌道修正されたかのようにたしかに感じられなくもないが、今までもそうであったように、被災当事者にとっては結局のところ、二者択一を強いられた以外のなにものでもない。

避難の長期化によって、震災時と比べても家庭環境が大きく変化すると同時に、避難先での生活も一定の見通しを出さざるを得ないのが被災当事者の実態なのだから、「のるか、そるか」的な解決策ではなく、一人ひとりの人生を少しずつ前に進めるために必要な選択が、誰でもない被災当事者によってなされるべきではないだろうか。

復興政策に翻弄され、被災元の状況も摑めないまま、賠償のありかたですら自分の意思とは違う形で決定されひとつの選択が強要されてしまうのでは、あたかも意思の尊重などはじめから存在せず、まるで加害者の思惑に沿って誘導されているかのように感じてしまう。

きっと一人ひとりの人生には様々な選択肢、それぞれの歩むべき道が存在すると思うのだが、今回の原発事故の事後対策には二者択一の選択肢しか存在せず、一人ひとりの進むべき道、つまり「第三の道」についてはなんら政策がなされていない状況が、言うなれば「棄民」という言葉で表現されるのかもしれない。

先に述べているように、私たちの町では震災から六年間は判断しないと明言されたのは、復興の進捗は未だ道半ば、あるいはスタートラインに立ったかさえわからない状態で、今後も避難生活が継続することを指しているが、これまでの四年間で避難生活への影響が顕著に出ている事柄のひとつとしては、風評被害と風化問題が挙げられるのではないだろうか。

一方では「風評被害」として、安全なのに不確実な情報によって経済をはじめとした地域にマイナス影響を及ぼすという議論がなされ、他方では「風化」の問題として、私たちの苦悩が近い日に忘れ去られてしまうのではないかという不安に苛まされている。

実害を訴えれば、福島県は安全性を宣言していると返されるのだが、現実には放射能の影響について消費者などの不信感がぬぐえないからこそ、「風評被害」の払拭を唱え続ける必要性が生じている。

逆に、「風化」対策は現地復興が未だに進まぬ現実を理解してもらうことで、避難の正当性があることを伝える意図をもつ。ということは「風化」対策は根本的に、被害は残っているのだから安全対策は完全ではない、復興が進んでいるとは言えないと主張せざるを得ないことになるだろう。

すなわち「風評被害」対策も、「風化」対策も表裏一体の関係であり、双方ともに現地観察を実施する事業形態をとってはいるものの、両者は真逆のことを主張してしまっているという矛盾を生み出しているに過ぎない。この話は被災当事者の複雑な実態が表れた一例にすぎず、震災当初から言われ続けている分断構造の様相のひとつを示しているのかもしれない。

もちろん別の要件としては、三区分編成による賠償基準の違い、放射能に対する考え方の違いなどが未だに根強く存在していることも付け加えておかなくてはならない。

この四年間でも風評被害や風化といった問題が発生したように、避難生活の継続にともなう弊害はとても大きいと思うのだが、自立を促すためといって不明瞭なままで早々に支援策を打ち切ることがよいこととは到底思えないのだ。この避難環境では被災当事者は二者択一の選択肢を迫られ、その復興政策に乗らなければ結果として支援も打ち切られることとなる。そうなれば、生活再建どころか現在の避難生活すら成り立たなくなってしまうおそれがあるのだ。

生活再建を望まない被災当事者はいないはずだが、震災以前のようには暮らすことはできないと承知しているなかで、現実を踏まえて次の人生を歩むために必要な判断材料を見いだすことが、現行の政策では難しすぎるのではないだろうか。

厳しい現実と先が見えないことによる不安と苛立ち、行き場のない憤りは、意見の違いや立場の違いによって、被災者間で必要性のないいざこざに発展する傾向が見られる。無用な争いが様々な場面で生じてしまっていることは、とても悲しいとしか言いようがない。もちろん、その思いが互いに地域の復興を願うという思いが根底にあることは紛れもない事実であるし、それが「正義」と信じているからより複雑化していると感じる。だからといって、被災者どうしで争う事態は決して解決への道につながるものではないのだ。

これからも続くであろう避難生活のなかでは、今後も解決困難な出来事が頻繁に発生することは容易に想像がつくものの、それに対応するための備えが整う環境をつくることができていない。今、早急に必要なのは、一人ひとりの「第三の道」を自ら選択し歩んで行くための環境整備であるように思う。

いつの日か

私たちが今後の人生の不安を感じ、被害解決の糸口すら見いだすことができない根本的な要因は、原発事故が実際には収束せず、放射能汚染が解消されないことにあるのだが、双方の問題を取り除くことなど本当にできるのだろうか。

東京電力の発表では廃炉作業に四〇年以上かかると言われているが、そもそもメルトダウン、メルトスルーした燃料を取り出し、安全に処理する技術さえ確立されていないと聞き及んでいる。また、除染作業についても、当初は効果が出たものの、地域の生活環境すなわち「五層の生活環境」が戻るところまでは至らないと言われている。

汚染に関しては、確実に放射能の影響が消滅するのは、長い時間をかけた自然減によってでしかないのではないか。物質にもよるが、半減期は約二九年、あるいは廃炉作業に四〇年などと表現するのは簡単だが、被災当事者にとって、それは実際には途方もない時間である。

避難生活の四年ですら様々な生活環境の変化があったことを考えれば、いっそう困難な問題が生じるおそれがあるように思えるし、私たちの人生の時間を鑑みれば、現時点での発表による問題解決の頃には、ほとんどの住民が死んでしまっているだろう。

三〇年という歳月は世代交代の目安とされているそうだが、まさに原発事故は世代を超えるほどの時間を解決に要する大規模事故と言えるのではないか。

それがどうだろうか、現行の取り組みについて「アンダーコントロール」と総理大臣が世界に向けて発言するなど、あたかも原発事故はすでに解決しているかのような発言がなされている。事故現場では今でも日々出続ける汚染水の処理もままならず、貯蔵タンクが無尽蔵に増えていっている。爆発した発電所は、今も多くの人が過酷な労働環境のなかで冷却対策を講じ続けなければがれきの処理すらできないらしい。除染という巨大公共工事でも多くの人材が投入されているが、実態は「移染」すなわち汚染物を移すだけとなり、取り除かれたその汚染物は黒い袋に詰め込まれ、広大な農地などに次々と運び込まれる。豊かに作物を実らせていた田畑が、行き場のない放射性廃棄物で覆い尽くされようとしている。

このような事実と向き合いながら必死に生活再建を模索しているのが、今の避難者の実態なのである。前滋賀県知事の嘉田氏が「卒原発」というキーワードを発した際、なるほどとも思ったが、実際のところ私たちがおかれている状態では「まだ卒業できる段階ではないのではないか」と感じられてならない。原発事故は現に福島の地で起こってしまったのだから、完全な事故処理を果たさない限り「真の卒業」とは言えないのではないか。私たちにとって事故調の発表は、「たられば」のようで事故回避の言い訳を羅列したにすぎず、実際の被害構造の究明に寄与したとは感じられなかった。

四年が過ぎた今では、新たな生活をはじめた被災当事者も少なくない。どうにもならない状態からの逃避をしなければやるせない思いに駆られる事態が、被災者たちに被災元との「断ち切り」を断行させ、住宅を求め、職を定め、新天地に根を張ろうと移住を決めさせる。とはいえ、故郷となった富岡町を今も鮮明に思い返すことができるなかで、その感情を押し殺しながら現在の生活を続けているのだ。

最近は支援策や世論など様々な場面で「未だにやっているの?」という風潮を感じ、圧迫感のようなものを覚えている。私たち被災当事者を取り巻く状況は、現在もなお予断を許さない状態であるのだが、そうした状態のなかで何とも言いようのない「おいてきぼり感」があり、それゆえに「焦り」の感情が強まって、不安感となって押し寄せてくる。

私たちは支援がいずれなくなることも承知しているし、そればかりに頼っていたのではいけないとも思う一方で、原発事故は自分たちの手でどうにかなる代物ではないから、どうしても「なぜこんなことに？」という思いが頭から離れないのだ。

誰しもこんなことが自分の身に降りかかってくるなど、想像もしなかった。なにか対策をとっていればこんなことにはならなかったのではという後悔の念もないとは言えない。自分にとってこんなにも当たり前の暮らしが、富岡町の暮らしが、人生のなかでどれほど重要なことであったのか、地域の海や山や桜並木が美しいものだったのか、人とのつながりによって成り立っていたのかということを、辛いことも多かったとはいえ、つくづくと思い知らされた。私自身も疑問と確認を繰り返しながら、この現状を受け止めることでしか、自分自身の「第三の道」を見いだすことはできないのだろう。

避難生活とそれを支える支援対策、生活再建の模索はこれからも続く。だが私たちは、震災や原発事故が人々の心の中から消えるのを目の当たりにしながら、放射能の影響による健康不安のなかで、心のざわつきを抱えながら埋もれていくしかないのだろうか。

過去に、事象は違えど似たようなことがたくさんあったと聞くが、結局、未だになんら解決しているようには感じられない。とりわけ今回のような、人類史上類を見ないほどに複合的な人的大災害を経験したにもかかわらず、私たちはいつまで同じ過ちを繰り返せばいいのだろうか。

一人の被災当事者として私は思う。現代社会のなかでは誰にも起こりうることだからこそ、その被災当事者になった私は、これからも悩み、学び続けていかなくてはならないし、真実を伝えていきたいと思っている。そしていつの日か被災当事者一人ひとりが真の解決、真の心の復興を迎えるその日を願ってやまないのである。

第六章

福島原発事故の賠償をどう進めるか

除本理史

はじめに

福島原発事故における賠償総額は、東京電力（以下、東電）と国の資料をもとに積み上げると約九兆円に及ぶ。しかし、さらに増大する可能性が高い。東電の損害賠償は被害の全体をカバーしておらず、それをめぐって、訴訟などにより賠償請求をする被害者の動きが拡大している。また東電の賠償には、除染や中間貯蔵施設の費用が含まれるが、それらも膨らむ可能性がある。

本稿では、まず東電の賠償について、二つの角度から問題点を明らかにする。次にそれを踏まえ、賠償の範囲や内容を改善し、被害者救済のための施策に要する追加的費用について考察するとともに、東電と国の責任を踏まえた費用負担のありかたを検討する。

原子力損害賠償の問題点

賠償の範囲と内容に関する問題点

原発事故の賠償は、「原子力損害の賠償に関する法律」にしたがって進められる。同法は、原子力事業者の責任を規定しているが、賠償の対象となる損害の範囲については、とくに定めていない。その点に関する指針は、文部科学省に設置される原子力損害賠償紛争審査会（以下、原賠審）が策定することになっている。

原賠審の指針を受けて、東電は自ら賠償基準を作成し、被害者に賠償を行う。原賠審の指針は本来、裁判等をせずとも賠償されることの明らかな損害を列挙したものであり、賠償の範囲としては最低限の目安である。にもかかわらず、東電はこれを賠償の「天井」であるかのように扱ってきた。世論の批判を受けた譲歩などもあり単純ではないが、全体としてみれば、加害者側が賠償の枠組みを定め、それを被害者に押しつけてきたといえる[1]。

この枠組みのもとで一定の被害者救済が進む一方、問題点も明らかになってきた。その第一は、原賠審の指針と東電の賠償基準に、被害の実情に照らして重大な欠落があることである。

大きな争点になっているのが、原発事故による精神的損害（慰謝料）の評価である。

原発避難者の受けた精神的苦痛には、少なくとも、①放射線被曝による恐怖・不安、②避難（生活）にともなう精神的苦痛、③将来の見通しに関する不安、④「ふるさとを失った」ことによる喪失感、という四つの構成要素がある。しかし、東電が支払っている一人月額一〇万円の慰謝料は、このうち②と③の一部にしか対応していない[2]。

④は、筆者が「ふるさとの喪失」として論じてきた被害の一部（精神的苦痛としての側面）である。国の避難指示が出された地域では、多数の住民が避難し、九つの町村が役場機能を他の自治体に移転した。住民が戻れず離散していけば、地域コミュニティが失われ、住民はそこから得ていた各種の便益を失う。

東京のような大都市では、地域における人間関係が希薄なため理解されにくいが、被害地域における人々の暮らしは、様々な場面でコミュニティと深く関わっていた。たとえば子育ても、各世帯内で完結するのではなく、地域のなかで行われる。コミュニティの諸機能は、それなしで済ませられるようなものではなく、人々の暮らしにとって、きわめて重要な意味をもっていたのである[3]。

なお原賠審は、二〇一三年一二月に第四次追補を出し、帰還困難区域等の避難者に限って、「故郷喪失慰謝料」の支払いを決めた。しかしこれは「ふるさとの喪失」被害を賠償するものではなく、それまでの月一〇万円の慰謝料と基本的に同じ中身であり、将来分を一括払いするにすぎない。

第二の問題点は、賠償に関する区域の「線引き」にある。まず、国による避難指示等の有無によって、住民に対する賠償の中身に、大きな格差が設けられている。国の避難指示等があった区域では、避難費用、精神的苦痛、収入の減少、不動産損害等に対する賠償が、それなりに行われている。他方、国の避難指示等がなかった場合、住民に対する賠償はまったくなされないか、あるいはきわめて不十分である。実際にはもう少し複雑だが、おおむね以上のように理解しても大過ない。

また、国の避難指示が出された地域（避難指示区域。第一原発二〇キロメートル圏と旧計画的避難区域）のなかでも、格差が広がっている。避難指示区域は二〇一二年四月以降、三つの区域（帰還困難区域、居住制限区域、避難指示解除準備区域）に再編されたが、避難指示解除までの期間に応

表1　慰謝料の区域間格差（4人家族の場合の試算、原賠審第4次追補まで）

（単位：万円）

帰還困難区域	5,800
居住制限区域	2,880
避難指示解除準備区域	1,920
特定避難勧奨地点	1,000
緊急時避難準備区域	720
自主的避難等対象区域	168

注：

1．避難指示解除見込み時期は、避難指示解除準備区域で事故後3年（自治体によるが、実際より期間が短いため、本表の賠償額はそれだけ過少になっている）、居住制限区域で5年と想定。

2．特定避難勧奨地点は、伊達市、川内村のケースを想定（相当期間2013年3月末まで）。

3．自主的避難等対象区域の賠償額は、他の区域と同質の慰謝料ではない（対象となる被害が異なる）。4人家族（うち子ども2人）が避難した場合の金額を示した。

出所：第39回原賠審資料「原子力損害賠償の世帯当たり賠償額の試算について」（2013年12月26日）、原賠審の指針、東電のプレスリリースなどをもとに作成。

じ、それらの間で賠償条件に差がある（表1に慰謝料の区域間格差を示した）。
これらの「線引き」による賠償格差は、被害の実態に合っていない。そのため、被害者の間で不満が高まっている。

責任と費用負担に関する問題点

次に、賠償をめぐる責任と費用負担の問題がある。本来、被害を引き起こした関係主体（少なくとも東電と国が含まれる）の責任を明らかにし、それに基づいて費用負担のしくみをつくるべきである。これは戦後日本の公害問題の教訓でもある。しかし現在、それとは正反対のしくみで、賠償原資が調達されている。

第一に、東電の株主と債権者、そして国の責任が曖昧にされている。東電は、原発事故を起こしたことで、実質的に債務超過に陥り、法的整理が避けられないはずであった。にもかかわらず存続しているのは、二〇一一年五月の関係閣僚会合で、東電の債務超過を回避することが確認され、原子力損害賠償支援機構法（以下、支援機構法。二〇一四年の改正で原子力損害賠償・廃炉等支援機構法に改称）がつくられたためである。[4]

これにより、東電の株主と債権者は、法的整理にともなう減資と債権カットを免れた。東電は被害者に賠償を支払っているが、後述のとおり支援機構法に基づき、その全額について資金交付を受けているため、実質的な負担はない。

一方、国は賠償責任を東電だけに負わせ、その背後に退いて追及の矛先をかわしている。国は賠償原資の全額を調達しているが、それは、事故被害に関する国の法的責任に基づくものではない[5]。たしかに支援機構法第二条は「国は、これまで原子力政策を推進してきたことに伴う社会的な責任を負っている」としているが、これは国の法的責任を意味しない。国は「社会的責任」を踏まえて何をするのかと言えば、東電の資金繰りを助けるにすぎない。

東電は形のうえでは賠償責任を負っているが、賠償の原資はすべて国から出ており、その国の責任が曖昧になっている。支援機構法は、東電と国の責任逃れが、コインの表と裏のように一体化したしくみである。

第二に、賠償負担が国民にしわ寄せされている。支援機構法に基づく賠償原資の流れは次のとおりである。国は、東電の支払う賠償の元手を調達し、同法により設立された原子力損害賠償・廃炉等支援機構（以下、支援機構）を通じて東電に交付する（図1の①②）。これにより、事故被害に対する賠償の全額が、支援機構から東電に交付されている。資金交付の額は二〇一五年三月までで四兆七三一三億円にのぼる。

東電が交付を受ける賠償原資は、貸付でないため返済義務がないが、同社を含む原子力事業者の負担金により、いずれ国庫に納付されることが期待されている（図1の③）。そのため、支援機構法は原子力事業者による「相互扶助」だというのが建前である。

ただし、負担金の額は、原子力事業者の財務状況などに配慮して、年度ごとに定められることになっているため、いつまでに全額返納されるかわからない。これまで支援機構に納付された負担金の総額は、四年間で六一八三億円余りであり、東電に交付された額をはるかに下回る。しかも、このうち大部分をしめる一般負担金は、電気料金を通じて国民に負担を転嫁することができる。

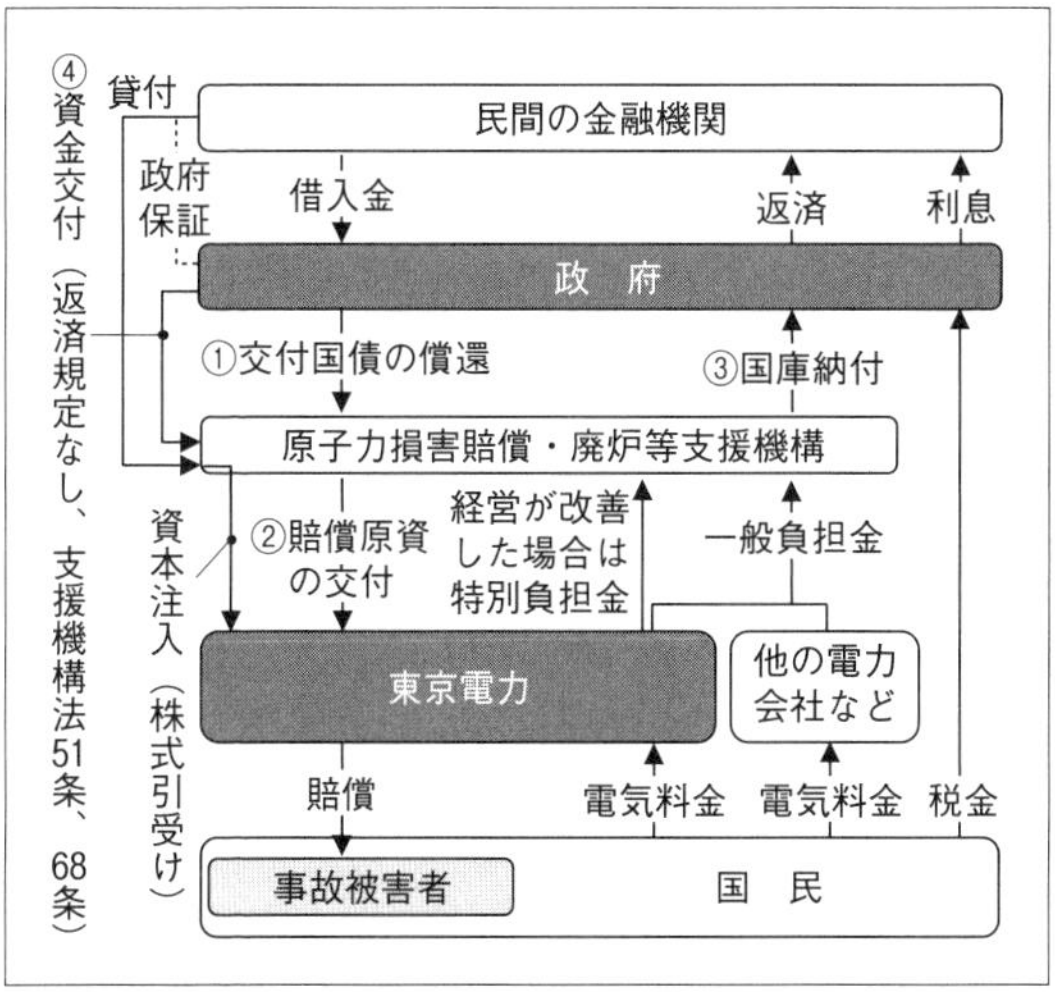

図1　支援機構法による援助のしくみ
＊出所：『朝日新聞』2013年10月17日付の図をもとに加筆。

ここでいう賠償には、除染や中間貯蔵施設の費用も含まれる。国がそれらの費用をいったん支出するが、法律に基づき、東電に求償するものとされているからである。

しかし国は、二〇一三年一二月、中間貯蔵施設などに国費投入を拡大する方針を打ち出した。[6] 支援機構法第六八条に基づき、電源開発促進税を主な財源として、国が中間貯蔵施設の費用相当分（三〇年以内とされる事業期間にわたり一・一兆円）を支援機構に交付するとしたのである（図1の④）。これは原子力事業者の負担金を減らすためであり、事実上の補助金である。

支援機構法ができたのは民主党政権時代だが、当時、国会の政府答弁では、第六八条による資金交付はきわめて例外的な状況に限って行われ、福島事故での発動は想定していないという趣旨の説明がなされていた。[7] 国の上記方針は、かつての政府答弁をくつがえすものである。

国費投入にせよ、電気料金を通じた回収にせよ、国民からみれば大して変わりはないが、原子力事業者による「相互扶助」を中心とし、国費投入はなるべく避けるというのが支援機構法の建前であった。しかし、第六八条に基づく資金交付によって、その建前が崩れ、賠償負担を国民にしわ寄せする支援機構法の本質がいっそう明確になっている。[8]

被害実態に即した賠償と救済策に向けて

原子力損害賠償に関する以上の問題点をどう改善すべきか。まず喫緊の課題として、賠償の範囲と内容について述べる。

賠償の欠落を埋める――「ふるさとの喪失」被害を中心に

第一は、原賠審の指針、東電の賠償基準における重大な欠落をどう埋めるかである。避難指示区域の避難者を念頭に、「ふるさとの喪失」被害の賠償について考えよう。

たとえ全住民が避難しても、それが一過性のもので、汚染の影響が残らなければ、地域レベルの被害は比較的容易に回復可能であろう。しかし、事故発生から四年が経ち、コミュニティを元どおりに回復するのは困難になりつつある。コミュニティ維持・形成の中心的な施策である福島県内での災害公営住宅の整備は遅れており、避難先が全国に広がっている現状では、その効果にも限界がある。「ふるさとの喪失」を賠償の俎上に載せることは、被害の内実に対する認識を深め、コミュニティ回復の政策を充実させていく力になるだろう。[9]

現在、事故被害者（避難者だけでなく、早期帰還者や避難しなかった人を含む）による集団訴訟が全国に広がっており、北海道から福岡まで二〇件以上が提起されている。そのうち複数の避難者訴訟で、避難費用や不動産などの賠償とは別に、「ふるさとの喪失」について、一人あたり二千万円の慰謝料が請求されている。[10]

この請求が司法によって認められ、さらに避難指示区域の住民（約八万八千人）に賠償が広がると仮定すれば、総額はおよそ一兆七六〇〇億円になる。これは、現在見積もられている賠償総額を大きく押し上げる。

東電は、二〇一四年七月時点で、損害賠償額を五兆四二一四億円と見積もっている（表2）。これは東電の賠償基準によるから、「ふるさとの喪失」などは考慮されていない。このほか、除染と中間貯蔵施設の費用も東電が賠償することになっており、環境省の試算によれば、その額

表２　損害賠償、除染費用の見積もり

（単位：億円）

損害賠償	54,214
除染費用	24,800
中間貯蔵施設	10,600
合計	89,614

注：損害賠償と除染費用との間に、若干の重複がある（国からの求償を受けた東電の支払い分）。
出所：原子力損害賠償支援機構・東京電力株式会社「新・総合特別事業計画」（2014年7月30日変更認定申請）、環境省「除染・汚染廃棄物処理・中間貯蔵施設に係る費用の見通しについて」より作成。

は三兆五四〇〇億円にのぼる。

　これらを合計すると九兆円弱となり、国が用意している資金援助枠（支援機構を通じた交付の上限、九兆円）にすでに近づいている。ここに一兆七六〇〇億円の賠償が上乗せされれば、賠償の総額は、現在の資金援助枠をはるかに超えてしまう。さらに被曝に対する慰謝料などが加わるとすれば、なおさらである[11]。

　しかし、国の資金援助枠によって、被害者の権利回復に制約が課されるべきではない。東電の破綻処理や新税の創設などを通じて、適切な費用負担のしくみを整えるべきである。この点については後述する。

「区域外」の被害者救済——被曝慰謝料と医療・健康対策

　第二に、避難指示区域の外側（「区域外」と呼ばれる）では、前述のように賠償がほとんどない。したがって、賠償の欠落を埋めるというよりは、むしろ一からつくりあげていかなくてはならない。

「区域外」の人々を中心とする大規模な集団訴訟として、「「生業を返せ、地域を返せ！」福島原発訴訟」（生業《なりわい》訴訟）がある。原告は東電と国に対して、事故前の放射能汚染のない状態（空間線量率が毎時〇・〇四マイクロシーベルト以下）に戻すこと、それが達成されるまで月額五万円の慰謝料を支払うこと、を求めている。この慰謝料は、放射線被爆による健康影響への不安・懸念と、それによる「平穏生活権」侵害を根拠としている。[12]

原告は、事故発生時に福島県および隣接四県（宮城、山形、栃木、茨城）に住んでいた約四千人（第一～四次提訴の合計）である。したがって、慰謝料の請求額は年間二四億円になるが、同訴訟の目標は「全体救済」であり、原告のみの救済をめざすものではない。そこで仮に、五県の全住民が同額を請求したとすれば、福島県だけで年間一兆二二一七億円、隣接四県を合わせると年間六兆二九五八億円となる。

しかし、原告団・弁護団が求めている最終的な解決のありかたは、こうした賠償ではない。もちろん適切な賠償は必要だが、むしろ判決で国の責任を認めさせ、それをてことして、被害者救済のための様々な施策を国に行わせる点に主眼がある。[13]

原告団が求める政策要求の柱は、脱原発、放射能汚染対策（除染を含む）、賠償、医療・健康、生活再建、教育・啓発、施策の履行確保と住民参加など、多岐にわたる。これらは全体として、平穏な日常生活を取り戻すための条件づくりをめざすものだといえる。

生業訴訟で請求されている慰謝料は、上記の諸施策により回避できる被害額、すなわち施策実施の便益である。したがって、これだけの財政規模の救済策が必要だ、という国に対する被害者側の意思表示とも解釈できる。

そこで、救済策の具体的な中身と費用が問題となる。本件被害は放射線被爆が原因だから、まず除染が重要である。産業総合研究所の研究グループは、福島県における除染費用（中間貯蔵施設を含む）を試算している。それによれば、追加被曝が年一ミリシーベルト以上の地域を面的に除染すると、一・四二〜三・一〇兆円を要する。[14]しかし、追加被曝をゼロにすることはできず、[15]原告の主張する「平穏生活権」侵害は継続する。

したがって、医療・健康対策などを並行して実施する必要がある（このほか、避難者の場合は避難先での住居の確保、避難していない場合は子どもの転地保養への関心も高い）。施策提案の例として、子ども・被災者支援議員連盟が発表した甲状腺がんの医療費助成制度がある。課題を絞り込んだことで、初年度の費用は約一千万円と試算されている。[16]これが少なくとも必要な措置であることは間違いない。しかし対象を非常に限定しているため、年齢を限定しない無料の健診など、より包括的な対策をとれば、当然ながら所要の費用は大幅に増加する。

東電と国の責任を明確にし、賠償負担のしくみを改める

以上のように、賠償の改善やその他の被害者救済策を実施すれば、表2に示した約九兆円とどまらず、さらに数兆円の追加的費用がかかる可能性がある。しかし、支援機構法によって、国民への負担のしわ寄せを拡大するのは問題である。

したがって第一に、東電の破綻処理を行い、株主と債権者に負担を求めるべきである。すなわち、減資と債権カットによって資産をはき出させ、国民負担の軽減を図る。[17] ただし、東電の破綻処理は、電力システム改革との兼ねあいがあるので、一定の時間をかけて具体的な方法を検討する必要がある。

手はじめは、支援機構法を含む東電の破綻回避措置を取り除くことである。賠償、除染以外にも、廃炉費用などを電気料金に転嫁するしくみがつくられている。[18] これらを廃止し、保護措置をなくしていくことが求められる。

東電の破綻処理によって賠償原資をどれほど確保できるかは、その具体的な方法（資産の売却額、債権カット率など）に依存する。現時点で確実な見通しを得るのは困難だが、二〇一三年度末の東電の純資産は、単独ベースで一兆二三〇〇億円、長期借入金（債権カットの対象と考える）が二兆八四六九億円である。あわせても九兆円には到底満たない。また賠償以外に、中長

期的な事故収束・廃炉の費用もある。したがって、国の財政負担が必要になる可能性が高い。

そこで第二に、賠償その他の被害者救済、生活再建支援、地域再生の財源確保を目的とする新税を創設し、電気料金に上乗せすることが考えられる。[19]だがこれでは、電気料金に算入される一般負担金、あるいは電源開発促進税による前述の資金交付と同じではないか、という疑問がありえよう。

しかし本稿の提案は、次の二点でそれとは決定的に異なる。ひとつは、東電の破綻処理を前提とし、国民負担軽減を図るという点である。もうひとつは、福島事故に対する国の責任を踏まえ、これまで原子力発電を推進してきた国家機構と税財政の抜本的な改革を、中長期的に展望することである。[20]とくに原発推進の税財政システムの中心は、電源開発促進税、電源三法交付金であり、それらを廃止する必要があろう。

抜本的な改革を実現するには、従来のエネルギー政策に関する国民的な議論を通じた全面的な総括と反省を必要とする。福島事故後、脱原発を求める世論の高まりを受けて、転換がはじまるかにみえた。二〇一二年末の政権交代後、その流れは止められているが、依然として脱原発が世論の多数派をしめると考えられる。[21]民意と政策が乖離しているのであり、時間をかけてそのズレを埋めていく作業が求められる。

[注]

1 除本理史『原発賠償を問う――曖昧な責任、翻弄される避難者』(岩波書店、二〇一三年)一一～一八頁。

2 以下、「故郷喪失慰謝料」の評価を含め、除本理史「原発避難者の精神的苦痛は償われているか」(『法律時報』第八六巻第六号、二〇一四年)参照。

3 山下祐介・市村高志・佐藤彰彦『人間なき復興――原発避難と国民の「不理解」をめぐって』(明石書店、二〇一三年)一四五～一六〇頁。また「ふるさとの喪失」の概念などについて、除本理史「「ふるさとの喪失」被害とその救済」(『法律時報』第八六巻第二号、二〇一四年)参照。

4 大島堅一・除本理史『原発事故の被害と補償――フクシマと「人間の復興」』(大月書店、二〇一二年)一二七頁。

5 高橋康文『解説　原子力損害賠償支援機構法――原子力損害賠償制度と政府の援助の枠組み』(商事法務、二〇一二年)四二頁。

6 原子力災害対策本部「原子力災害からの福島復興加速に向けて」(二〇一三年一二月二〇日)一三頁。

7 枝野幸男経済産業大臣、衆議院東日本大震災復興特別委員会、二〇一一年一〇月二四日。

8 すでに二〇一四年度予算で、エネルギー対策特別会計電源開発促進勘定に交付金三五〇億円が計上されている。宇波弘貴「経済産業、環境、司法・警察予算について」(『ファイナンス』第五八一号、二〇一四年)一〇頁。

9 政府の施策において「コミュニティ」の意味が矮小化されていることについては、山下ほか、前掲書、一五八～一五九頁。福島県・復興庁などが開催した「コミュニティ研究会」の報告書でも、原発避難者にとってコミュニティがそもそもどういう意味をもっていたのか、十分掘り下げられていない。コミュニティ研究会「魅力あるコミュニティづくりのヒント――東京電力福島第一原子力発電所事故による長期避難者等の生活拠点形成に向けて」(二〇一四年三月)。

10 米倉勉「原発事故賠償をめぐる訴訟の概要」淡路剛久・吉村良一・除本理史編『福島原発事故賠償の

研究』（日本評論社、二〇一五年、近刊）第七章。

11 二千万円という請求額は、第一に、訴訟での交通事故賠償の基準で死亡慰謝料の最低が二千万円であること、第二に、強制隔離された元ハンセン病患者一二七人が起こした訴訟で、熊本地裁が二〇〇一年五月、八〇〇～一四〇〇万円の賠償を認め確定したこと、が参考にされている。「「喪失慰謝料」求めた」（「プロメテウスの罠」第五五シリーズ「ふるさと訴訟」七、『朝日新聞』二〇一四年一〇月一五日朝刊）。

12 たとえば、浪江町の住民の約七割が参加した原子力損害賠償紛争解決センターへの集団申し立てでは、避難生活の長期化による精神的苦痛の増大を理由に、一律月額五万円の慰謝料増額を求める和解案が出されている（二〇一四年三月二〇日）。申し立ての参加者は約一万五千人、増額の期間は事故発生後二年間、総額は一八六億円余りである。仮にこれが他の避難者にも認められ、さらに期間も延長されるとすれば、兆単位にのぼるであろう。

13 『生業を返せ、地域を返せ！』福島原発訴訟原告団・弁護団編『あなたの福島原発訴訟——みんなして「生業を返せ、地域を返せ！」』（かもがわ出版、二〇一四年）八七頁。

14 『生業を返せ、地域を返せ！』福島原発訴訟原告団・弁護団編、同上書、一二三頁、一六六～一六七頁。福島県の汚染状況重点調査地域における除染費用（年額ではなく総額）。保高徹生・内藤航「福島県内の除染実施区域における除染の費用に関する解析」（二〇一三年七月二三日公表、八月七日補足説明追記）六頁。なお、試算方法が異なるので額が一致しないが、当該費用は表2の「除染費用」および「中間貯蔵施設」に含まれている。

15 なお、除染（国直轄を含む）と中間貯蔵施設について、国は累計で二兆円余りを予算計上している（二〇一四年度当初予算まで）。宇波、前掲論文、一七頁。

16 福島市大波地区の面的除染では、高さ一メートルの空間線量率の低減効果は三四％であった。福島県生活環境部除染対策課「福島県面的除染モデル事業　概要版」（二〇一二年二月）五頁。

子ども・被災者支援議員連盟「原発事故被災者に対する医療費の支給の仕組みについて（内容イメー

ジ）〔試案・たたき台〕」（二〇一四年五月九日）。対象地域は、福島県と県外の除染対象地域（汚染状況重点調査地域）であり、対象者は、事故時に対象地域に住所を有していたか、事故後の一定期間、対象地域に滞在したことのある一八歳未満の子どもおよび胎児である。受診時の年齢は問わない。費用の試算式は、（対象者数一二二万人）×（年間発症率〇・〇一％）×（甲状腺がん手術費自己負担分八万一〇〇円）。

17 東電の破綻処理に対しては、電力供給や金融面での不安が指摘される。これらの点については両論あるが、筆者の専門外であるため、他の文献に譲りたい。古賀茂明「電力システム改革と東京電力の破綻処理と倫理の問題」（『科学』第八三巻第一〇号、二〇一三年）、など。

18 大島堅一・除本理史「福島原発事故のコストを誰が負担するのか――再稼働の動きのもとで進行する責任の曖昧化と東電救済」（『環境と公害』第四四巻第一号、二〇一四年）。電力システム改革を見越したさらなる保護措置については、同「電力システム改革と原子力事業救済策――事業環境整備論に関する検討」（『経営研究』第六五巻第三号、二〇一四年）、小熊英二「本当のコスト――何のための原発保護か」（『朝日新聞』二〇一四年一二月九日夕刊）。

19 原子力市民委員会『原発ゼロ社会への道――市民がつくる脱原子力政策大綱』二〇一四年、一九四頁。なおここで述べたことは、東電を破綻処理しても賠償原資が不足するので仕方なく国に不足分の負担を求める、という意味ではない。国にも事故発生の責任があるから、本来、東電と国の間で各々の責任に応じた負担割合が考えられるべきであろう。ただし、両者の責任は性質が異なるので、単純ではない。「国策民営」による原子力開発の歴史を踏まえ、両者で折半するというのは一案である。原子力市民委員会、同上報告書、一九九頁。

20 改革案の例として、原子力市民委員会、同上報告書、一八二頁。

21 たとえば、エネルギー基本計画の原案に対するパブリックコメントで、脱原発を求める意見が九割を超えていたことが明らかになった（『朝日新聞』二〇一四年一一月一二日朝刊）。

第七章
再生可能エネルギーの意志ある波のゆくえ
――エネルギー政策の経路依存と構造転換

茅野恒秀

はじめに

東日本大震災・福島原発事故から四年が経った今なお、エネルギー政策は混沌としている。揺籃期と言えば聞こえはよいが、大転換に向けて動き出したかと思えば、揺り戻しが起こるなど、その揺りかごの揺れ方は様々な方向へ、せわしなく、いささか激しすぎるようにも見える。この揺れ幅では赤ん坊はいつ泣き出すやもしれぬ、と心配になるのは、私が小さな子をもつ父親だからだろうか。

エネルギー政策の大局的方向性は、たとえば環境エネルギー政策研究所（ＩＳＥＰ）が二〇一一年四月に示した、①省エネルギー、②再生可能エネルギーの増大、③脱原発、④化石燃料の削減の四つの取り組みからなる「戦略的なエネルギーシフト」に代表される考え方に、そのタイムスケジュールは様々にとりうるとしても、総論的には多くの人々が賛同するところだろう。自民党・安倍政権への交代後、原発再稼働の流れが鮮明になっているが、世論の大勢は、再稼働への懐疑・脱原発の意向が占めていることに大きな変化はない。

二〇一二年七月には、再生可能エネルギーを普及・拡大させるための特別措置法を根拠とする固定価格買取制度（ＦＩＴ）が発足し、全国各地で再生可能エネルギー開発の熱が一気に高まった。ところが、その熱は二〇一四年秋、九州電力や東北電力などが再生可能エネルギーによって発電された電力の自社送電網への新規接続を「保留」することによって、一気に冷めたように見える。

再生可能エネルギーの爆発的増大は絵に描いた餅だったのか、やはり日本では難しいのか、いや、送電網の運用を改善すれば事態は打開されるのではないか、そうではなくて政権・政府や電力会社の姿勢の問題だなど、原因を示すことはたやすいかもしれない。しかし、ことはそう単純に決めつけられないほど複雑だ。事態を細かく把握すればするほど、多くの考えるべき点が現れてくる。エネルギー技術の選択は、日本社会の中長期的なありかたを指し示すひとつの基盤的選択であるがゆえである。本稿では、再生可能エネルギー事業の立地が加速してきた東北各地の実例に立脚して、日本社会の経路依存状況と、構造転換の芽を照らし出してみたい。

再生可能エネルギー固定価格買取制度による市場環境の変化

電気設備工事などを手がけるA社（本社：東京）は、B町C地区で大規模太陽光発電所（メガソーラー）を建設する。A社とB町は、近く、立地基本協定を締結する。メガソーラーの出力は二千キロワット、年間発電量は一般家庭約六〇〇世帯分に相当する約二一〇万キロワット時を想定する。事業費は七億円で、年間七千万円の売り上げを見込む。国の補助金交付が決定し、二〇一五年中に稼働する予定。発電された電気は固定価格買取制度に基づき東北電力に売電し、事業期間は二〇年を予定する。A社のD社長は「再生可能エネルギー資源が豊富なB町で、エネルギーの地産地消に取り組みたい」と話す。B町は「クリーンエネルギーによるまちづくりの方針に合致し、雇用の創出など地域活性化につながる」と期待を寄せている。

――これは、架空の新聞記事である。

東日本大震災後、全国の地方紙で、このような記事を頻繁に見かけるようになった。私が講読している『岩手日報』『東奥日報』では、平均して月に三～四本ほどだろうか。最近は「県内最大級」「東北で最大規模」など、設備の大きさを競うかのような記事も目立つ。

後に続く話の見通しをよくするために、この（架空の）新聞記事に二つ、解説を加えておこう。
第一に、再生可能エネルギーの事業採算性である。記事では、事業費（建設費）七億円に対して、年間の売り上げが七千万円とされている。単純に考えれば一〇年で元がとれることになる。当然、メンテナンス費用などがかかるが、二〇年間でおおむね五％程度の利回りが見込めるとされる。建設コストを抑えれば、さらに収益性は向上する。不動産業を営み、メガソーラー事業に乗りだしたE氏は私に「家賃収入が二〇年間固定で入るという、願ってもない話ですよ。土地にビルを建てて賃貸料収入を見込むより安定します。こんなにいいビジネスはありません」と話す[1]。この「願ってもない話」は、二〇一二年七月に発足した固定価格買取制度によって可能となった。発電された電気は二〇年間、電気事業者が決まった価格で買う。買取の資金は、電気料金に上乗せされる形（いわゆる賦課金）で利用者が負担している。

第二に、A社のように、事業者が地域外から進出してくることが少なくない。規模が大きければ大きいほど、その比率は高い。再生可能エネルギーが豊富に賦存する東北地方では、以前から「風力植民地」[2]と形容されるように、東京を中心とする大都市圏の資本による開発が主流であった。地域の外に拠点をおく企業が事業主体となることは、売電による売り上げや収益が、発電が行われる地域から外へ流出することを意味する。一方、先に触れたとおり、再生可能エネルギーの事業採算性を確保するための賦課金は電力利用者が広く負担しているものであるから、売電による売り上げや収益が地域外へ流出することは、域内の電力利用者が負担する賦課金が域外へ流出することと同義でもある。

なお、震災後に設けられた国の復興関連予算による補助金（再生可能エネルギー発電設備等導入促進支援対策事業補助金）は、事業者の本社所在地にかかわらず、「特定被災区域」での事業に対して、設備投資の一〇％が補助される。この補助金が、投資回収を早めることを可能にしただけでなく、早期に着手できる運転資金を多くもった企業が被災県に進出することを加速させた。企業の進出は悪いことではない。しかし、再生可能エネルギー事業は、燃料の調達に人手がいる木質バイオマスなどを除いて、大きな雇用に直結するものではないため、売電による売り上げや収益が、地域にとどまるか、流出するかは重要な岐路である。

いささか複雑だが、問題を読み解くために欠かせないしくみを説明した。次節では、私が全県的な動向把握を進めてきた岩手県の例を中心に、再生可能エネルギーの急激な拡大の内実を紹介しよう。

再生可能エネルギー急拡大の内実——岩手県内の動向から

岩手県内では数多くの再生可能エネルギー事業が計画され、一部は発電・売電を開始している。二〇一四年一一月の資源エネルギー庁の発表によれば、同年八月末時点での、岩手県における新規の再生可能エネルギー発電設備の認定状況は、出力一〇キロワット以上の太陽光が六〇四七件・一二三万一四九三キロワット、このうち一千キロワット以上のいわゆる「メガソーラー」が一八三件・計九三万九六二六キロワット（実際に発電を開始している設備は二〇件・三万九七〇二キロワット）にのぼる。他の電源は、風力が一件（三万キロワット）、中小水力が四件（一六一八五キロワット）、バイオマスが四件（二万二六一〇キロワット）、地熱はゼロである。[3]

県外資本のメガソーラーが全体の八割

二〇一二年三月に電源種ごとの買取価格が決定してから、太陽光発電はとくに増加した。出力一〇キロワット以上の太陽光は、一律四〇円／キロワット時（税抜き）で二〇年間買い取られることとなったため、短期間で投資回収の見込みが立つと判断されたのである。[4]

すでに建設・稼働を開始している事業をいくつか紹介しよう。

金ケ崎町内で宿泊施設「みどりの郷」を経営するジュリアン（岩手県奥州市）は、同施設の敷地内に一五〇〇キロワットのメガソーラーを建設し、二〇一三年三月から発電を開始した。事業費は五・二億円で日本政策金融公庫と地元地銀から融資を受けた。地元地銀からの融資は、岩手県が新たに設けた再生可能エネルギー立地促進のための融資制度を活用した。

被災した大船渡市では、五葉山の中腹にある牧野に二万キロワットのメガソーラーが二〇一三年六月から建設されている。事業主体は前田建設工業（東京）を代表社員とし、地元企業も出資する合同会社で、事業費六六億円は、都銀・地銀五社が協調融資を行った。

雫石町では、エトリオン（スイス）と日立ハイテクノロジーズ（東京）が合同会社を設立して、二〇一四年一〇月から二万五千キロワットのメガソーラーを建設している。

このように岩手県内でメガソーラーを行う事業者は県内・県外・外資系企業までじつに多様であり、その全体像や詳細は明らかになっていない。そこで私は、県内各地で調査を行うとともに、岩手県内の新聞各紙、事業者のホームページやプレスリリースを収集し、四六件の事業の概要に関する情報をまとめた。[5]

事業者や規模など詳細が把握できた四六件のメガソーラーの出力合計は二三万五八九八キロワット、二〇一四年一一月末時点で稼働しているものは二五件・四万六三四七キロワットであった。上述した資源エネルギー庁の発表（二〇一四年八月末時点）における稼働済みメガソーラーが二〇件であることから、すでに稼働している施設については、おおむね網羅的に把握できていると考える。

詳しく見ていこう。まず、県外企業（国外を含む）による事業は二七件・一五二二八六キロワットであるのに対して、県内企業による事業は一二件・一万九七二三キロワットにとどまる。県内外の企業が合同で設立した特別目的会社（ＳＰＣ）による事業も二件・三万二〇〇キロワットあるが、ともに地元企業の出資比率はきわめて少ないとされる。このほか、自治体が所有する土地に事業者を公募した公共関与的性質の強い事業が五件・三万三六八九キロワットある

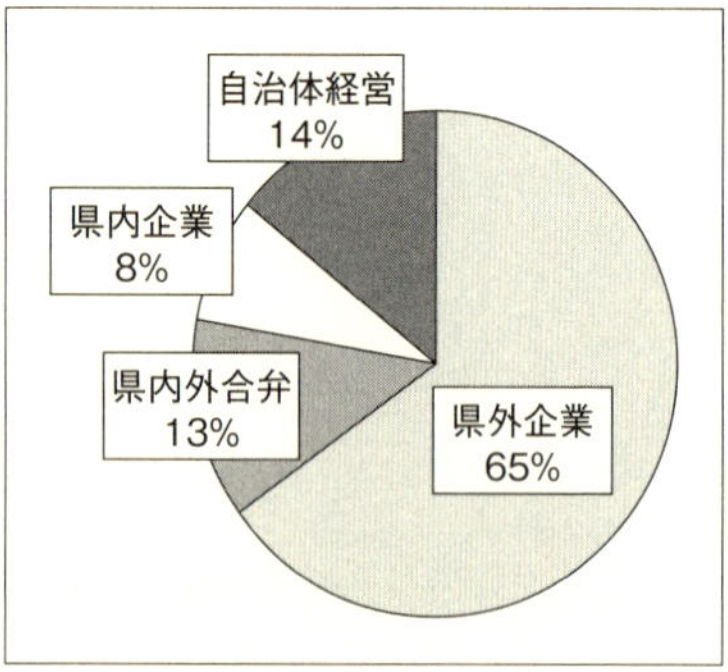

図１　岩手県内のメガソーラーの事業者所在地別内訳（出力ベース）

が、選定された事業者は県外に本社を置く企業か、県外企業が主導した共同事業体（ＪＶ）に地元企業が参加するケースである。

　買取価格は一キロワット時あたりで設定されているため、事業の件数ではなく出力ベースで集計すると、**図１**のような比率となる。県内企業あるいは自治体が経営に関与するメガソーラーは、全体の二二％にすぎない。つまり、岩手県内に降りそそいだ太陽光を資源に発電した施設でありながら、その利益は、八割近くが県外へ流出する可能性がきわめて高い。

一件あたりの事業規模の比較においても、県外企業による事業規模の平均は五六四〇キロワットであるのに対して、県内企業による事業のそれは一六四四キロワットであり、差は歴然としている。

　こうした現状は、各地でどのような問題を顕在化させているのか。

県南部に位置する金ケ崎町の例を挙げよう。町の農業用水路などを管理運営する岩手中部土地改良区では、仙台藩の時代から灌漑用水源として整備してきた「千貫石《せんがんいし》ため池」を活用して、二〇〇九年に小水力発電可能性調査を実施した。採算がとれることがわかり、二〇一二年、概略設計に着手、出力一三八キロワットの発電設備を導入し、収益を施設の維持管理費に充て、組合員である地元農家の負担金を軽減する事業計画を立てた。ところが二〇一三年に入り、東北電力に送電網に接続するための事前相談を行うと、「可能」の回答とともに「じつは変電所の空き容量がもうすぐなくなる」と説明を受けた。その後、近隣でメガソーラーが二つ、送電網に新たに参入したため、小水力発電の計画は頓挫したままである。次に接続可能な変電所までは一六キロメートル離れており、その間の送電線を自前で整備するには億単位の追加的投資が必要なことが判明した。小水力発電は河川管理者と水利権の協議が必要であるなど、太陽光発電に比べて計画から完工までに時間がかかる。同土地改良区の事業課長は「(太陽光発電と)同じ土俵で戦っても負けてしまう。せっかく目の前に自然エネルギーが眠っているのに歯がゆい思いだ[6]」と話す。

メガソーラーと小水力の優劣を判断するつもりはない。どちらも重要なエネルギー源だ。しかし、特性が異なり、必要な手続きや事業化の所要時間も異なる電源種の受け入れを、一律に先着順にすれば、てっとり早く着手できる太陽光発電が有利になってしまうのは明白であった。この制度運用上の問題は解決されぬまま、東北電力は二〇一四年一〇月、家庭用を除く太陽光と水力、地熱、バイオマスの、出力五〇キロワット以上の施設の新規接続申し込みへの回答を、管内全域で中断すると保留した。その後、二〇一五年一月に改正された省令(後述)にもとづいて、接続申し込みへの回答を再開している。

木質バイオマスの供給問題

総務省が二〇一一年三月にまとめた再生可能エネルギーの賦存量に関するデータでは、岩手県は太陽光発電と林地残材の資源量がそれぞれ全国第二位と評価されている。

このため、震災以前から、木質バイオマスへの注目が集まってきた。たとえば釜石地方森林組合は、市内に立地する新日鐵住金釜石製鐵所が経営する石炭火力発電所に、木質バイオマスを混焼させるための実証試験を重ね、二〇一〇年から混焼率二%、年間五千トンの林地残材を供給している。二〇一一年三月の震災発生後、同発電所は停止を余儀なくされたが、同年七月より再開し、引き続き林地残材が供給されている。

私たちが二〇一三年一一月に釜石地方森林組合に行った聞きとり調査では、森林所有者の反応は好評で、自身の山がきれいになるメリットを実感しているという。また同組合が試算したところ、年間一万トンまでは林地残材の供給が可能ということだった。しかし、組合の担当者は「岩手県内で多くの木質バイオマス発電計画がありますけれども、発電だけで拡大していこうというのは、無理だと思います」と率直な見解を述べていた。

その理由はこうだ。現在の買取価格では、出力五千キロワット以上の発電所を建設しなければ、採算がとれない。しかし五千キロワットの炉を満たすためには、運搬が現実的に可能な周囲数十キロメートルの山々の森林を、すべて伐採していかなければならない。この量をまかなうために、森林組合が各所の森林の皆伐を計画しても、所有者の支持は到底得られないというのが、彼の懸念だった。

農林中金総合研究所の試算によれば、五千キロワットの木質バイオマス発電所が稼働すると、毎年約六万五千立米の木材需要が発生するとされる。[7] 岩手県内の木材需給状況の調査では、近年の木材（素材）生産量は、約一三〇万立米であり、五千キロワットの木質バイオマス発電所一基程度では、市場に与える影響はさほど大きくない。しかし、各地で木質バイオマス発電所の計画が続々と出てきている現状があり、岩手県も例外ではない。

農林中金総合研究所は二〇一二年七月以降、計画が発表された全国の木質バイオマス発電所の情報をとりまとめ、全国で七二の事業計画が存在することを明らかにした。うち計画出力が公表されているものを利用して試算したところ、未利用材または一般材の需要量は、五〇〇万立米近くにまで積み上がる。[8] これに対して、二〇一一年時点での国産材の素材生産量は一一八二万立米であり、需要量の巨大さがわかる。そんな量の森林資源を、二〇年間にわたって供給できるのだろうか、という懸念を抱く。

じじつ、私が県内の森林組合関係者と顔をあわせると、昨今は必ずといっていいほど木質バイオマス発電関連の木材の引き合いの話になる。県内では釜石市での石炭火力発電所への混焼に加え、すでに公表されているものだけでも、宮古市で五八〇〇キロワットの木質バイオマス発電所が二〇一四年三月から稼働を開始、一戸市では六二五〇キロワットの発電所が資源エネルギー庁の設備認定をすでに受け、二〇一六年四月の稼働をめざしている。

このほか、花巻市（六二五〇キロワット）と野田村（一万四千キロワット、ただしパーム椰子殻などとの混焼）で木質バイオマス発電の計画が公表されている。メガソーラーと同じように、四つの事業のうち、三つは県外の事業者が進出したものである。しかも、これらの発電所の多くは、木材を燃焼する際に発生する熱を活用しない。資源エネルギー庁が毎年まとめている「エネルギー白書」では、家庭部門におけるエネルギーの利用は、五割以上が暖房や給湯などの熱利用であることが知られており、これらの多くは、化石燃料に依存していると考えられるにもかかわらず、である。

先に紹介した釜石地方森林組合の担当者の話を続けよう。彼は「未利用木材はいくらでもある——というのはあくまで需要側の見方であって、森林組合からすれば、資源にしたくともコストの関係でどうしても利用できない材のことなのです」という。裏を返せば、資源利用できる部分は、余すところなく利用するのが、過去から現在まで連綿と続く林業経営の基本であり、それに応じた供給のネットワーク（サプライチェーン）を、彼らは長年の事業のなかで合理的に構築しているのである。木質バイオマス発電所の急激な増加によって、林地残材などそれまで資源利用できなかった木材がカネになるのは歓迎すべきことであるが、一方でそれによって、これまで構築してきた供給のネットワークが分断されるリスクが、もっとも懸念される。

中央と地方の関係が温存された再生可能エネルギー・ブーム

見てきたような事態は、岩手県だけで起こっていることではない。

日本政策投資銀行が実施している「地域別設備投資計画調査」では、資本金一億円以上の民間法人企業を対象にした東北地域内への設備投資で、再生可能エネルギー関連投資が急増していることが明らかになっている。[9] 二〇一三年の調査では、電力業の二〇一二年度投資実績が三〇二億円だったのに対して、二〇一三年度の投資計画は五七二億円で、前年比八九・六％増となり、業種別で前年比伸び率がもっとも高い値を示した。[10] とくに青森県、秋田県では電力業による投資の伸びが際立っている。両県では、風力発電事業者の進出が目立つ。

同様に、信用調査会社の東京商工リサーチが行っている「新設法人調査」[11] では、震災後、エネルギー業種が急増している。その前年比伸び率は二〇一二年で九〇七・三％増、二〇一三年では一一八・一％増で、九倍に伸びた二〇一二年の増減率を都道府県別に見ると、福島県・青森県・宮城県・岩手県と上位四県を被災県が占める。同社は、再生可能エネルギーによる発電を目的とした法人がこれらの伸びを主導していると分析する。[12]

二社の分析を踏まえれば、東日本大震災をきっかけに、再生可能エネルギー関連の投資および法人設立が東北地方全体で活発化していることが明らかである一方、その内実は、前節でみた岩手県内のミクロな動向の分析結果と符合するように、中央（大都市圏）と地方の垂直的な関係が温存されたまま、各地で、大企業が資本を投下し、再生可能エネルギー資源や適地の争奪が起こっていることをうかがわせる。

この構図は、過去の地域開発を彷彿とさせる。その負の側面の代表格ともいうべき、青森県六ヶ所村・むつ小川原開発用地の核燃料サイクル施設から五～一〇キロメートルの土地には、国内最大手の再生可能エネルギー事業者による、一一万五千キロワットという超巨大太陽光発電（一一五メガワットであり、その巨大さは国内で際立つ）が建設中で、六ヶ所村の世帯数の八倍、約三万八千世帯の電力使用量相当分を発電する能力をもつ。すでに六ヶ所村をはじめとする下北半島には、約一八〇基の風力発電が立地している。むつ小川原開発に関与する政府系金融機関に勤めるF氏は、私に「これまで描いてきたエネルギー関連事業の拠点としての性格がようやく確立してきた」と満足げに語った。

ほかにも東北各地を見渡せば、リゾートブームに乗って開発され、経営が行き詰まった施設の跡地などに事業者が進出する例などが見られる。なかには、経営中のゴルフ場を廃業して土地をメガソーラーに供するケースもある。経営難に陥っていたが、つぶすにつぶせなかったところ、渡りに舟だったというところか。これらは、かつての地域開発の負の遺産を、二〇年間（買取期間）は覆い隠すことができるが、その後の跡地や設備はどうなるのだろうか。

こうした状況に自治体は追従しているだけなのか。これも単純に断定できない。自治体を擁護するわけではないが、わずか数年間で激変した市場環境や政策動向に振りまわされつつ、自治体としてできること・すべきことを模索しながら取り組んでいる。ただし、多くの自治体に共通していえるのは、確たる戦術や勝算があるわけではないということだ。

岩手県北部、青森県境に位置する洋野町は、（建設中を含む）メガソーラーが県内でもっとも集積している自治体だ。すでに稼働しているものが三ヶ所、着工したものが一ヶ所、構想が二ヶ所あり、総出力は四万五千キロワットに及ぶ。事業者は県内企業から隣県の企業、東京の企業が地元企業と新会社を設立した例や、外資系企業の日本法人まで、じつに様々なタイプが存在する。開発用地も地区の共有地から公共用地、ゴルフ場跡地など、様々な来歴や事情をもった土地である。

町は、町内に進出してくる事業者に、協定を締結することを求めている。その内容は大意、①自治体と事業者が協力して事業の継続や地域振興に資する、②事業者は地域社会の融和と協調に努める、という二点である。「地域社会の融和と協調」とは、具体的には事業所を町内に置くこと――これによって法人税が自治体の歳入に加わる――、地元業者や商店の優先活用・地元雇用・環境教育の場の提供などが例に挙げられている。[13]

各自治体は、再生可能エネルギーによる経済的利益が、可能な限り地域にとどまる工夫を行っているが、一社一社と手探りで協議を進め、協定も努力規定を設けるのが精一杯だ。なかには、事業者が進出を断念したり、あるいは国の設備認定を受けた事業計画が、自治体関係者が知らぬ間に「転売」され、事業者が途中で代わるというケースもある。

自治体をはじめ地方は、この状況に追従しているのではない。主導権を握れないがゆえに、追従しているように見えるのである。主導権を握っているのは、従来の電力供給システムと同様に、一ヶ所の施設で大量に電力を生産することによって効率性を達成しようとする、規模の経済を志向する事業者である。再生可能エネルギーが本来的にもつ、分散型という特徴は忘れられている。

社会的側面から見た再生可能エネルギー政策の刷新

ここまで、様々な事例を踏まえて気づかされるのは、現行の再生可能エネルギー政策、とりわけ固定価格買取制度が万全に機能しているわけではないということである。固定価格買取制度は、政府が価格と期間を保証することにより、需要を喚起することで再生可能エネルギーの供給を拡大しようとする政策であるからして、政策の進展によって現れた課題を順応的に解決していくことが求められる。巻き起こったブームを、適切にコントロールする必要があるということだ。

メガソーラーやウィンドファーム（大規模な風力発電）、大規模な木質バイオマス発電施設が、地域社会にとって不要というわけでは決してない。これらはいずれもエネルギー供給の要になる。ただし、その導入の際に、少しの工夫をする必要がある。なぜなら、現在のエネルギー政策には、供給の最適化とともに、資源やそこから生まれる果実、リスクの公正な分配の両立という課題が突きつけられているからである。

この観点から、現行の再生可能エネルギー政策に関する問題を二つ指摘しておきたい。

第一に供給と地域資源管理の最適化に向けた総合的な計画性の欠如である。

現状では、導入が容易なために急拡大した太陽光発電に比べ、天候による発電量の変動がなく、安定供給が可能な水力発電や地熱発電など、いわゆるベース電源の導入が進んでいない。これらの電源は、クリアすべき制度的・社会的条件が多く、開発に時間がかかるため、未だ固定価格買取制度の効果は目に見えてこないのが実際だ。他方、この間に送電網が太陽光発電によって埋まってしまった地域も多い。本来ならば、地域ごとの特性や開発可能な資源を織り込んだ供給の最適化戦略と、送電網の運用・増強策とをセットにした検討が求められるところであるが、それらは後手にまわっている。

また、木質バイオマスの利用には、本来ならば周辺地域の森林計画と整合性をもった二〇年間にわたる木材の調達計画が必要なはずである。しかしそうした資源利用の総合調整という視点は組み込まれていない。それどころか、現行の制度では、発電された電気のみが買取対象で、発電の過程で発生する豊富な熱の活用は念頭に置かれていない。いわゆる熱電併給を進め、森林資源から得られるエネルギーを余すことなく活用すべきである。

固定価格買取制度をきっかけとして、広範な主体が再生可能エネルギー資源に働きかけることが可能になったが、資源利用による新たなリスクを地域にもたらす可能性もある。このため、供給と資源管理の最適化の戦略を地域社会と事業者が協働で作成する必要がある。

第二に、政策理念を実現するための制度運用の柔軟性の欠如である。

近年、再生可能エネルギーの爆発的な拡大をもたらしているドイツでは、電力供給法によって一九九一年に買取制度がはじまり、二〇〇〇年の再生可能エネルギー法によって固定価格買取制度が導入された。この法律は再生可能エネルギーの導入割合の目標値とセットで固定価格買取制度を運用しており、二〇〇四年、〇九年、一二年にそれぞれ大幅な見直しが行われている[14]。風力発電は当初から、稼働して数年後に買取価格が引き下げられる価格体系を適用し、太陽光は二〇〇四年の改正から、出力規模や立地場所によって価格が細かく定められている。たとえば、建物の屋根に立地するものは、平地に立地するものよりも買取価格が高い。これは、コストの面もあろうが、むしろ農業などに供することができる平地より、屋根を有効に活用すべきという理念を反映している。

翻って、日本の制度は、太陽光発電について言えば、出力一〇キロワット以上のものはすべて一律価格で買い取られ、平地で、規模を拡大することが建設コストを下げ、収益の上昇につながるという構図を促進してきた。岩手県に進出している事業者のいくつかが、一万キロワットを超える巨大なメガソーラーを建設しているのは、その構図の現れだ。

現在、ドイツでは一万キロワット以上のメガソーラーは買い取りの対象となっていない。そうした巨大な発電所は、市場から退場させられているわけではなく、電力会社と直接、売買電の契約を結んでビジネスを成立させているのだ。これは、日本でも固定価格買取制度導入以前には、発電事業者と電力会社が相対で、売買電契約を結んでいたことからして、「規模の経済」を志向する発電事業者にとって無理なことではない。

このように、電源種や地域ごとの特性を踏まえたエネルギー供給と地域資源管理の双方の最適化戦略が整備されていないことに加えて、買取制度の運用に柔軟性と賢明さが欠けた結果、国レベルと地域社会の双方から見て、歪みが生じている。

技術的な進歩やコスト低減の余地が多く残っている再生可能エネルギーの政策は、絶えざるバージョンアップが欠かせない。かつて丸山真男は民主主義を「永久革命」と表現したが、エネルギー政策の転換が北欧諸国を中心に「エネルギー・デモクラシー」と言われてきた所以は、まさにここにあるのだ。

原発政策の守旧と再生可能エネルギー政策の危機

ところが、こうした絶えざるバージョンアップを、一気にリセットしようという経路依存の強固な流れがある。

二〇一五年一月二二日に公表された「再生可能エネルギー特別措置法施行規則の一部を改正する省令」と関連告示の公布内容は、きわめて問題が多い。この改正を検討した国の総合資源エネルギー調査会新エネルギー小委員会の議論は、メガソーラーの過熱と国民負担の増大を制御するために、買取価格の決定時期を接続申込時から操業開始のタイミングに変更する点などは評価できるものの、再生可能エネルギーの急拡大によって現れた他の課題には、対症療法と先送りをもっぱら示すにとどまった。それどころか、この改正の前提として七電力会社が試算した電力系統（送電網）への再生可能エネルギー接続可能量は、震災以前の原発の稼働実績と同等の発電シェアを再稼働によって取り戻すことを前提に、再生可能エネルギーが入り込む余地をきわめて小さく見積もっている。

この改正が再生可能エネルギー事業者にとって致命的なのは、ただでさえ小さい接続可能量を超えた場合、電力事業者が発電事業者に対して補償することなく出力抑制を行うことができてしまうため、事業の収支が不安定化し、金融機関などからの資金調達が困難になることだ。

この接続可能量が、事実上の「固定枠」のように機能すれば、日本が固定価格買取制度を導入する以前、一〇年にわたって運用し、消極的な目標に終始した結果、現在では失敗と評価される固定枠制度（RPS）に逆戻りをしかねない。少なくとも、事実上の固定枠を保持している制度は、国際的に通用する固定価格買取制度と呼べるものではない。

この機に電力会社が、三・一一以前の状態近くまで原発再稼働を進めるために、再生可能エネルギーを抑制することを目論んでいることは明らかだ。固定価格買取制度の政策理念は、私たちの社会が、再生可能エネルギーを他の電源に優先して使用するという意志にあるのだが、それが骨抜きにされ、再生可能エネルギー拡大の呼び水としての機能すら失うおそれがある。

資源エネルギー庁は他方、二〇一四年八月の総合資源エネルギー調査会原子力小委員会に、原発で発電した電気の価格を保証する「差額決済契約」を導入することを示した。これは、固定買取価格制度に似たしくみで、ここまでしなければ原発の経済的優位性を保てないことを露呈している。まさに科学史家の吉岡斉がかつて指摘した「原子力介護政策」[15]の典型といわざるを得ない。

もっとも問題なのは、その後の同委員会では充分に議論が深まらないまま、二〇一四年一二月に「原子力小委員会の中間整理」[16]がとりまとめられたことだ。そこでは事務局原案を基調に、「民間事業者がリスクがある中でも主体的に事業を行っていくことができるよう、必要な政策措置を講ずる」「財務・会計面のリスクを合理的な範囲とする措置を講じる」など、差額決済契約導入の根拠となる見解が含まれている。

二〇一六年・電力小売り自由化を見すえて

資源エネルギー庁や電力会社は、なぜ、ここまで露骨にエネルギー政策の守旧に躍起なのか。それは、電力自由化の波がすぐ足元までやってきたからではないだろうか。政府の電力システム改革は、二〇一五年から五年をかけて実施される方針だが、大きな節目は、二〇一六年の電力小売り自由化である。

電力自由化を見すえて、近年、特定規模電気事業者（PPS）が多数設立されている。大手企業を背後に展開するPPSだけでなく、生活協同組合のパルシステム東京の子会社「うなかみの大地」は二〇一三年からPPS事業を開始しているほか、生活クラブも二〇一四年秋に「生活クラブエナジー」を設立し、事業所や関連会社への供給から事業経験を積んで、小売り自由化に備えている。

秋田県鹿角市は、地産地消型の電力供給体制構築を、市をあげてめざしている自治体のひとつだ。古くから地熱発電所が立地する市は、千葉大学の倉阪秀史研究室と環境エネルギー政策研究所が毎年発表している「エネルギー永続地帯」調査[17]の市町村別ランキングで、つねに上位に入る。市内で発電された再生可能エネルギーの電力量は、市内の電力需要量の三〇・二％に達している（二〇一四年三月の調査では全国二五位）。

鹿角市が三年ほど前から本格的に検討を行っているのは、市が関与するＰＰＳを設立し、市内の再生可能エネルギー発電所から電力を購入し、市内に供給する「地産地消型ＰＰＳ」と呼ぶしくみである[18]。これにより、電力の生産と消費に際して発生するキャッシュフローを市内に取り込もうとする狙いがある。市の試算では、地産地消型ＰＰＳが市内の電力供給を担うことによって、八％程度の投資効果が得られるという。本稿の前半部で述べたような地域の外に拠点をおく事業者であっても、地産地消型ＰＰＳに売電することで地域エネルギー供給の一翼を担うことができるとともに、電力の生産と消費に際して発生するキャッシュフローの一部を地域内で循環させることができる。「地域に根ざした事業」が、地域住民に担い手を限定せずとも可能になる。

こうした動きのなかで興味深いのは、ＰＰＳどうしの連携により、生活協同組合や地域主導の小規模なＰＰＳが、脱原発やエネルギーの地産地消という意志を実現するための道筋が確立されていることだ。たとえば前述の生活クラブエナジーは、商社系の大手ＰＰＳとパートナーシップを組んで需給調整グループに参加し、お互いが保有している電力を融通しあうことで、供給先の事業所への電力の安定供給を可能にしている。単体では発電量が変動しがちな再生可能エネルギーではあるが、それぞれ別の変動の波をもつため、多様な電源種を組み合わせることや、広域に散らばった発電所のエネルギーを集めれば、全体としては変動が穏やかになる「ならし効果」を活用している。日本の電力会社では、風力発電や太陽光発電による電気は、出力変動の波が大きく、系統を乱すと今も考えられている。しかしヨーロッパでは「ならし効果」によって、再生可能エネルギーの利用率が二〇～三〇％までは既存の設備であっても対応可能とされている。[19]

再生可能エネルギー政策をリセットしようとする原発維持の経路依存の流れはあるが、電力小売り自由化は、その大元を束ねるエネルギー政策の、いわばオペレーション・システム（OS）のバージョンアップに相当する。

電力会社の足元では、穏やかだが、しかし力強い、エネルギー政策の構造転換という意志をもった波が、着実に押し寄せているのである。

本稿の元となった研究は、JSPS科研費26780275, 24530636の助成を受けたものである。

［注］

1　二〇一三年六月、岩手県奥州市での聞きとり調査。

2　「地域貢献の方策探ろう／「風力植民地」の行方」（『東奥日報』二〇一二年七月八日）。

3　設備認定の申請には至っていないが、八幡平市では、地熱発電掘削調査が行われている案件が一件存在する。

4 買取価格は、国の「調達価格等算定委員会」で検討され、出力一〇キロワット以上の太陽光発電の価格は、二〇一二年度が一キロワット時あたり四〇円（税抜き）、二〇一三年度が三六円（同上）、二〇一四年度は三二円（同上）と設定されてきた。

5 なお、資源エネルギー庁の統計では、出力一千キロワット以上のものをメガソーラーと呼ぶが、計画当初に一千キロワットの出力規模を予定しながら、パネル配置の設計段階で、実際には一千キロワットをやや下回る事業も多くあることから、おおむね八〇〇キロワット以上の事業をカウントした。

6 「メガソーラー変電所〝占有〟小水力乗り遅れ」（『日本農業新聞』二〇一三年七月一日）

7 渡部喜智「木質バイオマス発電の特性・特徴と課題」（『農林金融』第六五巻第一〇号、二〇一二年）二一～三六頁。

8 安藤範親「木質バイオマス発電の動向と課題への対応」（『農林金融』第六六巻第一〇号、二〇一三年）二四～三九頁。

9 日本政策投資銀行ホームページ　http://www.dbj.jp/investigate/equip/regional/detail_201306.html（二〇一四年一一月三〇日取得）

10 同行に対して実施した聞きとり調査によれば、二〇一三年の調査では、電力業の回答のほぼすべてが発電事業者の再生可能エネルギー投資関連である。

11 東京商工リサーチホームページ　http://www.tsr-net.co.jp/news/analysis/20140808_05.html　http://www.tsr-net.co.jp/news/analysis/20130613_01.html（二〇一四年一一月三〇日取得）

12 近年、再生可能エネルギー事業を行う場合には、いわゆる特別目的会社（ＳＰＣ）を設立して、再生可能エネルギー事業の財務と、事業者の本業の財務とを切り離してリスク管理を行うケースが増えている。

13 二〇一四年六月、洋野町企画課より提供を受けた資料による。

14 坪郷實『脱原発とエネルギー政策の転換――ドイツの事例から』明石書店、二〇一三年。

15 吉岡斉「原子力介護政策に根拠はあるか」(『現代思想』第三五巻第一二号、二〇〇七年)一九四〜二〇九頁。

16 経済産業省ホームページ　http://www.meti.go.jp/committee/sougouenergy/denkijigyou/genshiryoku/report_01.html(二〇一五年三月一〇日取得)

17 千葉大学倉阪秀史研究室・環境エネルギー政策研究所「「エネルギー永続地帯」二〇一四年版試算結果(速報・暫定版)の公表について」(二〇一四年一一月一七日)　http://www.isep.or.jp/library/6997(二〇一四年一二月一五日取得)

18 鹿角市「かづのパワーによる地産地消モデルの可能性調査」成果報告書(平成二六年三月)　http://www.city.kazuno.akita.jp/cyousajigyou/image/32655download.pdf(二〇一四年一二月一五日取得)

19 丸山康司『再生可能エネルギーの社会化——社会的受容性から問いなおす』有斐閣、二〇一四年。

第八章

支援者は地域創造の主体へと変わるのか
――アソシエーションと被災地域

菅野　拓

はじめに

東日本大震災が起こった当日、後に支援者となるものは何を思ったのであろうか。被災した多くの地域では停電や通信設備への被害でテレビ放送が届かなかった。被害の全体像がわからないなかで目の前の現実に対してできる支援をすぐに行ったものもいただろう。被災当事者として混乱の只中にいたものもいただろう。被災地外では現実感の湧かない映像が数日間にわたり報道され続けた。すぐに支援を開始しなければと思ったものもいただろう。混乱し何をすべきかわからないものもいただろう。
ただし、後に支援に関わる多くのものは、心に大きな揺さぶりを感じていたであろう。危機感、悲しみ、義理、勇気など様々な感情が各人の心で渦巻いていたはずだ。このような心の揺さぶりを契機として立ち上がった支援者の活動はどのようなもので、時間が経るなかでどのように変化し、また、現在どこに向かっているのであろうか。
本論執筆時点で東日本大震災から四年が経過した。発災前と比較し、被災地域には急激な変化が生じたサブシステムもあれば、変化が比較的緩慢なサブシステムもある。本論で論じる支援者が活躍するサブシステムを被災地域における「非営利セクター」と呼ぶとすると、災後の非営利セクターは極めて変化が大きく、あるいは震災前は非営利セクターがほとんどなかった地域では、それが突然現れたかのように感じられたはずだ。また、非営利セクターは地域を構成する他のサブシステムから独立して存在しているわけではないため、地域によって大小はあろうが、政治・行政のサブシステムや経済のサブシステムに対してなんらかの影響を行使していると考えられる。[1]
本論では、被災地域における「非営利セクター」の変化と、その変化が引き起こした地域への影響を確認し、被災地域の今後を論じるものである。

非営利セクターにおけるアソシエーションの台頭

阪神・淡路大震災が起こった一九九五年は「ボランティア元年」と称され、それ以降、災害対応においても非営利セクターの力が注目を浴びてきた。まずは災害対応における非営利セクターを大きく二種類に分類しておきたい。

ひとつは個人ボランティアである。主として個人単位で災害対応を実施し、基本的に無償の活動として被災者や被災地域を支援する。完全に個人の独力で活動する場合もあるが、近年では多くの場合なんらかの調整機関を通して活動を実施することが多い。調整機関の代表例が「災害ボランティアセンター」であり、多くの場合、市町村と協定等をあらかじめ結んでいることを根拠に、その市町村に所在する社会福祉協議会が中心となり設立することが多い。災害対応現場での個人ボランティアをマネジメントするノウハウが災害ボランティアセンターとして継承され、阪神・淡路大震災から一〇年程度で非営利セクターの救援活動拠点としてはそれなりの水準で機能し、かつ社会的にも定着してきたと考えられている。[2]

災害ボランティアセンターを経由した個人ボランティアの人数は二〇一一年三月一一日から二〇一二年二月一一日までの一一ヶ月間で延べ九二万六二〇〇名、[3] 平成二〇一四年七月三一日までで延べ一三八万一七〇〇名と推計されている。[4] 阪神・淡路大震災では一年間で延べ約一三七万人のボランティアが災害対応にあたったと推計されており、[5]東日本大震災においては災害ボランティアセンター以外の調整機関（NPO／NGOなど）を経由した者や個人の独力で活動した者が多数いたことを考えると、その規模に大きな遜色はないと考えられる。災害が起こった現場では「災害が起きると個人ボランティアが来る」という事実は現在では常識的なこととなっている。

ただし、東日本大震災の非営利セクターの動きは個人ボランティアだけにはとどまらなかった。もうひとつの動きが被災者支援団体、NPO／NGO、組織ボランティア、非営利組織、CSO（市民社会組織／Civil Society Organization）、社会的企業などと称される組織の活動である。いずれも結社していることが特徴なので、本論ではこれらの組織を非営利セクターにおける「アソシエーション（association）」と呼ぶことにする。

筆者を中心に行ったアソシエーションへのアンケート調査によると、[6]調査対象としてリストアップ可能であったアソシエーション、つまりは、東日本大震災で支援活動を行うアソシエーションに対する主たる中間支援組織（intermediary）[7]四団体（いわて連携復興センター、みやぎ連携復興センター、ふくしま連携復興センター、東日本大震災支援全国ネットワーク（JCN））が把握しているアソシエーションは一四二〇団体あった。当然、四団体が把握していないアソシエーションも相当数存在すると考えられる。このことから東日本大震災の支援の現場において多数のアソシエーションが活動していたことがわかる。

このような状況が起こる背景はいくつか考えられるが、もっとも大きな影響を与えているのは、特定非営利活動促進法（ＮＰＯ法）の成立（一九九八年）と公益法人制度の一〇〇年以上ぶりの改正であった公益法人制度改革（関連三法の成立は二〇〇六年）であろう。

ＮＰＯ法の成立以前は公益法人の設立や業務には主務官庁制度が引かれており、設立は所管する官庁の許可が必要で、業務は主務官庁の監督に属すると定められていた。少なくともなんらかの法人格をもつ結社が実施する公益に資する事業は、多くの場合、行政の管理下に置かれていたといってよいであろう。

しかし、非営利セクターの状況は一九九五年の阪神・淡路大震災により一変する。ボランティアへの世間の注目は、非営利セクターのアソシエーションになんらかの法人格を与える法制度の整備に影響を与え、一九九八年にＮＰＯ法が成立する。[8] さらに、特定非営利活動法人の設立には所轄庁の認証が必要であったのに対して、公益法人制度改革によって生まれた一般社団法人や一般財団法人の設立は所轄庁という概念すらなく、定款の公証人による認証と登記のみで設立が可能である。つまりＮＰＯ法施行前に比較して、非営利セクターにおける法人格取得の自由度は圧倒的に高まったと言える。

ＮＰＯ法の成立から一〇年以上が経ち、さらに公益法人制度改革によって非営利の法人格取得がさらに容易になり、非営利セクターのアソシエーションがある程度育っていた状況で起こったのが東日本大震災だったのである。このような状況を傍証するかのように、一九九八年を起点として、非営利の活動を表す一般的な表現が個人を含意する「ボランティア」から結社を含意する「ＮＰＯ」にとって代わっているとの指摘がある。[9]

被災地域のニーズとアソシエーションの対応

では、アソシエーションがどのような活動を展開したかを上述した調査結果から見てみたい。[10]まず、アソシエーションの属性をみると、[11]特定非営利活動法人が四六％、一般、公益を含めた社団法人・財団法人は一三％、それらを含め、なんらかの法人格をもつ団体が七割に及ぶ。設立年を見ると、震災以前が六三％、震災以後が三七％で、ＮＰＯ法が成立した一九九八年以降に設立した団体は七八％に及び、上述した非営利セクターの法人格取得の自由度の高まりの影響は大きい。

調査時点でアソシエーションがもっとも重視する事業領域（有効回答数五三七）は「保健、医療又は福祉の増進を図る活動」一九％、「子どもの健全育成を図る活動」一六％、「まちづくりの推進を図る活動」一〇％、「災害救援活動」一〇％、「中間支援活動」九％と続き、現在においては必ずしも災害救援に特化した組織ではなく、地域福祉やまちづくりを担うアソシエーションが多数派であることがわかる。

表1　アソシエーションがもっとも重視する活動内容の変遷

	発災〜2011年9月(N＝448)	2011年10月〜2013年9月(N＝492)	2013年10月〜(N＝495)
物資配布	14.5%	5.1%	1.4%
避難所に対する支援	12.1%	2.4%	1.4%
子ども支援	9.6%	12.0%	16.2%
ボランティア・団体のコーディネート	8.5%	7.5%	6.3%
被災者の生活行為を助ける支援	4.9%	9.1%	4.2%
心と体の健康に関する保健・福祉分野の支援	3.6%	5.9%	7.5%
広域避難者支援	2.7%	4.1%	4.4%
被災者の孤立防止	2.2%	7.7%	5.7%
コミュニティ・住民自治への支援	1.8%	8.5%	11.3%
その他	40.2%	37.6%	41.6%
合計	100.0%	100.0%	100.0%

では、実際の活動内容はどのようなものであろうか（表1参照）。自宅に住めなくなった被災者が避難所で生活を続け、また仮設住宅に移っていく期間である発災から二〇一一年九月までの約半年の間は、「物資配布」、「避難所に対する支援」など物質的・物理的な支援活動が上位を占めるが、被災者の多くが仮設住宅に住む二〇一一年一〇月から二〇一三年九月までの二年間では「被災者の生活行為を助ける支援」や「被災者の孤立防止」など、より被災者の生活に寄り添う活動へと移り変わっていく。被災者の生活再建が進む二〇一三年一〇月以降は「コミュニティ・住民自治への支援」、「心と体の健康に関する保健・福祉分野の支援」と

いった被災者への支援に特化した特殊な活動とは言い切れない、まちづくりや地域福祉に関わる活動へと変化する。

なお、世間の関心や同情を引きつけ寄付が集まりやすかったと考えられる「子ども支援」や、個人ボランティアやアソシエーションを支援する「ボランティア・団体のコーディネート」、被災地域とは異なる場所で被災者を支援する「広域避難者支援」はいずれの期間においても実施される傾向のある活動である。また、「その他」の活動がいずれの期間においても四割程度あり、アソシエーションの活動の多様さもうかがわれる。[12]

以上をまとめると、東日本大震災への対応には、法人格をもつことが多いアソシエーション、とくに非営利の法人格取得の自由度が高まった一九九八年以降に設立されたアソシエーションが多く関わっている。三割以上が震災以後に設立されており、震災を契機として新しいアソシエーションが地域に誕生していることになる。また、震災直後から被災者のニーズの変化に合わせて柔軟に活動を展開し、現在は災害対応に特化するというよりは、まちづくりや地域福祉の向上といった地域の変化に直接に結びつく活動を実施している傾向がある。

被災地域でのアソシエーションの受容状況

以上、非営利セクターのアソシエーションの活動をみてきたが、ここからはアソシエーションが地域でどのように受け止められているのかを統計や事例を用いて検討したい。

そもそも被災三県の地域にとって、アソシエーションは馴染み深いものではない。とくに津波被害を受けた沿岸市町村にとってはそうであった。東日本大震災で活動したアソシエーションのうちもっとも多い法人格である特定非営利活動法人の市町村ごとの認証数と対人口一〇万人比認証数を見てみると（図1参照）、人口の少ない町村部（認証数が少なくても対人口一〇万人比認証数は大きくなる）を除いては、認証数、対人口一〇万人比認証数ともに大きい地域は仙台市、盛岡市、福島市といった都市部が中心であり、甚大な津波被害や原発被害を受けた地域は認証数と対人口一〇万人比認証数ともに小さいことが多い。たとえば、岩手県山田町、宮城県南三陸町、福島県広野町はそれぞれ一つの法人しか認証されていなかった。当然、アソシエーションの対応を行う行政窓口（たとえば市民協働推進課など）をもつ市町村は多くはない。

そのような被災地域に東日本大震災と同時に外部からアソシエーションがやってきて支援を実施し、また、新しいアソシエーションが設立されていったわけである。釜石市、大船渡市、陸前高田市、南三陸町、女川町などの津波被害の大きかった地域や、相馬市、川内村、広野町

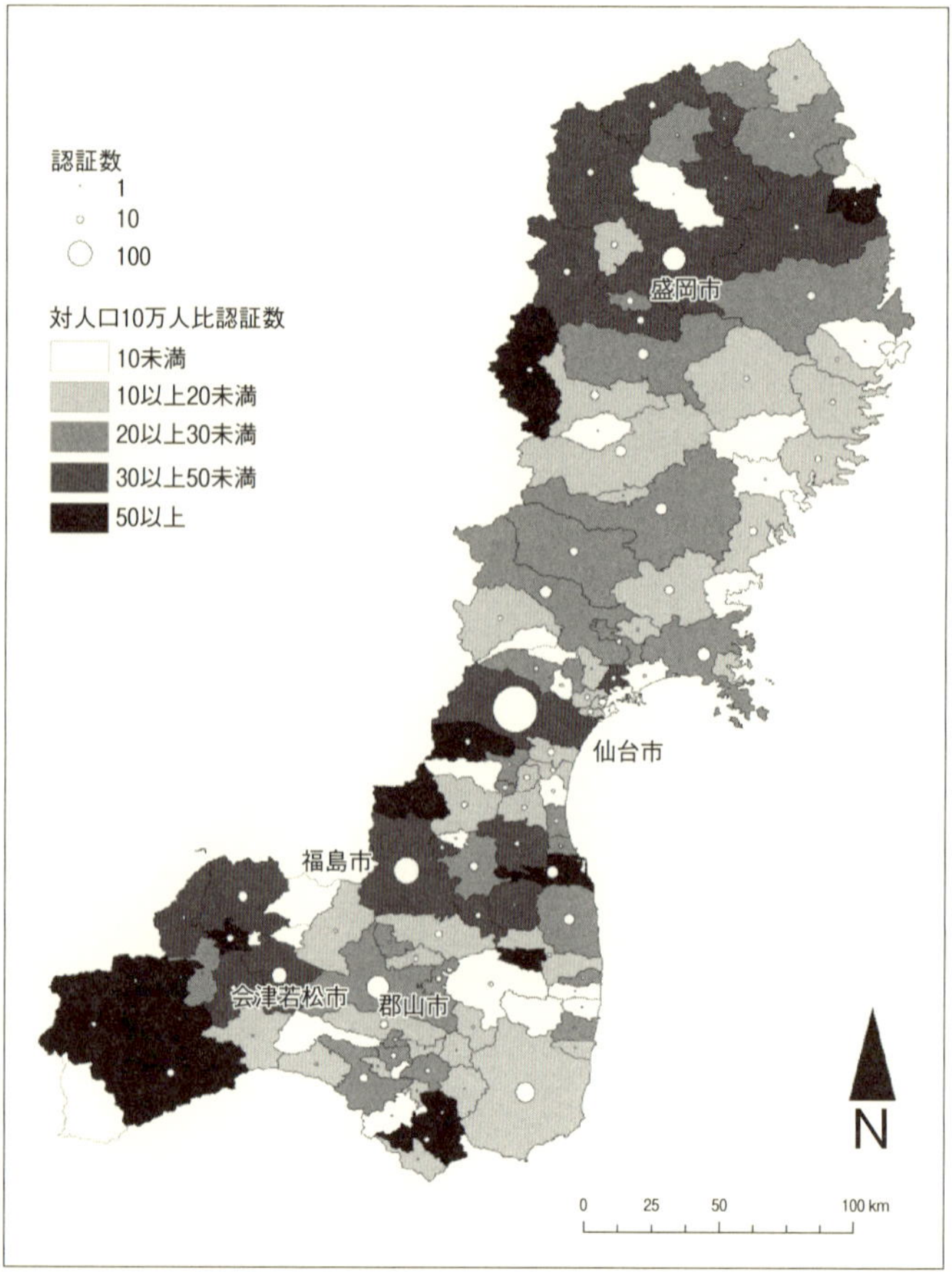

図１　震災時点の特定非営利活動法人認証数（実数・対人口10万人比）

注：岩手県、宮城県、福島県ホームページより作成。データは2014年5月時点のもので、解散・認証取消・認証撤回法人を除いて集計した。所轄庁が移管された場合は移管先自治体単位で集計している。

などの原発の影響を受けた地域は、震災後の特定非営利活動法人の対人口一〇万人比の増加数が大きい（図2参照）。実際に支援を受ける被災者はもとより、災害対応にあたる行政職員も相当に驚いたであろう。アソシエーションの活動をどのように受け止め、またどのように対応していけばよいか見当がつかなかったはずである。

それとは逆に、震災以前から比較的多くのアソシエーションが存在している地域においては、行政とアソシエーションは積極的に連携して支援活動を展開することができた例が多かったようである。たとえば、宮城県仙台市は応急仮設住宅入居者の孤立防止や福祉サービスのコーディネートの事業を、発災から三ヶ月も経たない二〇一一年六月一日から実施した。しかも、この事業は仙台市とアソシエーションが協定に基づく対等な関係性を保持し、協働で事業を実施していくものであった。

このような事業が実施可能となった前提として、図1に表れているとおり、仙台市において多数のアソシエーションが運営されていたことが挙げられる。特定非営利活動促進法が成立する以前から、非営利セクターと政治・行政のサブシステム間のやりとり、たとえば、市民―行政間の情報交換や具体事業における連携は積極的になされており、市民活動やNPOへの全国初の官設民営型の支援施設（仙台市市民活動サポートセンター）がつくられるのも仙台市においてであった。このような市民―行政間の取り組みの結果として、非営利セクターのサブシステムのなかでは、全国的に有名なアソシエーションがいくつも生まれている。[13] このような事実の積

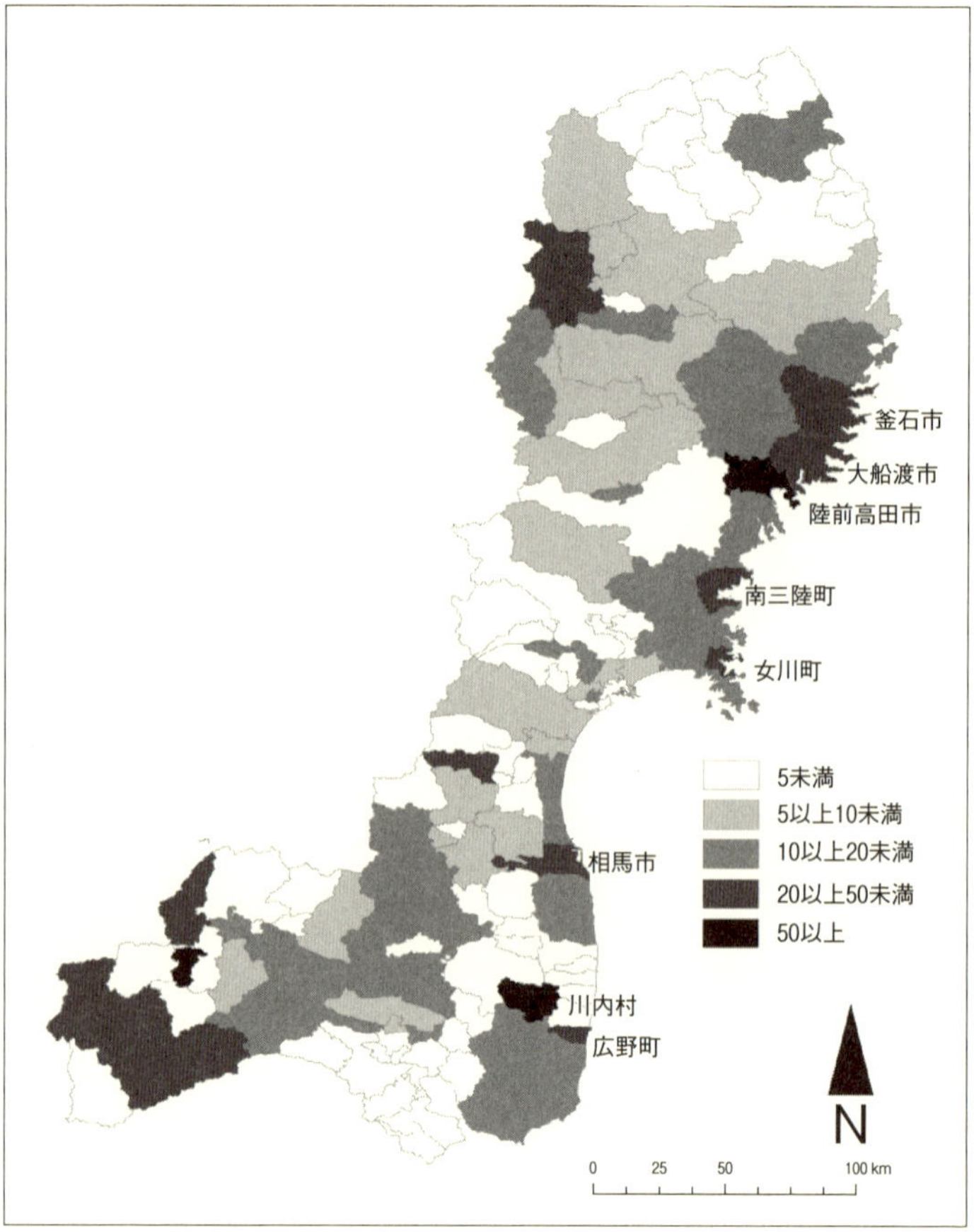

図2　東日本大震災後の対人口10万人比の特定非営利活動法人増加数
(2013年末時点)

注：岩手県、宮城県、福島県ホームページより作成。データは2014年5月時点のもので、解散・認証取消・認証撤回法人を除いて集計した。所轄庁が移管された場合は移管先自治体単位で集計している。

み重ねのもとに、非営利セクターと政治・行政のサブシステム間の信頼関係が醸成されていた。

このような状態で、東日本大震災が起こる。震災直後から二つのサブシステム間のやりとりは通常以上に行われていた。応急仮設住宅での孤立や自死という阪神・淡路大震災で起こった事態を考えると、なんらかの対策を行う必要があるとの認識が非営利セクターのキーパーソン間でもたれるに至り、震災以前から関係性を培ってきた行政職員に対して二〇一一年三月末に上記の事業の事業計画の原案を非営利セクターの複数のキーパーソンの連名で提案した。震災から一ヶ月も経っていないため、復興関連予算が明確に示されている状況ではなかったが、行政職員を中心とした庁内調整の結果、四月の後半には提案者が立ち上げたアソシエーションで事業を実施することが濃厚になった。五月の三週目には仙台市長とそのアソシエーションが協働事業に関する協定を結び、共通の事業目標をもち、初年度で二億円を超える事業経費をそれぞれで持ち出しあい、六月一日に事業の実施に至った[14]。

時間の経過とともに存在感を増すアソシエーションに対する地域の反応は様々であったと考えられる。上述した仙台市では、主として仮設住宅入居者に対する様々な行政施策のうちの一定数はアソシエーションが受託し実施しており、行政施策とは別に被災住民のまちづくりへも関わりをもっていた。また、特定非営利活動法人の認証数が震災時点の七から二〇一三年末時点の一六へと倍増した岩手県大船渡市では、複数のアソシエーションと連携しながら「大船渡市市民活動支援センター」を立ち上げ、アソシエーションの活動基盤の整備を行った[15]。福島県の被災当事者たちも法人格を取得し活動している例が複数ある。

しかし、多くのアソシエーションが存在していたとしても必ずしもうまく受容できていない地域もある。上述したアンケート調査の結果では、アソシエーションを通してもっとも多くの資金が被災者支援に使用された市町村である石巻市では、今でも多くのアソシエーションが復興に関わる活動を継続している。彼らは地域の問題やニーズを機敏に感じ取りながら地域課題の解決を図ることを企図し、まちづくりや地域福祉として区分されるような活動内容を展開している。その活動スタンスは被災者を支持する「支援者」としてのものから「地域づくりの担い手」としてのものへ変化しつつあるといってよいであろう（表2参照）。

たとえば、経済的に困窮した中学生や高校生に対して学校外で補習を行うアソシエーションが石巻市において震災をきっかけに設立された。アソシエーションの代表者は石巻市出身の若者で、避難所などでボランティアを実施するなかで、ある中学三年生の少年に言われた言葉が活動のきっかけであったと語る。その少年は「震災がきて、救われたと思ってるんだよ」と言ったというのだ。その少年の震災以前の家庭環境はよいものだとは言えず、両親の失業やアルコール依存、家庭内暴力などの問題に取り巻かれ、彼自身も不登校に陥ってしまい、社会の誰にも助けが求められない状態であった。そこに震災が起こり、避難所生活をするなかで、初めてボランティアの支援者に対して自分の境遇を伝えることができたというのだ。

当時、ボランティア活動を行っていたアソシエーションの代表者は「震災が来ないと救われ

表2　石巻市において積極的に復興関連活動を実施するアソシエーション35団体の活動の対象と活動の例

活動の対象			活動の例	アソシエーション数（N＝35）
	経済状況	年代		
個人	困窮	14歳以下	学習支援などの貧困の連鎖への対応、不登校への対応	4
		高校生年代	学習支援などの貧困の連鎖への対応、引きこもりへの対応	3
		大学生年代	ニートへの対応、引きこもりへの対応、労働市場への参入障壁緩和	2
		稼働層（～39歳）	ニートへの対応、労働市場への参入障壁緩和、適切な福祉サービスへのコーディネート	2
		稼働層（40歳～）	労働市場への参入障壁の緩和、適切な福祉サービスへのコーディネート	3
		高齢者	社会的な孤立防止、医療や生活保護への依存脱却、医療などへの交通手段の不足への対応	5
		全年代	貧困問題全般への対応、権利擁護活動	4
	非困窮	14歳以下	不登校への対応、家や学校以外の居場所の提供、公的プログラム以外の教育	11
		高校生年代	引きこもりへの対応、家や学校以外の居場所の提供、公的プログラム以外の教育	3
		大学生年代	公的プログラム以外の教育	2
		稼働層（～39歳）	外国人の生活にかかわる問題、起業家育成	4
		稼働層（40歳～）	外国人の生活にかかわる問題、起業家育成	4
		高齢者	訪問看護などの医療過疎への対応	1
		全年代	権利擁護活動	1
事業所			アソシエーションへの支援、商店の振興	3
地域			まちづくり、地域振興、観光の振興	11

注：2014年8月時点の状況。石巻市で活動するアソシエーションの代表者2名、職員1名、中間支援組織職員2名、復興庁職員2名へのインタビューから作成。アソシエーション数は各項目で重複がある。

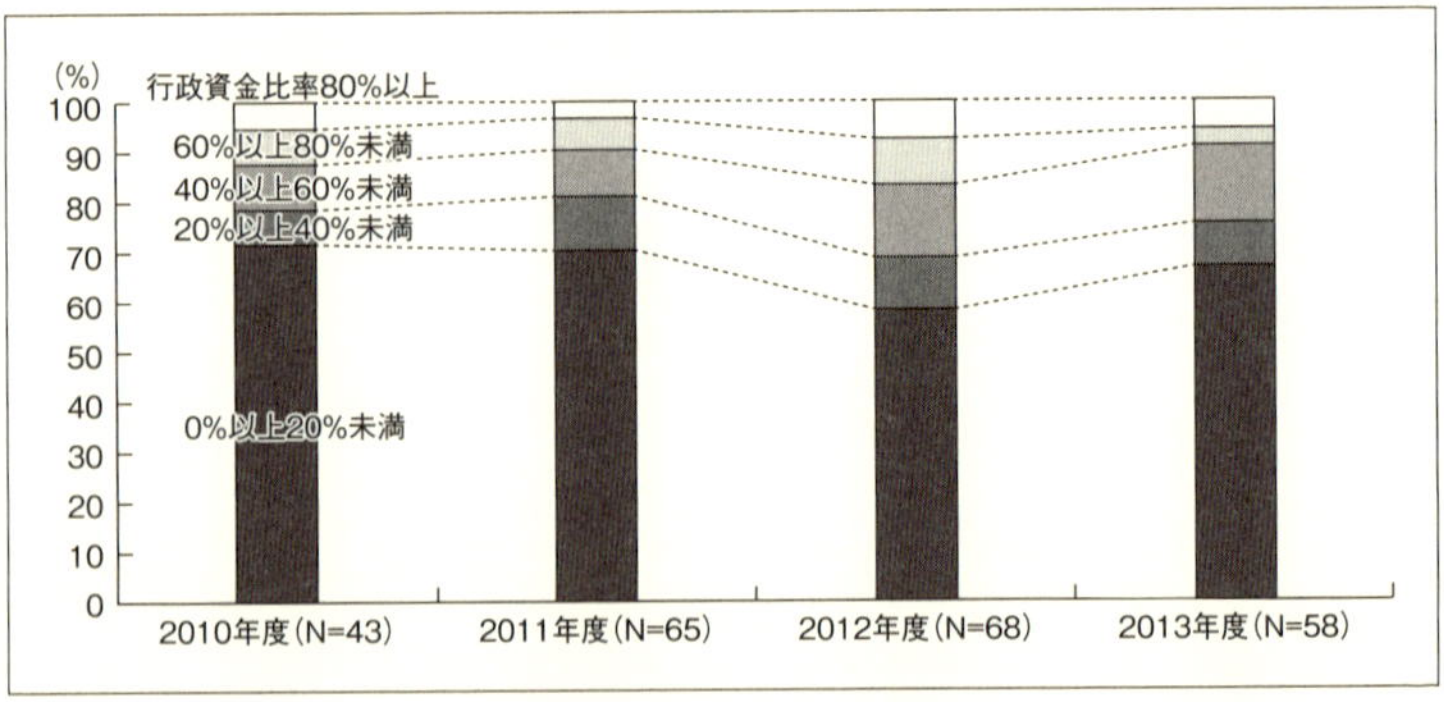

図3　収入に占める行政資金比率ごとにみた石巻市において震災支援を行ったアソシエーションの割合

ない子どもがいる社会」に対して問題意識をもち、アソシエーションを立ち上げることとなる。震災を通して地域が抱える問題に真っ向から取り組んでいくことになったのだ[16]。

右記の例に見るとおり、震災を通して地域問題へとアプローチするアソシエーションは多い。これらのアソシエーションが扱う地域問題は貧困対策、教育、地域福祉、地域振興といった領域にまたがり、富の再分配とも関わる極めて公共性の高いものである。ただし、石巻市におけるアソシエーションの活動は東日本大震災を機に集まった寄付金や民間助成金を原資としている場合が多く、市場での採算が合う事業や行政施策として公費が投入されて実施されている事業はそう多くない。

上述したアンケート調査のデータを用い、行政からの委託費や補助金といった行政資金の収入に占める割合である行政資金比率ごとに、石巻市において支援活動を実施したアソシエーションの割合を見てみると、六割から七割程度のアソシエーションにおいて行政資金比率は二割を切っている（図3参照）。つまり、多くのアソシエーションは寄付金、民間助成金、独自の収益といった民間資金を原資として運営されており、扱う問題が公共性の高い問題であったとしても、また、実施する事業が収益を生み出せないものであったとしても、公的資金の投入は限られていることが推察される。

表2に掲げた活動例の多くは高度な知識やノウハウが必要なものが多く、無償のボランティア活動として実施し続けることには無理があるものばかりである。地域としてなんらかの資金源を確保できない限りは、アソシエーションを通して地域に蓄積されている知識やノウハウが、遅かれ早かれ霧散してしまうことになるであろう。

そこでここでは、アソシエーションが地域で継続して活動することを担保するために活用可能な資金源の状況をサブシステムごとに検討したい。非営利セクターのサブシステム自身の東日本大震災に対応するための資金は枯渇しはじめていると考えてよい。民間助成機関として大規模な助成事業を展開したことで知られる「公益財団法人日本財団（ＲＯＡＤ ＰＲＯＪＥＣＴ）」、「社会福祉法人中央共同募金会（災害ボランティア・ＮＰＯサポート募金）」、「特定非営利活動法人ジャパン・プラットフォーム（東日本大震災寄付金および過去の国内災害被災者支援プログラム寄付残余金繰入）」を例に資金枯渇の状況をみる。日本財団では二〇一一年度および二〇一二年度の当該プログラムにかかわる収入約一二四億円のうち二〇一三年三月末時点ですでに八五・

八％を助成決定済みである。中央共同募金会においては二〇一四年八月時点で当該プログラムにかかわる寄付金約四四億円のうち七九・〇％が助成決定済みである。ジャパン・プラットフォームにおいては二〇一一年度・二〇一二年度の当該プログラムにかかわる寄付金約七〇億円のうち二〇一三年三月末時点ですでに九二・六％を支出済みである。

東日本大震災に限らない一般的な資金も現状では心許ない。近年「寄付」や「ファンドレイズ」を志向する中間支援団体などが活躍し、様々に資金調達が模索されているものの、それは非営利セクターのサブシステムの資金源が現状では小さいことの裏返しでもある。[17]

経済のサブシステムはどうか。東日本大震災においては、企業によって金銭寄附を含めた様々なＣＳＲ（企業の社会的責任）のプログラムが実施されたものの[18]、現状は、非営利セクターのサブシステムにとっての継続性のある資金源とはなっていないと考えられる。

比較的新しい動きとしてソーシャルインパクトボンド[19]（Social Impact Bond）などの市場を通した資金調達の仕組みが模索されたり、ＣＳＶ[20]（Creating Shared Value）を意識した経営などがいくつかの企業において取り組まれたりしているものの、日本において一般化するには程遠い状況である。さらに、そのような新しい動きがアソシエーションの自律性とどのように関係をつけていくのかも不分明である。

また、市場に活路を見出すアソシエーションがいくつも出てきているものの、経済のサブシステムでは提供し得ない価値を市場に提供する場合や、受益者負担が可能なものを活動の対象としている場合が多い。したがって、現状では受益者負担が不可能な社会的に困窮しているものの地位向上に取り組むアソシエーションの資金源とはなりにくい。

他のサブシステムと比較して、現状では政治・行政のサブシステムがアソシエーションの継続した資金源となりやすいであろう。補助、委託、請負、指定管理などの契約形態でもってアソシエーションとの協働を拡大してきた自治体も少なからずあり、アソシエーションの提案を行政施策として受け入れる制度をもつ自治体もある。[21]先述した仙台市は、被災地においてアソシエーションとの協働を模索してきた先進自治体である。また石巻市の例で見たとおり、アソシエーションの活躍の場は富の再分配ともかかわる極めて公共性の高い領域であり、政治・行政のサブシステムからの資金はそれに馴染むであろう。

地域としてアソシエーションに価値を見いだし、地域の資源として受容できるかが地域の他のサブシステム、とくに喫緊には政治・行政のサブシステムに問われている状況である。

復旧と新しい地域の創造の狭間で

甚大な津波被害を受けた地域や原発避難を迫られた地域を中心に、経済のサブシステムは大きな変化を強いられた。当然、震災による事業所の物理的な操業不能は生産を低下させたが、それにとどまらず、人口流出の影響も大きい。被災三県における二〇一一～一三年度の転出超過数の二〇一〇年度国勢調査人口比の上位は、宮城県女川町の一五・八％を筆頭に、山元町一五・〇％、南三陸町一三・三％、岩手県大槌町一一・四％と津波被害が甚大であった地域が並び、その後は福島県富岡町九・一％、浪江町七・七％、双葉町七・四％、南相馬市七・一％と原発避難を迫られた地域が占める。[22]居住実態が不明瞭な届出ベースの住民票移動をもとにした計算という前提であっても、これらの地域では一〇％前後の極めて大きな人口流出を経験することになり、地域労働市場や地域内消費の構造に大きな変化が生じている。

このような人口構成の変化や経済のサブシステムの変化は議会、行政から自治会・町内会に至るまで地域の隅々に根を張り成立している既存の政治・行政のサブシステムにも変化を強いるであろう。そこに非営利セクターという、今まで気にも留めなかったサブシステムが浮上しているというのが被害の大きな地域の実情であると考えられる。

被災地域で今目指されていることは何であろうか。もし、震災以前の地域に戻すこと、つまりは「復旧」をめざしているのだとしたら、極めて困難な道であると言わねばならない。というのも、人口流出にともなう経済と政治・行政の両サブシステムの変化を元に戻すには、再び人口を回復させることが重要となるが、少子高齢化の進行に歯止めをかけることすら難しい状況で、人口を回復させる政策的手段にめぼしいものはなく、従前人口の回復は不可能ではないとしても非常に難しいからである。

また、経済のサブシステムの復旧を狙い、生産設備を元に戻したとしても、地域労働市場や地域内消費の構造が変容している状況では、狙いどおりの成果はあがらないであろう[23]。政治・行政のサブシステムにおいては、住居が流出し恒久的な居住地の確保が追いついていない現状では、とくに自治会・町内会を元に戻すことは難しく、仮に復旧できたとしても、高齢化が進行するなか、担い手不足を原因とした機能低下は免れ得ないであろう。

誤解を恐れず言えば、被災地域は「復旧」を目指すべきではない。震災以前の地域を構成していた様々なサブシステムは大きく変容し、さらには非営利セクターという新たなサブシステムが急浮上している現実は、被災地域を震災以前に戻す「復旧」を拒むものである。むしろ変容を受け入れつつ新しい地域を創造していくことが模索されるべきであろう。その際の焦点のひとつは、浮上するアソシエーションを地域が受容できるかである。

アソシエーションはその存立基盤を確保するため、非営利セクターにおいてだけではなく、他のサブシステムへと自らの影響力を行使する。「行政と市民の協働」、「企業の社会的責任（CSR）」などの言葉は、非営利セクターの社会的受容の表現のひとつである。このような言葉と無縁であった地域であっても、今後は無縁ではいられないだろう。非営利セクター、とくに支援者であったアソシエーションが地域創造の主体と位置づけられるかどうかが、今後の被災地域のありかたに大きく影響する要素であると筆者には思われてならない。

［注］

1 本論では地域を構成する主要なサブシステムとして政治・行政、経済、非営利セクターの三つを念頭においている。これはエーレンベルクの国家、市場、および、「この二領域のグレイゾーン」として「自立性も維持しようとする」ものの、「部分的には国家と市場によっても決定され」ている市民社会という三種のサブシステムの分類と同様のものである。エーレンベルク、ジョン『市民社会論――歴史的・批判的考察』（青木書店、二〇〇一年）三一八～三一九頁。また日本社会おいて、国家や市場に対置して非営利セクターや市民社会にあたるサブシステムが浮上してきていることを比較的早い段階で指摘した著作として以下を掲げる。佐藤慶幸『NPOと市民社会――アソシエーション論の可能性』有斐閣、二〇〇二年。

2 菅磨志保「日本における災害ボランティア活動の論理と活動展開――『ボランティア元年』から15年後の現状と課題」（『社会安全学研究』創刊号、二〇一一年）五六～六六頁。

3 全国社会福祉協議会『東日本大震災災害ボランティアセンター報告書』二〇一二年、二一頁。

4 「災害ボランティアセンターで受け付けたボランティア活動者数の推移（仮集計）」『全社協　被災地支援災害ボランティア情報』　http://www.saigaivc.com/（以下二〇一四年一一月二三日取得）

5 兵庫県企画、震災復興調査研究委員会編『阪神・淡路大震災復興誌』第一巻、財団法人21世紀ひょうご創造協会、一九九七年、三一九頁。

6 このアンケートは一般社団法人パーソナルサポートセンターが実施主体、特定非営利活動法人いわて連携復興センター、みやぎ連携復興センター、一般社団法人ふくしま連携復興センター、東日本大震災支援全国ネットワーク（JCN）、公益財団法人共生地域創造財団、一般財団法人地域創造基金みやぎ（現、公益財団法人地域創造基金さなぶり）、特定非営利活動法人ジャパン・プラットフォームを協力団体とした八団体で二〇一三年一一月に実施されたものである。一四二〇のアソシエーションに配布し、有効回答はウェブ回答を含み五四三団体、回収率三五・四％であった。一般社団法人パーソナルサポートセンター『東日本大震災で生じた地域福祉資源の実態および社会的企業化を促進する仕組みに関する調査研究事業　報告書』二〇一四年六月　http://www.personal-support.org/report/pdf/investigation2013_01.pdf

7 中間支援組織とは非営利セクターのアソシエーションに主として資源（人、モノ、カネ、情報）を仲介したり、アソシエーション間のネットワーク形成を促進したりすることを役割とするアソシエーションである。論者によって定義は多様であるが、内閣府の中間支援組織の実態把握調査では「多元的社会における共生と協働という目標に向かって、地域社会とＮＰＯの変化やニーズを把握し、人材、資金、情報などの資源提供者とＮＰＯの仲立ちをしたり、また、広義の意味では各種サービスの需要と供給をコーディネートする組織」と定義されている。内閣府『中間支援組織の現状と課題に関する報告書』二〇〇二年　https://www.npo-homepage.go.jp/data/report11_2.html
また田中は「ＮＰＯと寄付者・ボランティアなどの資源提供者との間を仲介し、両者をコーディネートする機能を有する組織」として定義している。田中弥生『ＮＰＯと社会をつなぐ——ＮＰＯを変える評価とインターメディアリ』東京大学出版会、二〇〇五年、iv頁。

8 ペッカネン、ロバート『日本における市民社会の二重構造——政策提言なきメンバー達』木鐸社、二〇〇八年、一六六～一六七頁。

9 仁平典宏『「ボランティア」の誕生と終焉——〈贈与のパラドックス〉の知識社会学』名古屋大学出版会、二〇一一年、三六一頁・三九二頁。

10 標本はアンケートに回答する余力の有無などを原因として、比較的規模の大きい団体に偏っている可能性があることをことわっておく。

11 詳細は別稿にて報告しているので、そちらを参照願いたい。菅野拓「東日本大震災における被災者支援団体の収入構造」（『地域安全学会』第二四号、二〇一四年）二六三～二七一頁。

12 「その他の活動」としては「炊き出し」、「交通・移動に関わる支援」、主として福島県民に対する「保養支援」、「母親・女性支援」、「雇用・生きがい仕事支援」、「文化活動への支援」、「メディアを通じた情報提供」などがある。なおアンケートにおける設問は二九種の活動内容から最重要なものを単一選択するものであったが、二九種の選択肢に当てはまらない「その他」を選択したアソシエーションはいずれの期間でも一〇%に満たなかった。

13 たとえば、中間支援の領域における「特定非営利活動法人せんだい・みやぎNPOセンター」、地域福祉・高齢者福祉の領域における「特定非営利活動法人全国コミュニティライフサポートセンター」、ホームレス支援の領域における「特定非営利活動法人ワンファミリー仙台」などは全国的に有名なアソシエーションであろう。

14 事業成立の経緯については以下の拙稿を参照のこと。菅野拓「災害対応におけるイノベーションと弱い紐帯――仙台市の官民協働型の仮設住宅入居者支援の成立と展開」(吉原直樹・仁平義明・松本行真編『東日本大震災と被災・避難の生活記録』六花出版、二〇一五年)三一八~三四〇頁。また震災直後の事業内容については、以下の拙稿を参照のこと。菅野拓「復興という「都市問題」に都市はいかに応えるべきか――仙台市の震災支援のケースから学ぶ」(『賃金と社会保障』第一五五三~五四号、二〇一二年)一一七~一二八頁。

15 大船渡市市民活動支援センター http://ofunatocity.com (二〇一四年一一月二七日取得)

16 以上の経緯は石巻市において学習支援を行うアソシエーションの代表者へのインタビューにより記述した。

17 代表的な中間支援組織として日本ファンドレイジング協会があり、毎年、日本の寄付市場の全体像をとらえる調査を実施し、「寄付白書」を作成している。日本ファンドレイジング協会『寄付白書2013』(日本ファンドレイジング協会、二〇一三年)などを参考。

18 たとえば日本経済団体連合会が二〇一一年一〇~一一月に実施した経団連企業会員・団体会員(業界団体、都道府県別の経営者協会等)など計一四八五社・団体に対して行われたアンケート調査(回答企業四六一社・回答率三五・二%、回答団体五三団体・回答率三〇・三%)では企業のNPO等への金銭的な寄附は一五四社・一三八億円であった。なお、NPOへの金銭寄附以外に、被災者に直接届けられる見舞金である義援金、現物寄附、支援活動への従業員の参加など多様なプログラムが展開されている。日本経済団体連合会社会貢献推進委員会一%クラブ「東日本大震災における経済界の被災者・被災地支援活動に関する報告書――経済界による共助の取り組み」（二〇一二年）。

19 社会的な課題を解決するための事業の資金調達のために金融機関が発行する債券で、債券を購入した投資家にはその事業に応じた配当が行われる。配当の原資は事業の収益に加え、社会的課題の解決への貢献度合いに応じた政府の財政支出が含まれる。近年、イギリスで開発された。

20 社会的な価値と企業・株主にとっての価値を両立させて、企業の事業活動を通じて社会的な課題を解決していくことを目指す経営理念。戦略的ＣＳＲの一種。

21 委託などの契約形態にもとづく事業の拡大をもって、ＮＰＯ等のアソシエーションの「行政の下請け化」が進行してしまい問題であるという趣旨の議論が広くみられる。しかし筆者には「下請け＝行政委託は悪いことである」といった乱暴な議論は様々な問題をはらんでいるように思われる。仮に「下請け」を委託・請負先になることであると定義すれば、ありとあらゆる行政委託・請負の契約を結ぶ組織は営利・非営利にかかわらずすべて下請となってしまう。そのため「下請け化」という言葉だけをもって善し悪しを判断する規範的な議論はできないはずである。むしろ、通常、行政コストを市場原理のなかで下げることは、削減したコストを他の施策に充てることができ、全体の行政パフォーマンスを上げることになると考えられるため、公費の使い方としてはむしろ良好なことだと考えるべきなのではないだろうか。このなかで、コストを極端に下げることによって行政サービスの質も過度に下がってしまう場合こそが問題であり、通常は採算が見合わない事業は受注先が決まらないため排除される結果となる。このような採算が見合わない事業を受託するかどうかの判断は事業者側にゆだねられており、契約を結ぶかどうかにおいて行政と事業者に上下関係はなく、本来は対等な立場である。現状、多くの場合、発注側である行政が権力関係を生みがちであるが、独自のノウハウや情報のコントロールによって発注側であるアソシエーションが力を持つ場合もある。仮に極端に低いコストの事業についてアソシエーションが行政と契約を結ぶことが問題なのであれば、そのような事業を契約してしまうアソシエーション側にも多分に問題があろう。このように考えれば政治・行政のサブシステムがもつ資金、すなわち公費をアソシエーションが活用すること自体は規範的な意味で悪である「行政の下請け化」を促進することと同義であるとは言えない。むしろ、行政は委託などの拡大を通じて、公費をもって市場を作り出し、アソシエーションは行政や営利企業以上のノウハウや価値を作り出すことで、対等なパートナーシップを組むことこそが必要なことだと考えられる。このような主張を支持する研究としてNPO等の市民社会組織が行政からの補助や委託を受けているかどうかでは、抗議イベントの経験の有無に差が見られないことを論じた以下の論文がある。丸山真央・仁平典宏・村瀬博志「ネオリベラリズムと市民活動／社会運動――東京圏の市民社会組織とネオリベラル・ガバナンスをめぐる実証分析」(『大原社会問題研究所雑誌』六〇二号、二〇〇八年) 五一〜六八頁。

22 統計値は住民基本台帳人口移動報告各年度版および平成二二年度国勢調査より計算。

23 被災地域での地域労働市場の変容については以下を参照。樋口美雄・乾友彦・細井俊明・髙部勲・川上淳之「震災が労働市場にあたえた影響――東北被災三県における深刻な雇用のミスマッチ」(『日本労働研究雑誌』第六二二号、二〇一二年) 四〜一六頁。なお、二〇一四年に入って「石巻では水産加工などの食料品製造と建設・掘削の求人数が求職者数を大幅に上回っており、人手不足が深刻さを増している」としてミスマッチの現状が報告されている。藤本雅彦「被災地の雇用の現状と今後の課題」(『ビジネス・レーバー・トレンド』四月号、二〇一四年) 四二〜四四頁。

第九章　地域再生のため宗教に何ができるか
――ソーシャル・キャピタルの視点から

黒崎浩行

はじめに

東日本大震災にさいして、多くの宗教者・宗教団体が救援・支援に向かい、また現地の宗教施設が避難所となり、支援活動の拠点ともなった。宗派を超え、宗教研究者も参加しての連携・協力が行われた。そして、慰霊・追悼の祈り、祭りの復活が各地でみられた[1]。

宗教者・宗教団体の災害支援や、地域の復興における宗教文化の役割については、多くの報道を目にするようになったとはいえ、一般的にあまり知られているとは言えない。それを示すデータに、公益財団法人庭野平和財団が二〇一二年四月に行った『宗教団体の社会貢献活動に関する調査』[2]がある。

東日本大震災で宗教団体が行った支援活動を尋ねる質問に対し、「ひとつも知らない・わからない」との回答が四九・六％にものぼった。次いで「神社や寺院、宗教団体の建物が避難場所となっていた」が二九・七％、「僧侶が亡くなった人の葬儀や慰霊を行っていた」が二六・九％、「神社や寺院、宗教団体の建物で炊き出しなど支援物資を提供していた」が二二・九％と、具体的な活動についてはニ割以下の認知度にとどまっている。

しかし、同じ調査での「大規模な災害が起きたときに、宗教者や宗教団体はどのような活動を行ったほうがよいと思いますか」という質問に対しては、「とくにない・わからない」が二五・二％にとどまり、逆に「避難場所や支援物資の集積所となる」が四五・二％と、こうした活動に一定の期待が寄せられている[3]。

災害と宗教との関わりというとき、組織化された社会集団としての宗教団体や職能者としての宗教者というありかたよりも、ひとりの人間としての、自然との関わりの問い直しや、死者とのつながりのなかに自覚される宗教性にこそ注意を向けるべきという見方もありうるだろう。筆者もその問題意識を根底にもつことに共感する。

仙台に本社を置く地方紙『河北新報』で二〇一四年一月から始まった長期連載「挽歌の宛先祈りと震災」が、まさにそのようなテーマを扱っている。

ただ、災害の社会学的研究が明らかにしてきたように、災害とは地震や津波、台風、火山噴火などの自然現象そのものではなく、それを引き金にして当該地域の社会・経済的構造が内包する脆さ（脆弱性）が露呈することであると言える。人々が生活再建・地域再建に向かう回復力（レジリアンス）をもちうるかどうかも、人々の暮らし・生業や家族構造の違いに影響されると考えられている。[4]

こうしたなかで宗教が果たしうる役割を考えるにあたっては、社会関係資本（ソーシャル・キャピタル）としての宗教のあり方をとらえる必要があるだろう。近年、孤立化や格差の拡大が進む社会のなかで、人々のつながりの回復や支え合いをもたらすものとしての宗教の可能性を問う研究が重ねられている。[5]

他方で、災害を天罰と説いて被災した人びとをいっそうの恐怖や悲しみに陥れ、それに乗じて布教・勧誘や献金の強要を行う団体に対しては、市民社会から警戒、批判の目が向けられうる。東日本大震災においてもそのような事例が確認されている。[6] 日本社会において一般に、宗教者・宗教団体による社会貢献活動が布教と抱き合わせのものと見なされ、とりわけ新宗教の活動について警戒されてきたという点は見過ごせない問題であり、[7] 留意する必要がある。

本章では、以上のような認識に立ちつつ、東日本大震災からの地域の再生における宗教者、宗教団体、宗教文化の関わりの特徴と課題を、地域社会の自律性の回復ないし再構築に果たしうる役割という観点から、筆者の現地訪問などにより得られた知見と関連する調査研究をもとに考察する。

宗教者・宗教団体の支援活動

宗教者・宗教団体の災害支援活動について、非営利法人の公益性という観点からマクロな把握を行おうとしたものとして、宗教専門紙『中外日報』を発行する中外日報社と日本NPO学会とが共同で行った「東日本大震災における18宗教教団の被災者・地支援活動調査」がある[8]。

調査対象の一八の宗教団体（天台宗・高野山真言宗・真言宗智山派・真言宗豊山派・浄土宗・浄土真宗本願寺派・真宗大谷派・臨済宗妙心寺派・曹洞宗・日蓮宗・神社本庁・金光教・真如苑・立正佼成会・カトリック教会・日本基督教団・天理教・創価学会）は、被包括宗教法人の八六%、信者数の五一%をカバーし、大まかな動向を示すものとしては意味あるものとしている。

調査内容は、寄付等の状況（義援金・寄付等の財源別金額、支出予定、支出先、義援金・支援金の区別、現物寄付、施設開放）、ボランティアおよび支援の形（人数と活動内容・活動時間、緊急型と持続型、活動時期区分、募集方法と協力団体）、教訓と課題、変革（困難、教訓・課題、組織改編・制度新設、改革などの影響変化、今後の取り組み、行政への意見）、活動の把握方法となっている。

一八団体の震災関係の寄付・義援金拠出は、総額一五三億円、今後の予定を含めると約一六三億円にのぼる。調査報告には比較対象として、経団連の調査による営利法人の約一千億円、労働組合「連合」の本体約八億円、組織全体約三〇億円、公益法人協会のまとめによる約三二億六千万円といった支援額が挙げられている。

支出先は内部（被災寺社・教会や檀信徒支援等）が六二％、外部（一般被災者への直接・間接の支出）が三八％となっているが、この内部・外部の分類については教団ごとの考え方の違いや被災寺社・教会の割合の違いがあり、単純に比較できないものとなっている。たとえば神社本庁はほぼすべてが内部への拠出と回答しているが、これは地域住民がすなわち氏子ととらえられ、また被災神社数が多いためであると考えられる。一方で、創価学会は寄付・義援金を明確に外部向けと位置づけて回答していると考えられる。

また、義援金（自治体の配分委員会によって被災者に渡されるお金）と支援金（被災者支援団体の活動を支える資金）の割合は一八団体全体で五七・三％と三四・九％となっているが、これも教団ごとに異なっている。天理教の「災害救援ひのきしん隊」や、真如苑の「ＳｅＲＶ」のように専門の救援ボランティア団体を有する教団は支援金の割合が高く、カトリック教会はカリタスジャパンなどの関連団体の活動資金に一〇〇％を充てている。

物資支援も、現地のニーズに応じてきめ細かな配布がなされたことがわかっている。

支援活動を行ったボランティアの合計延べ人数は一〇万八八一人となっているが、無回答の教団もあり、また集計方法に疑問を付した教団も見られる。

支援活動については発災直後の緊急支援（天理教の災害救援ひのきしん隊、真如苑のＳｅＲＶ）と、現地のボランティアセンターを維持運営しながらの持続的な支援（浄土真宗本願寺派東北教区ボランティアセンター）との両方があり、自覚的に時期区分を設けて活動を展開した教団（真言宗豊山派、高野山真言宗）もある。

他団体との協力関係については、自治体や社会福祉協議会、町内会や仮設住宅の自治会、ＮＰＯ・ＮＧＯなどと関係を築きながら活動を展開した教団も多い。

以上のように、この調査は、宗教団体による支援活動の概況を伝えるものとなっている。ただし、結果の数値のみを見て他セクターに比しての活動規模の大小や、教団間の差異を云々することには慎重にならざるを得ない。

むしろその活動の多様性に改めて注目すべきだろう。現地で自ら被災しつつも住民に寄り添い、避難所や支援の拠点となった寺社や教会がある一方で、教団の有する広範囲のネットワークを通じて支援を届ける活動も展開された。[9] ソーシャル・キャピタルについてのロバート・パットナムの類型化を援用するならば、内部結束型、橋渡し型の双方を見いだすことができる。

こうした多様な取り組みについての情報を交換するネットワークをつくり、ニーズに応じたよりよい支援につなげていくために、二〇一一年四月、宗教者災害支援連絡会が発足した。[10] 宗教学者の島薗進が代表者となり、宗教界および宗教研究者が賛同者、世話人となって運営しており、現場で活動する宗教者を招いての情報交換会をこれまで二二回重ねているほか、他団体との共催でのシンポジウム等を企画してきた。

また、インターネット上での情報共有の試みとして、二〇一一年三月一三日には宗教学者の稲場圭信の呼びかけにより「宗教者災害救援ネットワーク」がフェイスブック・ページとして開設され、また筆者も協力して「宗教者災害救援マップ」を構築、公開した[11]。

宗教者による被災者のケア

一九九五年一月に発生した阪神・淡路大震災、二〇〇四年一〇月に発生した中越大地震での経験から、被災地では三年目以降に自殺者数が増加することが知られている。被災直後の死別、喪失の悲しみに加え、仮設住宅等での厳しい生活などからくるストレス、将来の生活設計を描けないことへの不安などが重なるためと考えられている。そこで、被災者の「心のケア」の必要性が指摘されてきた。

また、東日本大震災においては、地方公共団体職員や警察職員、消防署職員、自衛隊員など、現地で支援にあたっていた人々も多くのストレスを抱えており、このような立場の人々に対してもケアの必要性があることが、政府の自殺予防対策にも挙げられている[12]。

宮城県仙台市で超宗派の取り組みとしてはじまった動きとして、二〇一一年四月に発足した

「心の相談室」がある。[13] 仙台市の葛岡斎場での死者の慰霊・追悼を、宮城県宗教法人連絡協議会、仙台市仏教会、仙台キリスト教連合が協力して行ったことをきっかけに、遺族の相談に応じる窓口を設置した。

その後、避難所や仮設住宅での移動傾聴喫茶「カフェ・デ・モンク」などの活動に展開していった。医療法人社団爽秋会理事長で、がん患者の在宅緩和ケアに取り組んできた岡部健医師（二〇一二年に逝去）が室長を、東北大学文学部宗教学研究室の鈴木岩弓教授が事務局をつとめた。宗教者、研究者、医療者が連携しての活動である。

この動きはさらに、東北大学大学院文学研究科に実践宗教学寄附講座を開設することにもつながった。[14]「様々な信仰をもつ人々の宗教的ニーズに適切にこたえることのできる」専門職を「臨床宗教師」と名づけ、その育成を行う研修プログラムが二〇一二年一〇月に開始された。「公共空間で心のケアを行うことができる宗教者」がめざされている。二〇一四年一二月までに六回の研修が重ねられ、合計で九五名の受講者が参加した。

これまでにも、自死・自殺対策や自死遺族支援、緩和ケア施設でのケアに宗教者が関わってきた経験の積み重ねがあり、それは震災以後の活動の前提にもなっている。しかし一方で、宗教者による心のケアは、布教活動との境目が曖昧であることが指摘され、その葛藤――宗教社会学者の渡邊太は「救援と救済のジレンマ」と名づけた[15]――のなかで活動が行われてもいた。「臨床宗教師倫理綱領」では、この点について次のような指針を掲げている。

〈臨床宗教師自身の信仰を押しつけない（ケア対象者の信念・信仰、価値観の尊重）〉

4－1　臨床宗教師は布教・伝道を目的として活動してはならない。また、そのような誤解を生むような行為は控えなければならない。

4－2　たとえ臨床宗教師とケア対象者の所属宗教・宗派が同じであっても、その両者の信仰の内実はまったく同じわけではない。臨床宗教師はケア対象者の個別性をていねいに受け止め、尊重すべきである。

4－3　臨床宗教師は、安易に自らの信念・信仰や価値観に基づいてケア対象者に対してアドバイスや指導を提供してはならない。ケア対象者が、たとえ自らの信仰・信念や価値観の観点から見て好ましくないものであったとしても、ケア対象者からの同意なしに、その観点から独善的にケア対象者の価値を判断したり、どうあるべきかを指導したりしてはならない[16]。

この指針は、公共空間における宗教者のケアのありかたという面からだけでなく、対象者の個別性に配慮した対人支援のありかたという面からも重要な示唆を含んでいる。

浄土真宗本願寺派の僧侶で、岩手県陸前高田市と宮城県名取市の仮設住宅居室訪問活動に従事している金沢豊氏は、二〇一四年一一月四日に行われた宗教者災害支援連絡会の情報交換会で、これまでの活動を振り返って次のように述べた[17]。

震災から三年半を経た現在、地域住民のなかに様々な感情をもつ人が存在している。厳しい思いを抱えつつ、それを誰にもわかってもらえないと苦しむ人がいる一方で、思いをアウトプットして元気な人もいる。また、仮設にいる人が苦しみ、仮設を出た人が元気かというと一様にそうではなく、あくまで一人ひとりの事情による。

そして、ボランティアが減少し、地元の自立が期待されているなかで、対人支援が少なくなっている。居室に訪問し、傾聴を行って、相手の「気持ち」を感じ、自分の「気持ち」として受けとり、場合によってはそれを言葉にして返す、という行為を繰り返して時間を共有する。このような個に向き合う活動の必要性があるという。

精神科医の宮地尚子は、災害後の様々な立ち位置にある人々の心理状態の見取り図を「環状島」というモデルで描き出している[18]。環状島とは、中央部分が水底に沈んでいる円形の島を表し、その中央部には犠牲者、中央寄りの水際から内周の地上にかけて被災者、外周から外海の水際にかけて支援者、外海に無関心者がいるとし、それぞれにトラウマ、ストレスを抱えているとする。内海に沈む犠牲者は声をあげることができない。災害の発生から時間が経つにつれて水位が上昇し、被災者の声を聴くことも困難になっていく。

金沢氏の回顧はこのようなモデルを想起させる。しかしそこから宗教者の活動領域を絞り込んでしまうのでなく、それぞれの苦しみにそのつど寄り添っていく実践の必要性を説いているように受け止められる。

これは、福島県南相馬市で真宗大谷派現地復興支援センターに従事する真宗大谷派僧侶の木ノ下秀俊氏による回顧とも重なり合う。木ノ下氏は、二〇一四年六月二日に行われた宗教者災害支援連絡会の第一九回情報交換会で「それぞれのふくしま」と題して、現地住民の悩みに向き合ってきた経験を語った[19]。

放射能の影響について確かな情報がないなかで様々な判断があり、地域が「復興」に進むなかで何も言えない状況がある。当初は宗教者として何をするかではなく、人としてできる対応をすることで精一杯だったが、今は「人は一人ひとりなんだ」ということを踏まえて、一人ひとりの人間に会い、できるだけのことをしていく。こうしたことは宗教者だからこそできるのではないか、なぜならば人は自由な立場で寺に来るからだ、という。

「臨床宗教師倫理綱領」は、対象者の信仰内容の個別性に配慮するべきことを強調しているが、金沢氏や木ノ下氏らは、人々の苦しみそのものの個別性に寄り添うこと、そういう活動ができるのが宗教者であるという確信に至っていることがうかがえる。

祭り・芸能の復活とその支援

宮地は、先に紹介した「環状島」モデルについて、水位を下げることに影響するのは「文化の豊かさや、専門領域、テクノロジーやメディア」であるとし、次のように提唱する。「今後、被災地の中から、どのような文学、詩やアートが生まれてくるのか楽しみです。宗教やスピリチュアルな領域においては、東北は豊かな民俗文化をもっていました。口承伝承の再評価、祭りや儀礼の復活再生、新たなタイプの祭りや儀礼の創造は、〈内海〉に沈んだ犠牲者たちの声をよみがえらせ、後世にまで伝えることでしょう[20]」。

犠牲者の慰霊・追悼のため、また復興祈願のために儀礼を営む動きは各地で見られ、宗教者の災害支援の原点にあるとも言える。それは「心の相談室」発足のきっかけともなった。宗教者災害支援連絡会でも、毎月一一日を「追悼のとき」とすることを提案している[21]。

それと同時に、地震・津波、原発事故によって被災した地域に伝承されてきた祭りや儀礼、民俗芸能を復活再生したい、またその担い手を支援したいという動きも各地で見られた。

民俗芸能研究者や文化財行政担当者の間では、その現状を把握して記録を残し、よりよい支援につなげるため、網羅的な調査が試みられている。東京文化財研究所と儀礼文化学会、全日本郷土芸能協会、防災科学技術研究所は合同で、「無形文化遺産情報ネットワーク」を二〇一三年二月に発足させ、「無形文化遺産マップ」を通じて成果を公開している[22]。

福島県では、懸田弘訓氏を代表とする民俗芸能学会福島調査団が現地および避難した担い手たちへの聞き取り調査を行い、『福島県域の無形民俗文化財被災調査報告書』をまとめている。

宮城県では、東北大学東北アジア研究センターが、宮城県の委託事業として「東日本大震災に伴う被災した民俗文化財調査」を行い、その成果報告書を公開している。

岩手県では、岩手県教育委員会の指導のもとに東日本大震災民俗文化財現況調査実行委員会が組織され、『東日本大震災民俗文化財現況調査報告書』が刊行された。これら調査報告書のＰＤＦには、「無形文化遺産情報ネットワーク」のウェブサイトからリンクをたどってアクセスできる。

被災地域での祭り・芸能は、人々の心のよりどころとして、地域の再生、持続への願いとともにその復活への期待が寄せられている。しかしだからこそそこに困難が生じてもいる。

宮城県での調査をもとに、各担当者がそれぞれのフィールドを民俗誌として書き起こした、高倉浩樹・滝澤克彦編『無形民俗文化財が被災するということ』[23]は、被災した地域の祭り・芸能の記録保存や各地の支援イベントでの復活公演といった活用に一定の価値があるとしながらも、こうした営みが震災前からの地域の人々の暮らしとともにあったことに注意を促し、祭り・芸能の担い手である人々の生活再建を中心に見ていく必要があることを強調するものとなっている。これは、宮城県以外の地域でも同様に当てはまることだろう。

岩手県大槌町では毎年九月下旬に「大槌まつり」と呼ばれる大きな祭礼が営まれる。これは、安渡地区に鎮座する大槌稲荷神社の例大祭と、町方地区に鎮座する小鎚神社の例大祭とが二日連続で行われ、それぞれの氏子区域内をめぐる神輿渡御に、太神楽（獅子舞）、虎舞、鹿踊り、七福神舞などの一〇を超える郷土芸能団体が一緒について回り、大槌が祭り一色に染まるものである。

震災により町民の約一割が犠牲となったなかで、なんとかこの祭りを続けていこうという努力とそれに対する支援がなされてきた。しかしながら、二〇一三年は大槌稲荷神社の神輿渡御が中止となった。

責任役員を含め多くの総代、氏子が犠牲となり、また多くの住民が仮設住宅で苦しい生活を送っているなかで、祭典費を集められないというのが理由であったが、町民の間から祭礼の中心である神輿渡御の中止を残念がる声が聞かれ、神輿の担ぎ手の不足や高齢化という問題を抱えつつも、ボランティアなどの支援を受けて二〇一四年には再開された。

地域の生活再建に対する現状認識の差異や、地域で伝承されてきたものの何についてどこまで外部からの支援を受けるべきかという意識の差異がうかがわれる。

福島県双葉郡浪江町の請戸地区に鎮座する苕野神社では、毎年二月の例大祭（安波祭）で「請戸の田植踊り」が奉納されてきたが、津波により社殿が全壊し、宮司一家も犠牲となった被害に加え、原発事故により全住民が避難し、今に至っている。

二〇一一年八月、いわき市の大國魂神社宮司、山名隆弘氏や、懸田氏らの支援を受けて、いわき市小名浜のアクアマリンふくしまで復活公演が実現した。浪江町役場事務所のある二本松市をはじめとして各地に避難している子どもたちが集い、再会を喜びながら故郷の踊りを披露した。

それ以来、請戸の田植踊りは各地で公演を重ねてきたが、請戸芸能保存会の佐々木繁子氏は、本来の祭りをなんとか継承していきたいと考えていた。二〇一四年三月、その希望に福島県神社庁が応え、福島市、二本松市の仮設住宅に神籬を設けて降神の儀を行い、そのうえで田植踊りを奉納することとなった。

原発事故により避難を余儀なくされている地域、津波により壊滅的な被害を受けた沿岸地域のいずれにおいても、元の場所へ還り、それまでの生業を続けることに多大な困難がある。

そのなかで祭りや儀礼、民俗芸能などを復活させる取り組みは、人々の心のよりどころ、死者をも含むつながりの再生とはなりえても、これまでどおりの地域の再生、持続を約束するものでは必ずしもない。滝澤克彦は先述した宮城県の無形民俗文化財調査で明らかになった二一の事例を分析し、祭礼の復興度が村落のレジリアンスと正比例するわけではないと結論づけている。[24]

ボランティアや財団などからの支援を受けての復活や、避難・移住先での再現といったことにおいて、祭りや儀礼、民俗芸能を営んできた基盤が変容していることに留意する必要があるだろう。そのうえで、こうした取り組みの長期的な展望や可能性に注目していきたい。

地域の宗教施設の果たす役割

前述の、中外日報社と日本NPO学会による調査報告では、それぞれの宗教団体が支援活動にあたり設定している時期区分に関して、「撤退期」が明示されていないことに注意を促している。

支援・被支援関係の長期化は、支援疲れや双方の共依存をもたらし、かえって自立の妨げになることがつとに指摘され、撤退の時期を見極めることが必要だと言われてきた。しかし、「しばしば自ら被災した、地域における寺社・教会の日常的な社会貢献を全国組織が支援する、という形になるのであれば、「撤退」という選択肢は入れる必要がない[25]」、と理解を示している。

それぞれの宗派、団体のもつ広域的なネットワークが様々な支援を被災地域に提供したが、地域に根ざす神社、寺院、教会などの宗教施設と宗教者は、そこにあり続けるなかで、困難さをともに経験しつつ、再生に向けて住民をつなぐ役割を果たしている。とりわけ津波被災地域の高台に位置する社寺は、津波からの避難所となって住民を受け入れ、その後も祭り・芸能奉納の場、あるいは復興に向けて住民が集う場となっている[26]。

宮城県気仙沼市の松岩地区は、松岩漁港と養殖場を擁し、養殖業・水産加工業、農業を営み、また近年宅地開発が進んでいたが、津波により集落、漁業施設ともに壊滅した。

この地区の高台に鎮座する古谷舘八幡神社は、津波被災当時から十日間にわたって地域住民六〇人を受け入れた。秋祭りや正月に献納された食物を分けて空腹をしのいだという。

それから後も、宮司をつとめる熊谷正之氏は、熊谷家の縁から埼玉県熊谷市住民による歌舞伎公演を橋渡しするなど、各地からの支援をつないできた。

境内には松岩地区の犠牲者一五五名の名前を刻んだ慰霊碑が建てられている。地元の石材店主の提案を受け、各大字の自治会を通じて遺族の了解を得て実現した。二〇一四年三月一一日に除幕式・慰霊祭が行われた。碑には「汝がねむる　この海とともに」と刻まれている。熊谷宮司によると、この地区の人々はこれだけの災害に遭っても、海から離れて生きることは考えられない、その思いを「ともに」という言葉に託したという。[27]

おわりに

東日本大震災の被災地域の再生に果たす宗教の役割をめぐっては、様々な具体的課題が山積している。全体的なボランティア減少のなかで、持続的かつ自立の助けになる支援を宗教者がどのように行いうるか、区画整理や人口流出による氏子・檀家・信徒の減少に対応しながら寺社・教会等をどう再建し、地域を支える活動を継承しうるか、墓地の移転をめぐる問題、原子力災害により帰還が困難になった地域のゆくえ、などである。

他方で、臨床宗教師の育成や、地域防災における宗教施設と自治体との協定締結が拡大する[28]など、東日本大震災の経験をもとにして公共空間における宗教のありかたをめぐる新しい展開が生じている。

宗教者、宗教団体や地域の宗教文化の築く内部結束型、橋渡し型のソーシャル・キャピタルのいずれもが、地域再生に向けて作用を及ぼしていると言えるが、しかし決して一様ではない地域再生の動きのなかで、それぞれの人の苦に寄り添うことが求められている。こうした自覚はすでに、生活困窮者支援に取り組む宗教者の間でも「伴走者」・「伴走型支援」という言葉とともに語られてきた[29]。本章で触れたいくつかの動きも、そうした流れに与するものであると考えられる。

［注］

1 稲場圭信・黒崎浩行編『震災復興と宗教』（叢書 宗教とソーシャル・キャピタル1）明石書店、二〇一三年参照。

2 公益財団法人庭野平和財団『宗教団体の社会貢献活動に関する調査報告書』（二〇一二年）一三頁。

3 同書、一六頁。

4 浦野正樹「災害研究のアクチュアリティ——災害の脆弱性／復元＝回復力パラダイムを軸として」（『環境社会学研究』第一六号、二〇一〇年）。

5 稲場圭信・櫻井義秀責任編集『叢書 宗教とソーシャル・キャピタル』（全四巻、明石書店、二〇一二

～三年）参照。

6 藤田庄市「大震災　問題教団の内在的論理――宗教的脅迫と社会との精神的断絶」（国際宗教研究所編『現代宗教２０１３』秋山書店、二〇一三年）参照。

7 井上順孝「その活動は社会貢献か布教か――思い惑う宗教団体」（『中央公論』二〇一四年一月号）参照。

8 岡本仁宏「東日本大震災における18宗教教団の被災者・地支援活動調査について――調査報告に、若干の考察を加えて」（日本ＮＰＯ学会 Discussion Paper 2014-003-J、二〇一四年）。http://www.osipp.osaka-u.ac.jp/janpora/dparchive/papers/2014003J.pdf（以下二〇一五年一月一〇日取得）

9 大正大学宗教学研究室は、福島県いわき市に対象地域を絞って、様々な宗教者の支援活動を調査し、その成果を公表している。『宗教学年報』第二七号（大正大学宗教学会、二〇一二年）参照。科学研究費補助金基盤研究（C）「東日本大震災後の地域コミュニティの再編と宗教の公益性に関する調査研究」（研究代表者、弓山達也大正大学教授）として調査を継続している。

10 https://sites.google.com/site/syuenrenindex/

11 黒崎浩行・稲場圭信「（研究ノート）宗教者災害救援マップの構築過程と今後の課題」（『宗教と社会貢献』第三巻第一号、二〇一三年）http://hdl.handle.net/11094/24490

12 総務省「東日本大震災　総務省の主な取り組み」（二〇一四年三月一一日）http://www.soumu.go.jp/main_content/000215509.pdf

13 島薗進「宗教者と研究者の連携」（前掲『震災復興と宗教』所収）一六三頁。

14 http://www.sal.tohoku.ac.jp/p-religion/top.html

15 渡邊太「キリスト教のボランティア活動――救援と救済のジレンマをめぐって」（三木英編著『復興と宗教』東方出版、二〇〇一年）。

16 http://www.sal.tohoku.ac.jp/kokoro/data/upfile/290-1.pdf

17 金沢豊「三年半の活動を振り返って」（宗教者災害支援連絡会第二一回情報交換会、二〇一四年一一月一〇日）https://sites.google.com/site/syuenrenindex/home/report/meeting/20141110kanazawa（二〇一五年一月一〇日取得）。金沢らの活動については、藤丸智雄『ボランティア僧侶――東日本大震災　被災地の声を聴く』同文館、二〇一三年も参照。

18 宮地尚子『震災トラウマと復興ストレス』岩波書店、二〇一一年参照。

19 木ノ下秀俊「それぞれのふくしま」（宗教者災害支援連絡会第一九回情報交換会、二〇一四年六月二日）https://sites.google.com/site/syuenrenindex/home/report/meeting/20140602kinoshita

20 宮地、前掲書、六一頁。

21 https://sites.google.com/site/syuenrenindex/home/prayfor311

22 http://mukei311.tobunken.go.jp/

23 高倉浩樹・滝澤克彦編『無形民俗文化財が被災するということ』新泉社、二〇一四年参照。

24 滝澤克彦「祭礼の持続と村落のレジリアンス――東日本大震災をめぐる宗教社会学的試論」（『宗教と社会』第一九号、二〇一三年）一二六頁。

25 岡本、前掲論文、二四頁。

26 神社については拙稿「復興の困難さと神社神道」（国際宗教研究所編『現代宗教２０１４』）参照。http://www.iisr.jp/wordpress/wp-content/uploads/2014/03/2014kurosaki.pdf　避難所となった寺院については、千葉望『共に在りて――陸前高田・正徳寺、避難所となった我が家の一四〇日』講談社、二〇一二年参照。

27 二〇一四年三月一一日インタビュー。科学研究費補助金基盤研究（B）「東日本大震災におけるコミュニティ復興のアクションリサーチ」（研究代表者、渥美公秀大阪大学教授）による。

28 稲場圭信「大災害に向けた平常時のそなえ」（『中外日報』二〇一三年六月四日）参照。科学研究費補助金基盤研究（A）「宗教施設を地域資源とした地域防災のアクションリサーチ」（研究代表者、稲場圭信大阪大学准教授）として調査を継続している。

29 奥田和志・茂木健一郎『「助けて」と言える国へ――人と社会をつなぐ』（集英社、二〇一三年）参照。

II

対談

住民主体のグランドデザインのために

赤坂憲雄×小熊英二

震災の忘却、過疎化の現実

小熊　あの日から四年が経って、震災が忘れられつつあるという懸念が多く聞かれるようになりましたので、まずそこから話を始めたいと思います。

まず私は、震災や原発事故の後の緊張や恐怖の状態が、長く続いているべきだとは思いません。いつまでもそれに耐えられるわけもないし、そこから人が脱却していくのは、別に悪いことではない。ただ、そこから教訓や方向転換の兆しといったものを摑みとれないとすれば、それは問題だと思います。

それさえも忘れられているのではという話もありますが、私は必ずしもそう思っていません。震災と原発事故の経験は、いろいろなところに、潜在的に反映している。たとえば、去年ぐらいから地方の衰退と人口減少の話が活発に論じられるようになりましたが、あれは震災以降の波紋の一つではないかと思っています。

私自身についていえば、三陸の沿岸地域に行って、日本の地方の状況がこれほど端的に見えているところはないと思いました。そして三陸の震災復興を研究するなかで、東京と地方の関係について、かつてとは違う論じ方もできるようになったのです。

今回収録した論文でも書きましたが、いま被災地で起きているのは、もはや震災に特化した問題ではありません。人口減少や産業の衰退、公共事業への依存といった、日本の地方が抱えている問題が、極端なかたちで出てきている。あるいは、二〇年か三〇年先取りしている。それが被災地の状況であると思ったほうがいい部分があります。「震災と原発事故を忘れない」と訴えるだけではなく、そうした一般的な問題として論じていく回路を開くことが、受け継ぎ方の一つなのではないかと思います。

赤坂　僕も忘却というのは避けがたいものだと思います。被災地を歩いていても、否応なしにガレキの山はどんどん消えていくし、公共事業の工事現場のような風景が一面に広がっている。その中で忘れるべきでないことがあるとしたら、そこに暮らしている、あるいは暮らしていた人たちがその土地の記憶をどのようにつないでいくのかということを自らきちんと問いかける仕事をまずは本格的に始めるべきでしょう。それがきちんと重ねられていけば、外部の人たちの関心とか眼差しというのもそれにつれて自然と豊かになっていくと思うのです。だから忘れるものは忘れるというふうに覚悟を決めるべきだなというふうに思います。

それからもう一つ小熊さん言われたことはまさにそのとおりです。じつは沿岸部は内陸部と比べても過疎化の度合いがすごく早く、すでに急速に進んでいたんですよね。だから放っておいても二〇、三〇年後には人口は確実に半分近くになり、その約半数は高齢者になる状況が来ることはわかっていたわけです。ただそれは見たくなかった。意識したくなかった。それに備えて今から何かをするといったかたちで政治がまったく動かなかった。それが震災によって否応なしに突きつけられてしまったにすぎないと僕は思っています。

沿岸部は過疎化の度合いがとにかく凄まじい。われわれはそれが震災によって一気に二〇年早回しされたというふうに考えるべきだと思います。いまだに、多くの首長さんたちが、これほど人口が流出すれば村や町として成り立たないという恐怖感みたいなもので動いているところが問題だと思います。その意味では、三陸の被災地でいま起こっていることは、三〇年から五〇年後の日本列島における極めて普遍的な風景になるだろうと思っています。

小熊　そこでお聞きしてみたいのですが、多くの首長さんたちはなぜそう考えるのでしょうか。推測できることとしては、まず地元への愛着やノスタルジーがある。「この町を潰したくない」という感情ですね。

しかし二番目として、自治体の税収が減って規模が縮み、合併されてしまうと、自治体の首長なり職員なりの地位が危ない、という意識もあるのでしょうか。後者だとすれば、住民や地域社会がどうなっても、自治体さえ残ればいいんだという発想も出てきかねない。あるいは、それらがないまぜになっているのか。その辺はいかがですか。

赤坂　難しいですね。つまり、本人たちも意識しているかどうかはわからない。でも、冷ややかに言ってしまうと、単なるふるさとへの愛着とかノスタルジーではないと思います。やはりいろいろな利害関係というのが絡まり合っている。たとえば、村や町にもう住めないということで、離散という方向に大きく舵が切られてしまったとしたら、たぶん自分の基盤、経済とか政治とかいろんな意味を含めて、自分の拠って立つ基盤が失われることになる。そうしたことに対する恐怖があると思います。

それからもう一つ、染みついている発想があると思うのです。つまりある時期以降の地方自治というのは、国や県から助成金やら補助金・交付金を引っ張ってきて、それを上手に村の現実に落とし込んで村づくりをするというのが仕事だったわけですよ。それが根こそぎなくなってしまったら、土地に様々なかたちで注ぎ込まれていた、お金の構造そのものが消えてしまう。自分の存在そのものが解体してしまうかのような不安は、強烈にあると思います。

いま、いろんな言葉が飛び交っています。土地への愛着、ノスタルジーというのは当然あるんですよ。みなの中にある。でも大きな政治みたいなものは、そこでは動いていないのではないかと感じます。

個人を支援しない日本の制度

小熊　私は今回収録した論文を書くにあたり、復興関係の法律や制度などを調べ直してみました。日本の災害復興関係の法律や制度は、被災者個人を対象にしたものがほとんどありません。阪神大震災の後にいろんな運動の成果としてできた被災者生活支援法と、災害弔慰金が、ほとんど唯一の制度と言ってもいいくらいです。

しかし論文でも書いたように、その二つの支給総額は、復興関連で用意された二六兆円のうち、わずか一・三％です。それもまとまった金額ではないので、当座の資金のために使われ、生活再建の基盤づくりにまでならないことも多い。

いまある制度は、基本的には被災自治体がいろんな事業を行うにあたって、国が補助する制度です。ほかにも県の直轄や、国の直轄の事業がありますが、基本的に復興関係の法律というのは、基本的に被災者を直接対象にするのではなくて、自治体の事業を支援するかたちになっている。それがトリクルダウンすれば、個人にも恩恵が及ぶはずだということになっている。

その根底にあるのは、公共資産のためには支出はできるけれども、緊急食料とかをのぞけば個人を支援はできない、という論理です。もちろん事業支援とか、利子補給とか、社会保障とかの支援制度もありますが、自治体から出ていった人は、基本的に支援対象になりにくい。仮設住宅も公共施設ですから、廃棄するのはかまわないけれど、被災者に贈られるということにはならない。

原発事故の補償なども、形は違うけれども、ある意味で似たところがあります。基本的には、まず除染や事故処理というかたちで広義の公共事業がやってきて、域内でお金が回る仕組みが現状を支えています。そして地域を離れた避難者への福祉サービスなども、自治体が提供するものであって、それについては国が補助をしたりします。

それに対して、避難者に対する直接のお金は、東電からの賠償金というかたちで出ていて、国や自治体から出るお金ではない。東電を支援しているのは国ですから、東電を経由して国からお金が出ているのと実質は同じことですが、あくまで国が出しているのではないという形式をとっている。

じつはこういう論理は、国の支出の根本を決めている財政法にも通底しています。赤字国債を議会の承認なしに出せるのは、国の資本形成になる支出だけなのです。つまりダムを造ったり防潮堤をつくったりするのは国の財産をつくる支出だから、建設国債でまかなえる。しかし福祉や教育などに対する支出は、国会の承認を受けて、赤字国債を発行しなければならない。だから、もともと箱モノをつくるほうに傾斜しやすい制度だった。

論文でも書いたように、六〇年代の発展途上国状態であれば、それでもよかったのかもしれない。しかしもう、そういうことをやっても産業の形成にもならないし、かえって逆効果です。

赤坂　たとえば、明治や昭和の三陸大津波の後に、国家が被災地の復興支援をしたのかどうか。おそらくほとんどしていないと思うのです。関東大震災のときには、首都だから国家予算を莫大に注ぎ込んでいますが、明治や昭和の三陸大津波の記録を読んでいると、新聞社などが呼びかけて集めた義捐金を渡しましたみたいな記事は出てきますが、国家が復興させるために何をやったのかという動きはほとんど見えません。だから小熊さんの分析している、一九六〇年代にできた災害復興スキームがつくられる以前には、たぶん市町村などの行政もほとんど復興支援を受けていなかったのではないかと思います。

小熊　原則はそう考えても間違いではないと思います。一九四〇年代までの国にとって、災害時の一番の問題はまず治安維持であって、被災者の支援は基本的には自治体の責任です。それが変わったのは、一九五〇年代からです。戦後の四〇年代後半から五〇年代前半にかけて、災害が相次ぎました。これは論文にも書いたように、戦争中に山の手入れなどができなくて、山が荒れ氾濫が起きやすくなったなどの事情があります。

そうして災害がいろいろ起きたときに、自治体に責任を負わせると、自治体間で大きな格差が出てしまった。たとえば食糧支援とか仮設住宅のつくり方でも、一つの災害なのに県を跨ぐと全然違うというようなことが起きる。それが問題になって、広域災害のときに国が自治体を補助する制度をつくる動きが五〇年代の前半から起きてきます。

それは当初は、何々台風がありましたから特別措置法をつくりましょう、というかたちでした。それが一九六一年の災害対策基本法や六二年の激甚災害法というかたちで、六〇年代の初めに集大成されます。いうなれば、過去の特別措置法でやっていたことを、全部まとめていった。以前には災害ごとに、特別措置法のもとでやっていたことや、各省庁の省令などでやっていたことを、恒久法のもとで束ねたと考えれば、わかりやすいかと思います。

赤坂 いま、明治や昭和の三陸大津波のときからどういうふうに復興が果たされたのか少しずつ記録を辿っているのですが、主体は行政としての市町村ではやはりない。実際に復興に動いているのは、われわれがコミュニティと呼ぶようなより小さな人間関係であったり、お寺とか神社を中心にした集落であったりする。

そのころからもう、高台移転についての議論もなされているけれども、当時もなかなか進まなかった。あるお寺は自分のところの高台の敷地を全部開放して居住地をつくったとか、つまりコミュニティの内発的な力を持っていたところは前に進んでいる。でも国家や行政としての市町村は大きな力をもってそこに関わったかというと、そうではない。

そうした時代においても、六〇年代以降の復興スキームのなかでも、国は個人に対する支援はできないということを一貫して言っています。では、市町村に財政支援をするというかたちはうまくいったのか。阪神では、もう失敗している。その失敗にきちんと学ばなかったがゆえに、東日本大震災はたぶん同じことをまさにやったのだと思います。

政府の復興構想会議に参加していたので、少しだけその辺がわかるのですが、そこでは四〇の復興メニューが、省庁の縦割りのなかで組み立てられ、提示されました。そしてそこに、個人ではなくて市町村がアクセスして、そこからお金をもらうというかたちで動いた。その結果、公共事業によってインフラを整備するということに、二〇兆円以上のお金が注ぎ込まれてしまって、生活支援やコミュニティ支援、寺や神社をどうするかといったところには、ほとんどお金が行き渡らないかたちで動いてしまった。

だから、たとえば三陸をいま歩いていると、本当に悲惨な状況です。陸前高田では一五メートルぐらいの防潮堤をつくり、街を一〇メートルかさ上げするということで、ベルトコンベアで山から土を運んでいる。誰もが感じると思いますけども、こんなことしていいのかというほどの破壊の状況が生まれている。

みんなおかしいと思いながら、でも動き出してしまったものは止まらない。あそこまで行くと止めようがない。でもそこでつくられる状況は、小熊さんの言われるように、人為的にゴーストタウンをつくっているようなものです。少なくとも、みなが期待していたような、温かいぬくもりのある人間関係があの街から生まれてくるということは、もうほとんどありえないのではないか。

神戸には、高層化によって誰も寄り付かなくなってしまった町がありました。あの失敗をもっと拡大したかたちで繰り返そうとしているという現実が、たぶんいま、われわれの前に展開しつつあるのではないかと思います。

小熊　「ぬくもりがないぐらい」で止まればよいのですが、たぶんそれでは済まない。高齢者が三〇世帯ぐらい高台に集落をつくっても、持続性はまったくないですから。

国際学会などで、外国の研究者を相手に、今回収録した論文の内容を発表すると、みな驚きます。なんでこんなことを莫大なお金をかけてやっているんだ、論理的に考えれば結果はわかるじゃないかと。

しかし、なぜそれを続けているのかといえば、私のみたところでは、別に誰かが特別に儲けようと思って、策略をめぐらせているというわけではない。ゼネコン関係の人から聞くと、お金のことだけ言えば、いまは東京でオリンピック関係の仕事もあるし、東北の復興事業を無理して取りたいとも思っていないという。

また中央の官僚たちに言わせると、自分たちは政治家ではないから、新しい法律をつくるということはできませんということになる。彼らとしては、現在ある制度のなかで、できるだけ寛大に利用できるメニューを提示しただけであって、そのなかからどういう復興計画を立てるかは自治体が決めたことでしょう、というわけです。地方自治法も二〇〇〇年に変わったのだから、自治体と国は対等であって、国は決める立場にはないという人もいます。

問題になっている防潮堤の高さにしても、中央からこのぐらいの高さにしろとか言った覚えは全然ない、目安を出しただけだというのは、経緯を調べてみるとまちがってはいない。ところが目安が出たあとは、県知事がこの高さで行くと言ってしまったところもありますが、市町村が横並びで目安の数字に沿って応募してしまったケースが目立ちます。

ではなぜ市町村はそうしたのかというと、そうするように国から言われたと思ったからだという。しかし国のほうは、そんなことを言った覚えはないという。中央政府のなかには、カネの無駄はやりたくないのだが、無駄だと言ってしまうと「被災地いじめ」だと叩かれるから言えないという人までいる。いわばバレーボールをしていて、お互いがボールを見合っている間にボールが落ちました、という状態が実態に近いように思います。

赤坂　未曽有の災害と言われて、そこでたとえば予算と人事的な配置について独立した権限を持った復興省みたいなものがきちんとつくられていれば、状況は変わったのかもしれない。でも結局、古い縦割り型の行政システムのなかに流し込んだ。多くの具体的な場面では、たとえば農地は農地として復興させることにはいくらでもお金が出るというかたちで、事が動いていたのですね。

グランドデザインは誰がつくるのか

赤坂　僕が迂闊だったなと思うのは、復旧、旧に復することには莫大なお金、予算が注ぎ込まれていると思い込んでいたのです。でも現場で起こっていることは、じつは復旧ではなかった。復旧どころか途方もないなし崩しの、生活から風景まで生業もひっくるめた途方もない無駄がいたる所に転がっている。ゴーストタウンをつくるのに、巨大なお金が注ぎ込まれるみたいなことが現実に起こってしまっている。どこにもグランドデザインがない。それを議論する場さえなかった。

グランドデザインがあって、それに沿って強い権限を持った復興庁みたいなものが動けば、また全然違う風景が生まれていたのかもしれないけれども、恐ろしいほどに計画性というものがない。

神戸では復旧というものを大掛かりに展開することによって、表面的なかたちでの復興が果たされたわけです。しかし遠くから見てみると、あの港はグローバルな世界のなかでもう取り残されてしまったといったことが起こった。けれども、それも学ばなかったということでしょう。失敗を経たのに、明確なグランドデザインがどこにもいまだに存在しないことの意味を、僕は考えざるを得ません。

小熊　しかしそのことに関してだけ言えば、官庁にそれを求めるべきではないと思います。ほんらい官庁というのは、国民の総意を実行するのが役割であって、官庁が勝手にグランドプランを決めるべきではないというのが原則論でしょう。

先ほども述べたように、官僚の言い分としては、グランドプランなり法律なりをつくるのは政治家なり自治体なり、あるいは政治家や自治体首長を選ぶ国民の役割であって、自分たちは現在ある制度の枠内でできるだけ寛大なメニューを提示そうとしただけだと言うわけです。これだけ寛大なメニューを用意したのだから、あとは自治体のみなさん頑張ってくださいと言うしかないと。防潮堤の高さは自治体が決めたのだという言い分も、責任逃れとも聞こえますが、ほんらい謙虚な官僚ならそうあるべきだともいえる。

赤坂　僕も官僚が大きなシナリオをつくって動かすべきとは思っていません。

小熊　あえてこういうことを言ったのは、政府がちゃんと決めなかったから悪いんだ、ですむ話ではないということを明確にしておくべきだと思ったからです。そういう発想で批判をしていても、「国がなんとかしてくれ」というパターナリズムから出られないし、自分たちでなんとかするという発想に至らない。

とはいえ、国民のみなさんでプランを決めてくださいといきなり言われても、専門知識もないから無理だというのはそのとおりです。学者や官僚が、専門知識にもとづいてグランドプランの参考案を提供するべきだったのでしょう。ところが、それもできなかった。

今回の論文を書くために勉強をしてみて、災害研究という分野は、日本では著しく理科系、とくに気象と土木に偏っていて、社会科学的な研究が少ないことがよくわかりました。そして土木系の研究者の多くは、こういうものをつくればここまで地震や津波が防げますというのが領分であって、コミュニティをどう維持するかといったことは知識がないか、へたをすると関心もない。

では災害の社会科学的な研究はというと、もともと少ないうえに、阪神大震災のときの仮設住宅での悲惨な事例とか、高齢者が取り残されたとか、どちらかというと局所的な研究が多い。もっと総合的に、この地域にこれだけ予算をつけたら最終的にこうなった、みたいなことを追っている人は、数えるほどしかいない。

ただそれは無理もないところもあって、外国の災害研究でも、レジリエンスとか地域の回復力みたいなことが言われるようになったのは、さほど昔のことではない。また他国の研究は、日本と問題意識が必ずしも重ならない。

外国の研究は、たとえば何度注意しても津波が来るところにまた住んでしまう貧民をどうしたらいいかとか、民族的・宗教的マイノリティをどう処遇するかとか、寄付金絡みの横領や腐敗をどうしたら防げるかとか、そういった研究が多いわけです。あるいは、政府にお金がなくて、津波で壊れたのと同じ橋をまた同じところにつくるのをどうしたらいいか、といったことですね。日本のように、巨大な防潮堤建設が進んでいくのをどうしたらいいかとか、津波被災地に全然家並みが立たないとか、そういったテーマはほとんどないんです。だから日本の研究者が、日本の事例にてらして研究しなければならない。

しかしこの間みているると、それもなかなか難しいようです。たとえば防潮堤の問題などについては、批判的な学者さんは結構多くいるわけですが、自治体との関係を悪くしたくないから書けないとか、住民自体にいろいろ意見があるから書けないといったことが、どうもあるように見えます。またこの問題は、国の法律や財政、そして地域社会の持続という総合的研究になってくるので、なかなか全部は見えないということもあったでしょう。

それはおそらく、中央の官僚も同じでしょう。個別には優秀な人なのでしょうが、全体が見渡せるかというと難しい。

印象に残っているのは、政治家に仲介してもらって、防潮堤の問題について国交省の担当者などに会ったときのことです。代表で答える五十代ぐらいの課長は、つくることはもう決まっていますと答える。横にいる農水省の人は、もう少し柔軟に対応してもいいのではみたいな態度でしたが、国交省の管轄には立ち入れないと言っている。後ろでメモを取っている国交省の若い係長補佐ぐらいの人は、話を聞きながら苦笑している。おそらく、むだな事業だとわかっているのでしょう。なんとなく全体の構図がわかります。

赤坂　防潮堤問題も、様々な省に分かれている官僚たちの間で、あるいは国交省の中ですら、たぶん意志統一はないんですよ。だから、ゼネコンの利権と結びついたかたちで、強硬に国家によって推し進められているという構図は、実態に即していないように思います。

小熊　ゼネコンのほうも、儲からないからあまりやりたくないとか、できれば早く撤退したいとかいう声もあるようです。防潮堤は規模の事業なので、一定程度は利益が取れるらしいですが、そうは言ってもほかにいい仕事もある。

赤坂　ゼネコンとか大企業の人が言うことというのは、裏があるケースが結構多いので、単純ではないかもしれませんが。

小熊　それはそうです。ただ、昔ほど公共事業なら無条件に高値で受注できるという時代ではない。一方で高齢化によって労働力が不足し、労賃も資材もコストは上がっている。実際に、入札不調も相次いでいます。だから、彼らにしてみれば割に合わないというのは、ありえることかなという気もします。

赤坂　ところで、災害に関わるきちんとした研究が少ないという指摘についてですが、学問が成り立っていないと気づいた瞬間は僕にもありました。災害史においては、小熊さんが書かれたようなことは視野に入っていないし、参考になるものがなかった。

だから僕は、大きな災害が教訓として蓄積され受け継がれていないという状況を変えるために、災害アーカイブセンターのようなものが必要だと思った。理系の学問だけじゃなくて、社会学から民俗学、歴史学、心理学までが総乗り入れする知のプラットフォームにしたいと発言したのです。

でも、どこからも、そういうものをつくりましょうという動きは出なかった。僕のところに、いろいろな官庁の人たちがやってきて、「自分たちはこのためにこんなメニューでこんなことをやっています」と持ち寄って見せてくることはたくさんあった。けれども、大きなプラットフォームみたいなもの、情報が集まり研究が蓄積されるといったものをつくろうと提案した人は誰もいなかった。福島においても、たとえば大学のなかにそういう災害研究みたいなものに特化した学科なり学部なり大学院なりが、講座をもって始まればいいなと思ったのですが、そういう動きにはならなかった。

小熊　とはいえ、私は最近、困ったことだよね、嘆かわしいねと言っていても仕方がないので、自分でやったほうが早いかなとも思っています。国にお金を出してもらったり、人材を投入してもらってセンターをつくっても、いろいろな事例を見ていると続かないことが多いでしょう。

赤坂　いっときですよ。一時の夢だったんです。大きな災害を受けた不安などいろいろなものが渦巻いているときに、誰かが号令をかけて、それをつくろうみたいなことが起こっていたらと。

小熊　たしかに自分自身のことをふりかえっても、二〇一一年前半の時点で、今回の災害の全体像がわかっていたとはいえません。私が二〇一一年四月に新聞に寄せたエッセイでは、これは要するに日本社会の構造的な問題なのだから、これから被災地は過疎化も進む、災害でそれが加速するという話は書きました。しかし、災害に関してこういう法制度があって、それがどう影響するかみたいなことをあの時点で言えたかというと、自分でも難しかったろうと思います。

では世界の中で誰が言えたかというと、たぶん誰も言えなかったでしょう。他の国の災害関係の学者も、現代日本のような問題は理解していなかったと思います。先ほども述べたように、他のアジア圏の災害研究の問題は、毎年氾濫する川があるのに貧しい人たちが住みついてしまうとか、川が氾濫して橋が流されてもまた同じような粗末な橋を建ててしまうとか、そういうものです。

そういう研究者の前で日本の話をすると、そんなにお金が出るのが羨ましい、だけどなぜそんなことをするんだ、という。もうひとつは、なぜ住民は勝手に家を建てないんだ、なぜおとなしく仮設住宅で政府の対応を待っているのか、と聞いてくるわけです。

赤坂　たしかに日本は、経済的な蓄積をしてきた、それがあっての話ではあるのかもしれない。中国や南アジアの災害は、救援の手さえ届かずより悲惨に見える。日本はなんだかんだ言ってもいろんな支援が入り、研究はないと言っても徐々には蓄積されている。

だから僕は、災害アーカイブセンターを提案したときに、ある意味では日本はまさに先進的な災害の場所であると言ったのです。そこに蓄積されたものは、日本だけでなくアジアの他の国々の災害に対しても、災害支援として役に立つのではないかと。一瞬ですが、そう夢のように思い描いたのです。

またわれわれの社会は、豊かな社会であったけれども、人口も急激に減少していっているし、経済成長というものを求めても、明らかに難しい時代に入ってしまった。そのことに、三・一一がきっかけで気づかされたのです。右肩下がりの縮小とか、撤退といったテーマを、きちんと考えていかないといけないと多くの人が感じたはずです。

そこには途上国の災害のような、わかりやすい悲惨さとは違うけれども、別の問題がある。でもいまの政治状況というのは、そこにきちんと向かい合うことを恐れているのか、まったく違う方向に動いているように見えます。

公共事業で道路や橋をつくっても、みなそれを車で渡って荷物を積んで土地から出ていってしまうという光景を、目撃したはずなんですよ。でも、考えたくないとなってしまった。

それでも神戸の場合は、バブルが弾けても右肩上がりの余韻のなかで、まだ復興が進んだ。でも今回はたぶん、二十数兆円の復興予算がなくなったら、被災地はもう自助努力でやるしかないというふうに切り捨てられていくと思います。そのときにグランドデザインがないことの意味をどう考えればよいのか。

後藤新平が関東大震災の後につくったグランドデザインというのは、じつはヨーロッパにモデルがいくつもあったわけです。アメリカの学者の支援も受けながらつくることができた。しかしわれわれはいま、グランドデザインを、成長から成熟へと方向転換せざるを得ないこの社会のなかで、五〇年で人口が確実に三分の二に減る大きな人口変動のなかで、どう描けるのか。

とてもではないけれど、後藤新平がもう一人出てきてくれればいいみたいな発想では間に合わない。でも、誰かがやらなくちゃならない。そのことに気がついて、あらためて僕なんかは呆然としているのです。

小熊　後藤新平のやったことは都市計画であって、復興政策といえるかは疑問だと私は思います。災害のときは大きな都市計画をやるチャンスだと言えば、それはそうなのかもしれないけれども、それをやったからよくなるとは限らない。まして、都市ではない地域の参考例にはならない。

今回、被災地やその周辺で聞いたことの一つに、都市計画や都市計画コンサルタントに対する不信がありました。彼らはやってきて、「こんな駅前広場やこんな通りをつくりましょう」という。でも、そのとおりつくったら、どこからどうやって人が来るのかまでは考えていないという話だったのです。きれいな都市計画をやれば、人はたぶん来るのではなかろうかという、そこで止まってしまっている。

でもある意味、それはやむをえません。都市計画の人は、もともとデザイナーさんであって、産業や社会のことを考える人ではないですから。グランドプランというものをつくるには、もっと幅広い協力がないと難しいだろうなと思います。

コミュニティの力をとらえ直す

小熊　日本の災害をアジア圏の国のそれと比べて私が感じるのは、日本の被災者は政府を信じているということです。おそらく、「最後は政府がなんとかしてくれるだろう」と思って、じっと耐えて我慢して待っている。そう考えないと、この状況は説明ができない。

しかし、これは昔からそうだったのかということは、よくわかりません。私が聞いた話では、バブル期から九〇年代に公共事業がたくさん来るようになってから、地域の自力が落ちたということです。

それまでは、たとえば地域の草刈りとか雪かきは自分たちでやって、いつやるかも自分たちで決めていた。けれども、だんだん公共事業に依存するようになるにつれ、草刈りも自治体から予算が出るようになり、住民のほうも予算を取ってきてやってもらうという方向にだんだん向かっていってしまったという。今回の復興事業のありようは、そういう地域の側の変化も影響していると思います。

赤坂　僕なども、九〇年代以降に村や町を聞き書きで歩いているときに、村の人間関係とか、入会地などの村にとって公共的なものを誰がどのように維持していくのかを考える大きな枠組みなどが、壊れていっているのを感じていました。村の草刈りも、金をもらって初めて加わるという風景が当たり前になっていったときに、いろいろなものが壊れていったように思います。

本書の論文のいくつかで、コミュニティの力みたいなことが、論点として書かれていますね。明治や昭和の三陸大津波も、結局はコミュニティの力で乗り越えたんですよ。

だから僕は、東日本大震災の直後、山内明美さんに案内されて南三陸町の水戸辺を訪ねて、五月の段階ですでに鹿踊《ししおどり》が復興しているのを見て呆然としたのです。あれは、コミュニティというものが突出した、見えやすい光景だったと思います。コミュニティがあるかないかで、町のその後の展開というものがたぶん大きく変わったのかもしれません。

津波からの避難の現場でも、コミュニティの力が辛うじて生きていたところは、生存率が高いのです。コミュニティの中で、どこに寝たきりの老人がいるかなどをみな知っているところは、生存率が高い。自分はあそこのおばあちゃんを連れていくとか、きめ細かいフォローが見られた。僕らは、少しずつコミュニティの力みたいなものが、被害を小さくするのにも、これから立ち上がっていくときにも必要なものだと気がつき始めている。

小熊　地方の疲弊が注目点になっているのと並行して、コミュニティとかソーシャル・キャピタルとかいう議論が多くなってきていますね。国際的にも、災害におけるレジリエンスと、地域のソーシャル・キャピタルの関係が、研究として増えています。

ただし地域といっても、自治体というのは行政単位です。それがコミュニティだというのは、フィクションにすぎない。

たとえば南三陸町というのは、二〇〇五年に二つの町が合併したものだというだけではなくて、その町の中に四つも五つも集落がある。だいたい、集落は小学校区や中学校区と重なっています。そして地元に人にとっては、その集落の人間だという意識はあっても、「南三陸町」がコミュニティだという意識はあまりない。集落どうしは、仲が悪かったりする。

その集落ごとの力の差が、復興においてもかなり出ているようです。論文にも書きましたが、たとえば気仙沼の舞根《もうね》という集落は、いち早く防潮堤はいらないと陳情している。それができたのは、防潮堤なしで高台移転すると、住民四〇世帯くらいで決めてしまうことができたからです。それで、もうこういうプランをつくったからつくらないでくれと、早期に気仙沼市に伝えて、それで先手を打つことができた。

ほかの集落でも、こんな復興計画はまずいと見えている人はいる。しかし地域のまとまりが悪かったり、利害関係が対立していたりすると、その人は少数派に追いやられてしまい、行政の決定が通ってしまう。

つまり集落に人材がいるかだけではなくて、その人材の見識を活かすだけの凝集力がないと、集落の力になってこない。まとまりがつかなくなると。「集落では決められませんから自治体で決めてください」となって、上から決まった公共事業が降ってくる。そういうケースがどうも多いのではないか。

もちろん凝集力だけでも、新しい事態に対応できない。だから、地域全体として何が望ましいのかを見極める能力と、それに合意できる能力の二つが必要なわけです。それは、単に個人として見極められるとか、優秀な学者なりコンサルを呼ぶとかいうだけでは、解決しない問題です。避難もそうでしょうが、復興過程においても、そういう差がはっきり出るのではないかと思います。

赤坂　抽象的にコミュニティの力と言っても、それが何なのかが重要なわけです。たとえば宗教というかたちで、どう精神的に人々が結びついているのか。集落というのは、じつは個人のレベルでは、ものすごい利害関係が絡まり合って対立している。にもかかわらず、祭りとか民俗芸能ということになったときは、その日常レベルの利害関係みたいなものがいったんリセットされて、そこに入っていく仕組みがあるわけです。そういうことを、僕などは東北を歩いていて、迂闊にもあらためて感じさせられました。

もう一つ、そういう社会的共通資本みたいなものとも関わってくるように思うことがあります。南相馬を震災後に歩いていたとき、泥の海を見ていたら、「その下に田んぼがある。でもその歴史は、じつは高々一〇〇年にすぎない」と聞かされたことがあります。つまり田んぼになる前は、入会《いりあい》の浦とか潟だったんですね。周辺の五つか六つの小さな集落が、共通の入会の海として利用していた共有地なんです。それを近代になって埋め立て、開田して、個人所有に分割してやってきた。

その現場を、水田だったのだから水田に戻してほしいと所有者が望んでいるかというと、もう望んでいないんですよ。平均年齢は七〇代半ばみたいになっていて、五年、一〇年かけて田んぼに戻してもらっても耕す人などいないというのが現実です。震災以前から、みなで大きな企業体みたいなものをつくろうといった話はしていたらしいですけどね。

しかしそういう話を聞いて、今風の言葉で言うと「コモンズ」みたいな思考がそこにきちんと導入されれば、風景が変わるきっかけとなるのではないかと思いました。

コミュニティの力というと、顔の見える関係のなかでの依存と相互扶助のシステムと考えがちです。しかしそれだけではなくて、もう少し入会地のような考え方、つまり広いエリアのなかでコモンズのような仕組みをつくれれば、小さなグランドデザインが新たに生まれてくる可能性があるのかもしれない。

それは、再生可能エネルギーの現場で、少しずつ実験的に始まっていることです。コミュニティの力といっても、内向きに閉じるのではなくて、入会地とかコモンズとか、公共的なものに向けて小さなコミュニティが開かれ、つながっていくような構想にならないか。それが、現場の中から少しずつ見えてきているのかなと思います。

小熊　コミュニティというと閉じている印象がありますが、人類史上をみても、完全に自給自足の集落は存在しない。それは一八世紀に経済学者がつくりだしたフィクションです。集落はつねにどこかに開かれ、なんらかの資源を外から取ってくるものです。ただ、その開かれ方によって、コミュニティのあり方が分かれる。

図式的に言うと、外部の資源を取り込むにあたり、垂直的に取る集落と、水平的に取る集落がある。垂直的に取るというのは、わかりやすくいえば、「お上」から取ってくるという意味です。日本の場合は、「東京」からという象徴的な言い方がなされる。その代わり、こういうコミュニティは、横には閉じる。そして上とのパイプを持っている人が、もっとも強い権力を持つという形態になるわけです。

そういうタイプのコミュニティの弊害を、一番わかりやすく見せてくれたのが、今回の復興事業や、いわゆる「原子力ムラ」だったと思います。ただし、これは象徴的に出てきているだけであって、どこでも生じている問題だということはみなよくわかっている。

こういう横への閉鎖性の弊害が目立っていたので、二〇～三〇年前までは、それに「個の自立」を対置する言い方がなされていました。しかし、それでは立ち行かないということがわかったとき、個かコミュニティかという選択肢だけではまずい。水平的に開いたコミュニティという関係性を視野に入れて、コミュニティの力を考え直せないか。横に開くことによって、「上」に頼らないで、同時に「個」に閉じないかたちですね。

そういうことを、みなが考え始めているのでしょう。そのことは、この数年の再生可能エネルギーの議論を見ていても感じます。

私の思うには、そのときの横の開かれ方は、相手がＮＰＯであるか企業であるか、非営利であるか営利であるかといったことは、あまり重要ではないと思います。企業の本社がどこにあるか、大企業であるかないかも、あまり関係ないと思う。権威関係にならずに、合意してできるかどうかのほうが問題だと思います。よそから来た企業と水平的な関係が築ければ、地元の財団法人と権威的な関係になるより、かえっていいのではないか。

本書に寄港してくれた三浦友幸さんや市村高志さんにしても、地元の集落で生まれてそこでずっと生きてきた人ではない。そういう人が、地元に非常に強い愛着を持ってここまで頑張ってきたということのほうが、重要だと思います。こういう人を使える地域と使えない地域で、差が出るのかもしれません。

再生可能エネルギーという手段

赤坂　垂直的、水平的と言われましたけども、日本の地方自治は何といっても垂直的だったわけです。県や国家につながることで権力基盤をつくり、村にお金を流していく仕組みだったわけです。

ところがいまようやく、たとえば福島の現場で、水平的につながるにはどうやればいいかが模索されるようになった。あえて希望を探したいのでこの話をしているわけですが、たとえば被災地のどこそこの村が、再生可能エネルギーを始めたいとメッセージを送ると、それは世界とつながることになるわけです。

たとえば、会津電力のリーダーとして動いている佐藤彌右衛門さんは、ドイツとも随分つながっていて、シェーナウ環境賞「電力革命児」年間賞をもらい、支援をどんどん受けている。じつはもう、お金も随分集めてしまっている。国からも県からも当然引っ張っていると同時に、市民融資というかたちで全国に呼びかけてお金を集めている。地元の地方銀行ともきちんとつながって、そこからも融資を受けられるようになっている。

それはもう、垂直的に県とか国家だけとつながって、そのお金でやろうという発想ではない。まったく違う仕組みをつくろうとしているんです。小熊さんはそれが大企業だろうと何だろうと変わらないと言われたけども、僕らにとってはもう大違いなんです。

小熊　いえ、うまく合意して対等な関係がつくれるなら、企業の名前だけで判断すべきでないだろうということです。依存関係にならずに、イニシアティブが取れるかどうかの方が重要だということですね。

赤坂　それはやってみたんだけども、できなかった。だから僕らは会津中心に、飯舘電力というのをつくったのです。そうした地域の小さな、協同組合みたいな電力会社をつくることによって、茅野恒秀さんが書いているように、自治とか自立のよりどころになるような仕組みをなんとか築きたいと考えているのです。

それでいろんなことをやっていると、お金の問題についても否応なしに考えざるを得ない。

地方の信用金庫がグローバルな株の市場につながって、儲けたとか損したとか、そういうのってほんとうはおかしいですよね。地域で集めたお金は、地域の人たちが必要としている企業その他にきちんと回すべきだという当たり前の感覚が、いま生まれてきているのだと思う。かつて民俗社会にあった無尽とか講とか契約とか、そういうものをノスタルジーとしてではなく、現代に再編していくべきです。

たとえば、村で再生可能エネルギーを始めたいというときに、これまでは、国からどれだけ支援してもらえるかという発想しかなかった。あるいは大企業を受け入れ、全部やってもらって、地代と税金をわずかばかりもらうという発想しかなかった。でも茅野さんの論文によれば、二割ぐらいはそうではないかたちで動き始めている。みな手探りですけども、少しずつそうした場所からコモンズみたいなものが新しいかたちでデザインし直されていく可能性は出てきたのかもしれないと感じています。

小熊　可能性が出てきたということはあると思います。しかし、やはり冷静に見ると、たぶん地域ごとの差が出るだろうなと思うのです。日本の中でも差が出るし、世界単位でみればますますそうでしょう。

二〇一四年の一〇月、ベルリン近郊の、再生可能エネルギーで成功したという旧東ドイツ側の村に案内してもらいました。聞いた話では、ベルリンの壁が崩れたあと、ベルリン周辺の旧東ドイツの村は、軒並み苦境に陥ったという。工業も農業も古い施設しかないし、どんどん人口が流出して都会に出ていってしまった。

ところがそのどん詰まりの状況のところに、大学を出たばかりの技術系の若者が来て、この村は風がいいから風力発電ができると言ってきた。その若者が起業して、風力発電をやって収入になったのですが、風力はいったんできたあとは雇用をあまり生まない。そこでトウモロコシを作り、バイオマスで売電して雇用を生んだという。いまは風力、トウモロコシ、そしてトウモロコシを飼料にした畜産でやっていて、畜産の糞もバイオマスで売電しているそうです。

私はその話を聞いて、外から来た若者のいうことを受け入れる開放性がこの村にはあったんだなと思いました。いまは四〇代になっているその人に聞くと、じつはこの周辺のいくつかの村に適地があって、声をかけたのだけれど、受け入れたのはこの村だけだったという話でした。

そして次に思ったのは、この村はまとまりのよいところなのだろうな、ということです。トウモロコシに転作してバイオマスにするといっても、村全体がその方向に行かないとうまくいかない。そう思って観察すると、全部で四十何戸ぐらいのとても小さな村で、真ん中に教会がある。

そして、よくまとまりましたねと聞くと、もともとつながりの強い村で、このプランで行こうと決め、コージェネレーションで暖房を導入したとき、二戸か三戸しか脱落しなかったそうです。

またその転換の音頭をとったのは、村の電気屋さんと、農業組合長だったという。ドイツでは電気屋さんは一種のマイスターで、村の中でも地位が高い。彼らが外から来た若者の意見を受け入れ、このプランで行こうと村の合意をまとめて、計画を進めることができた。そして売電で大成功したため、いまではモデル村になって視察もたくさん来るという話でした。

しかしその反面、その村に行く途中には、過疎の村がたくさんあった。聞いてみると、そういうかたちで成功している村はもちろん全部ではないし、数も多いわけではないという話でした。だからおそらく、日本でも、そういう地域差がだんだん出てくるだろうなと思います。

それに対処するには、うまくいっているところのやり方を、土地柄も事情も違うのにそのまま真似するのではだめでしょう。そうではなくて、なぜうまくいっているのかを分析し、自分のところだったらどう応用するのかを考える必要がある。少なくとも、国なり大企業におまかせしていれば、何も努力しなくても、外から来た者を拒んでいてもいいんだ、という発想ではだめでしょうね。

またこれまでは、そういう先進的な事例があっても、それは特別なところだよね、基本的には補助金をもらえれば一定程度やっていけるよね、国を信じて黙って耐えていればだいじょうぶだ、と思っていたところもあるかもしれない。しかしその発想では、だんだんこれから厳しくなるでしょう。

たとえば韓国では、日本よりも早く農村の解体が進んでしまいました。いま農村部に残っているのは専業農家、それも数からいえば高齢の専業農家が多い。それは当たり前の話で、補助金や公共事業がなかったら、兼業農家など残りません。専業農家のなかでも、比較的成功したところと、あとは高齢でそれしかできないところが残る。そうなるのが、ある意味では普通といえば普通なわけです。農産物に政策的な価格保証があったとしても、それは同じです。

日本の場合、いいか悪いかはともかくとして、兼業農家を維持するという政策を一貫して続けたわけです。公共事業をやって、あるいは工場などを誘致して、奥さんが部品工場で働き、旦那は土建業をやるというかたちで、兼業農家を続けるというやり方です。そしてコメだけは価格を保証する。

政治学者の斎藤淳氏は、「自民党農政は、端的にはコメ兼業農家を維持するためのカルテル政策に他ならない」と述べている（『自民党長期政権の政治経済学』勁草書房）。つまり公共事業と米価維持の代わりに票をもらうというバーター政策ですが、系統的な政策というよりは選挙対策だったのでしょう。

一九五〇年前後の、地域ごとの票の動向についての研究を読むと、兼業化の比率の高いところほど自民党の得票率が高い。専業でやれているところは、必ずしも自民党に頼らなければいけないわけではない。たとえば北海道などは、革新票のほうが多かった。

そういう意味で、日本の農村は、与党に依りかかるほうが得をするという時期もあった。しかし遅かれ早かれ、韓国その他の国と同じようになっていくでしょう。いつまでも補助金を配り続ける財政力は、もう日本にはありません。

とすれば、東ドイツの村の話のように、ある村は生き残るけれども別の村は、ということにもなるでしょう。じっと待っているだけでは、これからは厳しいことになるのではないかと思います。国際的な展開を図ったり、いろんなところと結びついたり、英語でメールを書いたり申請書を書いたりする必要も出てくるかもしれません。

「そんなことはできない」という人も多いかもしれませんが、英語のメールなんて誰でも書けます。ビジネスには定型句というのがあるわけですから。ほんの三〇年くらい前までは、自動車の運転免許の申請書も書けない人が多くて、代書屋に書いてもらっていたのですが、今では誰でも書けるでしょう。「できない」と言っていれば、政府なり誰かなりが最後はなんとかしてくれるだろう、というのはこれからは通らないですよ。

赤坂　英語に限らず、日本語でも申請書を書けないところが多いわけです。でもそんなものは、簡単なノウハウでできるのですね。

だから、僕らが会津電力とかで始めていることというのは、一つのモデルを提示しようという発想なのです。こういうことができるんだよと。大企業を誘致して小さな原発をつくるのと同じようなことやってしまったら先がないのだから、自腹を切って覚悟を決めて、責任を取る覚悟でやろう、そうするとこのくらいのことはできるよと。

動き出せば、福島はいまお金の使い道がなくて困っていますから。銀行だってそういうところに関心を持って、融資してくれるわけです。

小熊　融資先に困っている地方銀行がありますからね。

赤坂　はい。だから、一つのモデルとしてこういうことは可能だということを見せる必要があります。そこに突破口を開こうということで始めて、会津でたくさんの人が動き出している。そうすると、じゃあ今度は飯舘で仕掛けようとなる。以前から飯舘にも関わっていた佐藤彌右衛門さんが、飯舘電力をつくろうよと呼びかけて。

志のある人たちがそこに集まってきて、ノウハウを提供し、お金はこういうふうに集められるということを示して動き出す。そういう例を一つでも二つでも、今はつくるしかない。日本はまだドイツの段階に行っていないから、試行錯誤の過程で覚悟のない人間は失敗して脱落していくでしょうが。

小熊　全部が全部うまくいくわけではないのは、ドイツでもどこでも同じです。地方銀行のほうも、これまでは事業を審査して融資するより、土地を担保に取るか、地域の有力者が口を利くか、そのどちらかで融資するケースが多かった。だからそういう審査ノウハウを持ってなかったりするわけですが、これからは地方の土地を担保にとってもやっていけない。英文のメールを書いたことないのと同様に、やったことがない、ノウハウがない、面倒くさいといっているると、これからは地方銀行も厳しいでしょう。

赤坂　先に話した佐藤彌右衛門さんというのは、酒造会社の社長、旦那なのです。旦那だから動かせることというのがある。気がついてみると、福島の自由民権運動も旦那衆が始めたのです。同じなのではという気がしますね。志を持って世界につながりながら、電力会社を立ち上げて転がしている。

だからこれは、単なる電力の供給の問題ではない。いま会津でいろんなことが動き出しています。いまはソーラーで始めていますけども、バイオマスとか小水力とか、ある意味で会津というのは資源が無尽蔵にありますから。

打ち捨てられた小さな水力発電のシステムを買い取って、それをつくり直していくとか、バイオマスをやらなきゃいけないということはみなが気づいてすでに動いている。そのうえで、バイオマス発電をもし動かすとしたら、会津の荒廃した里山をもう一度きちんと再生させなければ支えられないということで、林業者たちが人を集めて林業の講習をやったり人を育てたり、いろんなことを始めている。

再生可能エネルギーのおもしろいところは、これをきちんと動かし続けるためには、地域の自然生態系など、環境の全体とつながらざるを得ないということです。だからいろいろな人の知恵が必要です。たとえば金融みたいな分野についても、新しい地域金融みたいなものをつくらなかったら、これはうまく回っていかないねといった議論がすでに始まっている。

僕が何をどこまでやれるのかわからないけれども、グジャグジャになりながらも、仲間たちが始めているそういう動きというのを、少しでも一歩でも二歩でも前に進められるようにしたいなとは思っています。

地域の未来のリアリティ

小熊　集落の周りに何があるのかを考えたり、環境を考えたりする必要があるというのは、別に地方だけのことではない。地元の資源を活用するというのは、都市部でも変わらないんです。どこにどういう施設や学校があるかとか、何よりもどういう人材がいるのかを考えて、それをどう使っていくかが大切だということは同じですから。山や川が対象であるのと、じつはそんなに変わることではない。

地域差というのは、じつは東京の脱原発運動にもある。二〇一一年以降の様子を見ていると、やはり運動が出てくる地域と出てこない地域がある。中央線沿線の中野とか高円寺とか国立からは出てきますが、荒川区とか江戸川区などからはあまり出てこない。所得が高いからといって港区から出てくるかというと、そういう感じでもない。

それはどうしてなのかなと前から思っていましたが、やはりある種の結びつきなりコミュニティがあるからのようです。しかし結びつきといっても、一〇〇年前からのものでは全然なく、数十年とか数年のものですね。しかしそういう人の結びつきの力は、都市であっても変わらないと私は思います。

ただし結びつきといっても、機能するものと機能しないものがある。これは地域だけではなく、会社でもなんでもそうだと思いますが、もうこの地点に達したからあとは手を抜いても安心と考え始めると、急速に劣化するものです。

人間でも、もうこの会社に雇われたらあとは一生安泰だ、などと考え始めると劣化しますよね。それは、あの政治家と結びついてこの補助金をもらっていれば大丈夫、みたいな発想とあまり変わらない。復興事業が悪い事例も、そうしたところから生まれている。

とはいえもちろん、事業が大変になってきた場合に、援助は必要です。しかし、依存を生まないよう援助のやり方、受け取り方を工夫することが大切です。

たとえば、比較的復興が成功した例として有名な重茂漁協の場合は、地域の漁協の結束があり、船を融通し合って漁も早期に再開した。ただ、搬出のための道路だけは行政に直してほしいと言っていた。こういう援助は自立を助ける援助ですから、必要だというのは当然です。

またボランティアなどの外部からの援助も、そういう観点から考え直せないか。荷物運びや泥かき、農家の手伝いは、それはそれでいいと思います。しかしもう少しノウハウの援助、たとえばメールの書き方とか、申請書の書き方とか、税務や予算の立て方とか、そういう知識提供の援助がもっと多いほうがよいのにとは思いますね。

赤坂　それがないばかりに失敗したＮＰＯなどをたくさん見てきました。

小熊　他国では、そういう援助が発達しているケースもあるようです。これは災害時だけではなくて、平時の町興しなどでもそうです。

今までは、その役割をやっていたのは、都市のコンサルタントや広告代理店などでした。そういうところが、地方博覧会のやり方とか、ゆるキャラのつくり方とかを指南していた。でも今後は、嫌な言い方ではありますが、知的援助とかノウハウ援助みたいなものを請け負うNPOなり、小さな企業なりがあれば、ニーズはあるだろうと思います。

行政に対しても、住民側がイニシアティブを持てるようなノウハウを伝える組織があれば、いろいろ変わってくるでしょうね。それは行政と対決しろということでは必ずしもなくて、行政とよい関係を築いていくためにも、全体をみわたすノウハウや知識は必要です。

赤坂　僕は三・一一以前には、コモンズという言葉があまり好きではありませんでした。少なくとも自分では使わなかったのです。しかし震災後に泥の海を見て、入会地という言葉を思い浮かべ、コモンズという言葉がぴったり来た。それは、地域共同体とか共同体という言葉とも、違うように感じています。

コミュニティの力というときも、閉鎖的な四〇戸の集落の絆を思い浮かべているわけではありません。たとえば会津で志を持った人たちが動き出したときに、みなどんどん横につながっていくわけです。余った土地を提供するから使ってくれとか、どんどんそういう動きが始まっていく。そこに生まれてくるのが、新しい時代のコミュニティのかたちなんです。

都会のたとえば高円寺で、新しいコミュニティみたいなものを動かしている人たちにも、会津に来てほしい。会津につながって、会津の農業や汚染状況がどうなっているのか、全部見てほしい。そこに新しいつながりができてくると思うのです。
コミュニティというものが水平的にどういうふうに開かれ、つながっていくのかということを、われわれはこれまであまり体験してきませんでした。だからそうした動きがもし生まれたら、新しい風景をつくる起爆剤になるのかもしれないというふうに思います。
会津で動いている人たちは、もう当然のように、みな脱原発ですよ。原発を許さない、東電の責任追及をしたいと思っている。でもそれを政治的なメッセージとして発するのではなくて、自分たちの足元から、それに代わるものをつくっていこうという動きをしている。いずれ只見川ダムも買い取ろうと夢を語り合っているような、そういう動きが一つでも二つでも始まっていくことが希望になってほしいと思って、僕はやっています。

小熊　希望になってほしいというのは、ある意味まだ楽観的な言い方であって、そういうふうになっていかないと、先行きが大変でしょう。三陸の被災地や、被災地に限らず地方のいろいろなところを見ていると、この地域は二〇年後はどうなってしまっているんだろう、と思ってしまうところが少なくない。地域として消えるか、あるいは高齢者が孤立して住むだけの地域になるということが、はっきりしています。

赤坂　僕はそれを散々見てきました。

小熊　たぶんこれからは、道路や上下水道を補修してもらえず、郵便が届かず、コンビニがなくなり、介護の人も来ないという場所が出てくる。では、その人たちを盛岡や仙台に集約するのかといえば、それは無理だろうとは思います。

増田寛也さんが提起した、人口減少による「地方消滅」の議論は、批判はいろいろあるけれど、問題提起としてはわかると思って読みました。しかし、増田さんがその対策として、地方中核都市に集中的に資源を投入することを提起したことについては、これでだいじょうぶかなと疑問に思いました。

というのは、増田さんの考え方では、そうした地方中核都市は一つの県に一つか二つしかない。地方の集落がつぎつぎと崩壊して、その地方中核都市に雪崩をうって高齢貧民が流れ込んできたら、そこで食い止められるのか。仙台や盛岡で、県内から流入してきた高齢の生活保護受給者が大量発生したら、仙台や盛岡は持ちこたえられるのでしょうか。

地方の集落には、地域で農作物をつくることで七〇代や八〇代の人が健康を維持し、近所で野菜や米や魚のやりとりをしているから国民年金でもやっていける、といった人が多い。そういう高齢者をコンパクトシティに集約して、病院に近い高齢者住宅などに入れたら、たちまち歩行困難や認知が出て、大変な予算や医療費がかかることになる。もちろん当人たちにとっても、幸福ではありません。

それよりは、たとえ多少の予算をまわしてでも、地域の集落で低空飛行でやっていってくれるのであれば、その状態で維持したほうがいいのではないか。もちろん、明治以降になってできたような山間部の分村で、ふもとの本村に親戚がいます、みたいな集落は集約するのもいいでしょう。しかし、とにかく「選択と集中」だとか、コンパクトシティだとか言っても、かえってコストが高くなるのではないかと思いました。

十か二〇ある集落のうち、一つか二つでも、赤坂さんがおっしゃるようなモデルをつくれれば、それは地域全体の中核になり得ます。単純に予算を地方中核都市に集中投入するというやり方だけではなくて、そういう意味での中核を築くことも、現実的な着陸点ではないかと思います。

赤坂　東北被災地、とりわけ福島では、そういう新しい生活のスタイルとか、コミュニティのかたちなどをつくることなしには、たぶん明日がない。そういうことに気がついた人たちが、動き出していることは確かだと思いますね。まだ少数派だけれども。

小熊　いや、「明日がない」ならまだいいのですが、明日は否応なく来てしまうのです。「明日があるか」ではなくて、「どのくらい悲惨な明日が来るか」が問題なのです。

「選択と集中」というのは、企業経営のモデルですが、それは政治にはあてはめられません。なぜかといえば、企業なら不要な人材や施設はカットして外部に放逐できますが、国は不要な人間を消滅させることはできない。ある地域が不効率だからカットするといっても、地域社会の相互扶助でようやく生活できている高齢者や貧困者は、仙台や東京に流れていくだけであって、消えてなくなりはしませんから。

赤坂　ただそこは、僕にはもうちょっとリアルに思い描けるのです。仙台に、高齢難民が流入するという姿にはおそらくならない。必ず最後は息子のところに引き取られて、そこで朽ち果てていく。あるいはそこから、村や町の高齢者施設に入るというレベルで終わる。

小熊　いままではそうだったかもしれませんが、今後はそのレベルで止まるでしょうか。おっしゃる未来像は、息子の家が経済的に安定していて、嫁が介護してくれて、村や町の介護システムが維持できているというのが前提ですよね。最悪の事態を避けるためには、いまからきちんと考えなければと思います。

また被災地は、おそらくそのレベルでも、未来を先取りします。いまは建設や除染といった復興事業で経済が回転していますが、復興予算は原則二年、長くて五年が原則です。しかも二〇一五年には、二〇〇五年の「平成の大合併」のときに自治体が発行した、合併特例債の期限がくる。中央政府は昨年あたりから、地方交付税の配分を重点化するとか、介護保険の主体を地方に下すといった構想を制度として進めています。

二〇〇八年には、年越し派遣村というかたちで、貧困問題が顕在化した。それと同じように、そのうちどこかの地方都市で、高齢難民が顕在化するかもしれません。もしかしたら、東北よりも北海道あたりのほうが早いかもしれませんが。

赤坂　僕の感触だと、いきなりそこには行きません。まだ家族の力みたいなものが残っていて、高齢者を見殺しにすることに対する強烈な負い目みたいなものはあるし、愛情もありますから。

小熊　いきなりは行かないかもしれませんが、五年後か一〇年後はわかりませんよ。

赤坂　なるほどね。明日は来てしまうんですね。

小熊　絶望しても、明日は否応なく来るのです。

赤坂　でもたとえば、会津電力に集まっている人たちは全然絶望していない。踏み留まって動けば動くことでいろんなものが見えてくる。いろんなつながりが生まれてくる。

小熊　そういう動きは、すぐ何かの結果につながらなくても、未来の種になります。気仙沼の三浦友幸さんがやっている「防潮堤を考える会」にしても、その活動の過程でつくられた社会的なつながりは、防潮堤ができるにしろできないにしろ、その後も生きると思います。そうした動きが全然なくて、ただ防潮堤だけできた地域と、その過程でいろいろ考えた人たちがたくさんいて、それでつながりができた地域では、おそらくその後が違ってくる。その場合の防潮堤というのは、人を結びつけるための核だったということになるのかもしれません。

原発賠償とモラルハザード

小熊　それから原発賠償に関してですが、来年になって帰村ができるとなれば、打ち切られるところが出てくるでしょう。これもだいたい、期限は事故から五年が目途だと思います。

赤坂　その問題について言うと、たとえば飯館村でも、絶対帰村させるべきでないところに、とりあえず除染をしたからということで帰そうとしている。また、帰りたがっている人もいる。その現場を眺めていると、もう少しなんとかしないといけないと思います。

小熊　帰村しても、地域として持続できるでしょうか。

赤坂　それは僕にはわかりません。でも帰りたいという人たちは確実にいます。その人たちにとって、放射線量ははっきり言って、どうでもいい問題になってしまっている。またそういう人たちを、行政は後押ししている。でも帰村したら、賠償は打ち切られるわけでしょう。経済的に一番安上がりな選択肢で済ませようとしているとしか、僕には思えない。

小熊　しかし本当に安上がりでしょうか。賠償を打ち切ったとして、では地元に産業があるのか、税収が上がるのか。ないとすれば、その地域なり自治体を持たせるのに、補助金を導入するのか。それは安上がりにならないでしょう。新たな法律をつくったり、制度を変えたりする政治的コストが安い、というのはわかりますが。

赤坂　帰りたいという人は、やっぱり国は自分たちを見放さないと思っているのかな。

小熊　どこかでそう思っていないと、帰らないのではないか、と私なら思ってしまいます。

赤坂　産業なんてありませんよ、帰っても。

小熊　すべてそうなるとはいえませんが、自治体職員と高齢者だけがいて、補助金で福祉や介護がつきますという、そういう地域になってしまいかねないところもあるのではないでしょうか。

赤坂　そういうものしか思い浮かびません。

小熊　でも、ずっと国が補助金を投入して維持し続けるのでしょうか。遅かれ早かれどこかと合併になって、職員はその地域の支所からは削られるか、いなくなるかということになりませんか。

赤坂　少なくとも原発周辺の八町村は、そういう地域が出てくるでしょうね。福島といっても汚染状況にはグラデーションがあるので、一概には言えません。しかし少なくとも高汚染地域に関しては、絶対に子どもたちとか若い母親世代は帰りませんよ。高齢者だけが帰って、息子のほうは一緒に行くか、妻子とともに留まるかみたいなかたちで引き裂かれることになる。

五年目を迎えて、これからなし崩しに帰村というのが確実に動き出してくると思う。僕の見るところ、帰村以外のシナリオに対して、国は一切支援をしないと決めていると思います。

小熊　それ以外の支援をする制度が、いまのところないでしょうね。最初から述べているように、自治体を補助する制度はいろいろありますが、個々の住民を自治体とは別に支援する制度は多いとは言えませんから。

当該の自治体から離れていく人たちに対する支援は、ある種の被災者生活支援か、あるいは東電を通じた賠償というかたちしかない。戻る人たちに対しては、自治体に対する支援というかたちで続けるでしょう。ただし、いずれは自治体予算のうち国の補助が九七%だというような状態になり、それをいつまで続けるのかという話になりかねない。

赤坂　そうかもしれない。そのうえで、この問題とやっぱり裏表でつながっているのが、東電による賠償問題だと思うのです。除本理史さんが論文で明らかにしているのは、東電が賠償と称してお金を渡しているけれども、その原資というのは国が注ぎ込んだお金と、電気料金を上乗せされたお金であって、東電は身銭を切っているわけでもないし、自分の資産を整理しているとかいうわけでもないと。そのシステムを止めなくてはいけないと除本さんは言っている。

そのときに、たとえば市村高志さんが言われているように、どうして加害者のつくったシナリオや基準によって賠償が行われて、被災者の基準というものが無視されているのかという問題が出てくる。彼の訴えは、当たり前だと思うのです。

つまり、避難者が生活再建するのに可能な額を一括して払うとか、そういうことを一切せずに、小出しに渡しているのが現状でしょう。それでは、帰村以外のシナリオに向けて足を踏み出すきっかけさえ与えられない。いろんなレベルで宙吊りにされている。

ではどうすればよいのかということを、政治が大きな意志として示すべきでしょう。それが困難な状況ではあるとは思うのですが、このままの状態では避難者たちも、今後どうするかという覚悟の決め方が大変難しい。

いま国は、自己責任で帰ってもいいという言い方を始めています。そのうち帰村すれば支援するという枠さえ外して、帰村を選ぼうが選ぶまいが、もう支援は打ち切りだということになるかもしれません。

でも、これは言っておきたいけれども、たとえば市村さんは、永遠に賠償を続けてほしいなどとはおそらく思っていませんよ。彼が求めていることは、そういうものではない。でも一方で、薄くお金を渡されて、いずれは清算されるだろうみたいな、そういう賠償のされ方が続くのは、生殺し状態で時を稼がれているという側面があると思います。

小熊　それはおっしゃるとおりです。おそらく国のほうも、長期的な方針がないか、新たな法制度を導入するだけの取組みもしないまま、先送りにしているのでしょう。当面三年間ぐらいは、それが政治的に安上がりというか、手抜きできるのかもしれませんが。

赤坂　でもその先まで考えてはいないでしょう。汚染地帯に人を帰したら、健康状態がひどくなるのはわかっているし、医療費もかかりますよ。

小熊　長期的にいえば、経済的にも政治的にも、決して安上がりではないと思います。

赤坂　安上がりではないですね。それにしても三・一一以来、東電にしろ経済界にしろ、ほんとに目先の利益のことしか考えられないんだという場面を、たくさん見せつけられてきたような気がするのです。それこそ原発が爆発しているときに、海水を入れると再稼働できなくなるとか、あのときにさえそんなことを言っていた連中の意識というのが、いまもずっと続いているようにしか僕には見えない。とても信じられないことですよ。

いわば日本社会はいま、巨大なモラルハザードのなかに巻き込まれてしまっている。その始まりは、やはり福島の事故だったんだと僕は思います。様々な情報は隠蔽され、ごまかされて、

「アンダーコントロール」とかいう訳のわからない言葉が国家のトップリーダーによって語られて、それが大した批判も受けずに平気で流通してしまう。そんな状況は、やはりこのときから始まってしまったのだと、僕は感じざるを得ません。

実際、東電はあれだけの巨大な事故を起こしながらも生き延びて、経営陣は優雅に暮らしているわけでしょう。そして賠償というのも、国が死に体の東電を通して薄く金を撒くシステムになっているわけですね。

それが結局、いまの原発再稼働の問題に直結しているわけでしょう。つまり事故を起こしても、誰も責任を取らなくていいと。企業としても潰されることがなく、国が手厚く資金を入れて賠償もしてくれると。

そうやって再稼働に向かってひた走りになってしまうのをわれわれが批判しても、相手は原発は確かに安全ではない、だけど日本経済が壊れてしまうからといって押し通していこうとしている。東電をああいうかたちでゾンビのように生き延びさせて、しかも税金を注ぎ込み、電気料金に上乗せさせて、五千億の黒字が出ましたとか言わせている状況というのは、やはりとんでもないモラルハザードが起こっているとしか僕には思えません。

小熊　モラルハザードだというのは、まったく同感です。

しかし日本は、ある意味でモラルの高い国だなと思いますね。国によっては、たとえば原発事故が起きたら、首相や大統領が真っ先に逃げるとか、役員が個人の蓄財のためにいち早く全額アメリカに送っているとか、賠償なんかほとんど払わないとか、そういうのが当然だというところもあるでしょう。国民もそういうモラルハザードを、当然だと思って怒りもしない、ということもありえるでしょう。

でも日本では、当時の首相がよく東京にとどまったと褒めもしないし、そんなのは当然のことだと思っている。そして、東電から出ている賠償が、もとは税金と電力料金だといって怒っている。それは、期待しているレベルが高いともいえるし、社会のモラルが高いともいえると思います。

赤坂 たしかに、海外の災害地と比べれば日本の場合はお金も入っているし、飢え死にもしていないじゃないかと言われたら、まったくそのとおりです。でも、われわれがつくってきたある種の民主主義とか政治のシステムとか、これまでつくってきたものがボロボロに崩れていくのを、見せつけられているような気分が僕は拭えない。それがやっぱり、三・一一のあの東電の福島の原発事故から始まったんだと思わざるを得ないのです。

変化は着実に

小熊 それはそのとおりです。ただ言いたいのは、モラルハザードがあの事故から始まったことかといえば、そうではないだろうということです。もとからありはしたのだけれど、誰の目にもよく見えるようになったというのが実情だと思います。そのぶんだけ、よい方向に変化したともいえるでしょう。

また日本はモラルが高いというのは、ぜいたくだという意味ではなくて、いいことだと思って言ったのです。社会としての期待が高いのは、当然いいことです。そういうモラルは、大事にしたいところですから、東電のモラルハザードを怒るのはいいことです。

もう一つ言えば、そういうモラルの高さは、決して昔から存在したのでもなければ、何もしないでできあがってきたのでもない。日本は民主主義の国だ、企業が損害をもたらしたら賠償するのが当然だ、といった感覚が、一九四〇年代以前の日本にあったとは私は思いません。

それはなんだかんだ言っても、日本で民主主義を守り育ててきた、長い蓄積があってできたものです。たとえば水俣の運動がなかったら、東電は賠償するのが当然だというような感覚が、現在の日本社会に根付いていたか。またあるいは、砂川や三里塚の歴史がなかったら、沖縄の辺野古移転がこんなに難航するという現状があったかどうか。

いまの日本しか知らない人は、そんなのは空気のように当然だと思っているかもしれません。しかし歴史的ないし国際的な視点に立ってみれば、随分期待値がハイレベルな社会になったものだなと思います。期待値の高い人たちは、水俣も三里塚も「敗北」だったじゃないか、不完全だったじゃないかというでしょうが、それは私にいわせれば期待値が高すぎると思います。

そういう意味では、日本には民主主義の歴史的な財産がある。それは長い間をかけてつくってきた財産ですから、大事にしなければなりません。また、もっと発展させなければなりません。だから、期待値を高く持って、怒ったりするのはいいことだと思います。しかし反面、その基準が満たされないから絶望というのは、ちょっと違うのではないか。

赤坂 それはそうですね。僕も自分にはいくらか絶望しているけれど、福島の状況に絶望しているわけではない。確実に何かが始まっているとは思っている。

小熊 客観的に見れば、なんだかんだ言ってもそれなりに賠償も出たのは、やはり世論が事故を許していないからですよ。また原発を再稼働するのにこんなに手こずっているのも、世論の反対が強いという以外の理由は、つきつめればないでしょう。

これから原発を再稼働するといっても、せいぜい二〇基程度、へたをすると一〇基もいかないということは、推進側も暗に認めていることです。もう原発ゼロで、二年近くも日本はすごした。いまさら、原発がクリーンエネルギーでいいものだといっても、ほとんど誰も真に受けない。これは震災前のどんなにラディカルな反原発活動家でも、夢にも見なかった変化ですよ。

赤坂 そう考えると、日本はアメリカから民主主義という制度を押しつけられたとか、与えられたとかいう意識をわれわれは持たされているけれども、なんだかんだ言いながらも、その与えられたものをとても大事に育ててきたのかもしれない。

小熊 それは間違いないと思います。着実に民主化していますよ。

赤坂　もしかしたらわれわれは、とても無意識に国というものを信じていて、与えられたものでやってきたように感じているのかもしれない。でもパブリックコメント一つ取っても、いろいろ批判を受けているにせよ、政府はやらざるを得ないという状況は生まれているわけですね。

小熊　あの制度も、一九九三年の行政手続法で導入が決まって、二〇〇六年にようやく実施に至ったものです。当たり前のもののように思っている人も多いかもしれませんが、日本社会も着実に変化している。

赤坂　民主主義はわれわれが育ててきたし、まだ育てていけるものなんだと。そして、われわれも育ての親なんだということですね。

小熊　大きな変化のなかで、危機と前進が一緒に進んでいる。いまはそういう状況でしょうね。

あとがき

赤坂憲雄

あの日から四年あまりが過ぎた。その間には、たくさんのうまく了解できない出来事が次々に起こり、現実が見せる多様にすぎる顔に翻弄されながら、なんとか生きてきた。思い返すと、失敗と挫折の連なりで、情けない思いばかりが湧いて起こる。わたしにとっては、いつだって、眼の前に転がっている分断と対立をいかにやわらげ、声なき声の複数性にいかに寄り添うことができるかということが、緊要にして避けがたいテーマであり続けてきた。しかし、どうやらそうした段階は終わりかけているようだ。この途方もないモラル・ハザードの連鎖にたいして、際限もなく広がり、深まりゆく「内なる植民地」的な状況にたいして、異議申し立てのための新たな仕掛けや場を組織していかねばならないのかもしれない、と思う。

とはいえ、わたしにできることなど、情けないほどにタカが知れている。長い、長い戦いになるだろう。未知なる戦いである。おそらくは、短くとも百年に及ぶ戦いか。この残酷にして馬鹿げはてた状況が生まれてくるのに、なんであれ消極的な加担をしてきた、そして、それゆえに経済的な繁栄のおこぼれを享受してもきたわれわれの世代は、やがて退場のときを迎える。これほど、たっぷりと負の遺産ばかりを、子どもたちと孫たちと、その先に生まれてくる世代の人々に残して退場してゆくことには、慚愧の思いを拭うことができない。かといって、くりかえすが、やれることはタカが知れている。それでも、わたしの故郷である福島県の会津では、志をともにする人々が集い、勝てなくとも負けない戦いを草の根で継続している。どうぞ、会津に眼を凝らしていてほしい。そこでは、新たな自由民権運動の拠点でありたいと願う人たちが、心を寄せあい、入り会う場を創るために働いている。会津こそがはじまりの土地となる。

さて、この論集には、三・一一研究会の場での発表を起点とした論考が寄せられている。それぞれに重いテーマを抱えて、試行錯誤を重ねながらの執筆であったかと思う。名ばかりの編者ではあるが、執筆された方々に敬意を表したいと思う。本来であれば、わたしが書くべきであった原発被災地としての福島の状況にかかわる総論は、残念ながら掲載できなかった。いまのわたしの手には余る仕事であった。いずれ機会をあらためて、なんらかの形で取り組まねばならないテーマだと考えている。

この論集の実質的な編者は、むろん小熊英二さんである。三・一一から七週間ほどを経た五月一日に、一橋大学佐野書院で行われた座談会（『「東北」再生』イーストプレス社、所収）で言葉を交わして以来、三・一一研究会という開かれた議論の場をつくってきた。その最初の成果は、『辺境からはじまる——東京／東北論』（明石書店）としてまとめられたが、今回は人文書院からの刊行である。編集を担当してくれた赤瀬智彦さんは、三・一一研究会のメンバーでもあるが、その赤瀬さんが移った人文書院からの刊行ということで、縁《えにし》を感じている。わたし自身はここで、研究会からは離れることになるが、刺激に満ちた議論の場を共有させてもらった若い研究者たちには、心よりの感謝の思いを伝えたいと思う。それぞれの場所で。再見。

二〇一五年五月三〇日

市村高志（いちむら　たかし）
1970年、福島県生まれ。横浜市で育つ。福島県富岡町住民。NPO法人とみおか子ども未来ネットワーク理事長。著作に『人間なき復興』（共著、明石書店）。

除本理史（よけもと　まさふみ）
1971年、神奈川県生まれ。一橋大学大学院経済学研究科博士課程単位取得。博士（経済学）。専攻は環境政策論、環境経済学。現在、大阪市立大学大学院経営学研究科教授。著作に『環境被害の責任と費用負担』（有斐閣）、『環境の政治経済学』（共著、ミネルヴァ書房）、『原発賠償を問う』（岩波書店）など。

茅野恒秀（ちの　つねひで）
1978年、東京都生まれ。法政大学大学院社会科学研究科政策科学専攻修了。博士（政策科学）。専攻は環境社会学、社会計画論。現在、信州大学人文学部准教授。著作に『環境政策と環境運動の社会学』（ハーベスト社）、『「むつ小川原・核燃料サイクル施設問題」研究資料集』（共編著、東信堂）、『環境社会学』（共著、弘文堂）など。

菅野　拓（すがの　たく）
1982年、大阪府生まれ。大阪市立大学大学院文学研究科単位取得退学。修士（農学）。専攻は地理学。現在、阪神・淡路大震災記念人と防災未来センター研究員。著作に『東日本大震災と被災・避難の生活記録』（共著、六花出版）。主要論文に「東日本大震災における被災者支援団体の収入構造」（地域安全学会論文集24号）など。

黒崎浩行（くろさき　ひろゆき）
1967年、島根県生まれ。大正大学大学院文学研究科宗教学専攻博士後期課程単位取得満期退学。修士（文学）。専攻は宗教学。現在、國學院大學神道文化学部教授。著作に『震災復興と宗教』（共編著、明石書店）、『共存学2　災害後の人と文化　ゆらぐ世界』（共著、弘文堂）、『渋谷学叢書3　渋谷の神々』（共著、雄山閣）など。

【編著者】

小熊英二（おぐま えいじ）
1962年、東京都生まれ。東京大学農学部卒業。出版社勤務を経て、1998年、東京大学教養学部総合文化研究科国際社会科学専攻博士課程修了。専攻は歴史社会学、相関社会科学。現在、慶應義塾大学総合政策学部教授。著書に『社会を変えるには』（講談社文庫）、『1968』（上下、新曜社）、『〈民主〉と〈愛国〉』（新曜社）、『「辺境」からはじまる』（赤坂憲雄との共編著、明石書店）など。近著は『生きて帰ってきた男』（岩波新書）、『アウトテイクス』（慶應義塾大学出版会）。

赤坂憲雄（あかさか のりお）
1953年、東京都生まれ。東京大学文学部卒業。専攻は民俗学。現在、学習院大学教授。1999年『東北学』を創刊。2011年東日本大震災後、政府の復興構想会議委員を務めた。著書に『東北学／忘れられた東北』（講談社学術文庫）、『震災考 2011.3-2014.2』（藤原書店）、『3・11から考える「この国のかたち」』（新潮選書）、『岡本太郎の見た日本』（岩波書店）、『「辺境」からはじまる』（小熊英二との共編著、明石書店）など。近著は『司馬遼太郎　東北をゆく』（人文書院）。

【著者】

三浦友幸（みうら ともゆき）
1980年、宮城県生まれ。山形大学理学部数理科学科卒。専攻は数理科学。現在、特定非営利活動法人気仙沼まちづくりセンター勤務。一般社団法人プロジェクトリアス代表理事、大谷里海づくり検討委員会事務局、防潮堤を勉強する会発起人。特定非営利活動法人ピースネイチャーラボ理事。

谷下雅義（たにした まさよし）
1967年、石川県生まれ。東京大学大学院工学系研究科博士課程中途退学。博士（工学）。専攻は土木計画。現在、中央大学理工学部教授。著作に『都市・地域計画学』（コロナ社）、『自動車の技術革新と社会的厚生』（白桃書房）など。

宮﨑雅人（みやざき まさと）
1978年、長野県生まれ。慶應義塾大学大学院経済学研究科後期博士課程単位取得退学。専攻は財政学・地方財政論。現在、埼玉大学大学院人文社会科学研究科准教授。論文に「国民健康保険制度の財政運営の都道府県単位化に関する分析」（日本地方財政学会編『政令指定都市・震災復興都市財政の現状と課題』勁草書房）など。

ゴーストタウンから死者は出ない
――東北復興の経路依存

二〇一五年　七月一〇日　初版第一刷印刷
二〇一五年　七月二〇日　初版第一刷発行

編著者　小熊英二・赤坂憲雄
発行者　渡辺博史
発行所　人文書院
〒六一二-八四四七
京都市伏見区竹田西内畑町九
電話　〇七五(六〇三)一三四四
振替　〇一〇〇〇-八-一一〇三

印刷　創栄図書印刷株式会社
製本　坂井製本所

JIMBUN SHOIN　Printed in Japan
ISBN978-4-409-24102-8　C0036

司馬遼太郎　東北をゆく　赤坂憲雄　四六上二三二頁　価格二〇〇〇円

核エネルギー言説の戦後史1945-1960　「被爆の記憶」と「原子力の夢」　山本昭宏　四六上二八頁　価格二四〇〇円

東日本大震災の人類学　津波、原発事故と被災者たちの「その後」　トム・ギル、ブリギッテ・シテーガほか編　四六並三七六頁　価格二九〇〇円

東京ブギウギと鈴木大拙　山田奨治　四六並二五〇頁　価格二二〇〇円

戦艦大和講義　私たちにとって太平洋戦争とは何か　一ノ瀬俊也　四六並三三二頁　価格二〇〇〇円

シベリア抑留者たちの戦後　冷戦下の世論と運動1945-56年　富田武　四六並二七八頁　価格三〇〇〇円

日本哲学原論序説　拡散する京都学派　檜垣立哉　四六上二八四頁　価格三五〇〇円

沖縄闘争の時代1960／70　分断を乗り越える思想と実践　大野光明　四六上三四二頁　価格三八〇〇円

（2015年6月現在、税抜）